충남 지역 마을지 총서 ⑦ 금산군 부리면 불이리

금산 불이마을

백세청풍(百世淸風), 선비의 고장

글 · 사진 ┃ 충남대학교 마을연구단

김필동, 박종익, 권선정, 이연숙, 유보경, 권병욱, 김현숙

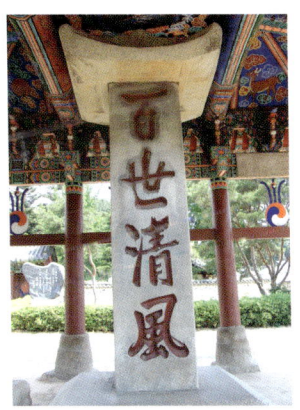

대원사

| 저자 소개

김필동
충남대학교 사회학과 교수. 마을연구단 연구책임자. 문학박사 (사회학)
'총론 : 백세청풍(百世淸風), 선비의 고장' 집필

박종익
충남대학교 충청문화연구소 마을연구단 연구교수. 문학박사 (고전산문, 민속학)
불이리 조사팀장, '민속과 구전자료' 집필

권선정
충남대학교 충청문화연구소 마을연구단 연구교수. 교육학박사 (문화 · 역사지리학)
'자연환경과 인문경관' 집필

이연숙
충남대학교 충청문화연구소 마을연구단 연구교수. 문학박사 (한국근대사)
'마을의 역사' 집필

유보경
충남대학교 충청문화연구소 마을연구단 연구교수. 문학박사 (사회학)
'경제 활동' 집필

권병욱
충남대학교 충청문화연구소 마을연구단 연구교수. 문학박사 (사회학)
'사회생활과 문화' 집필

김현숙
충남대학교 충청문화연구소 마을연구단 연구교수. 문학박사 (한국근대사)
'근현대기 일상생활의 변화' 집필

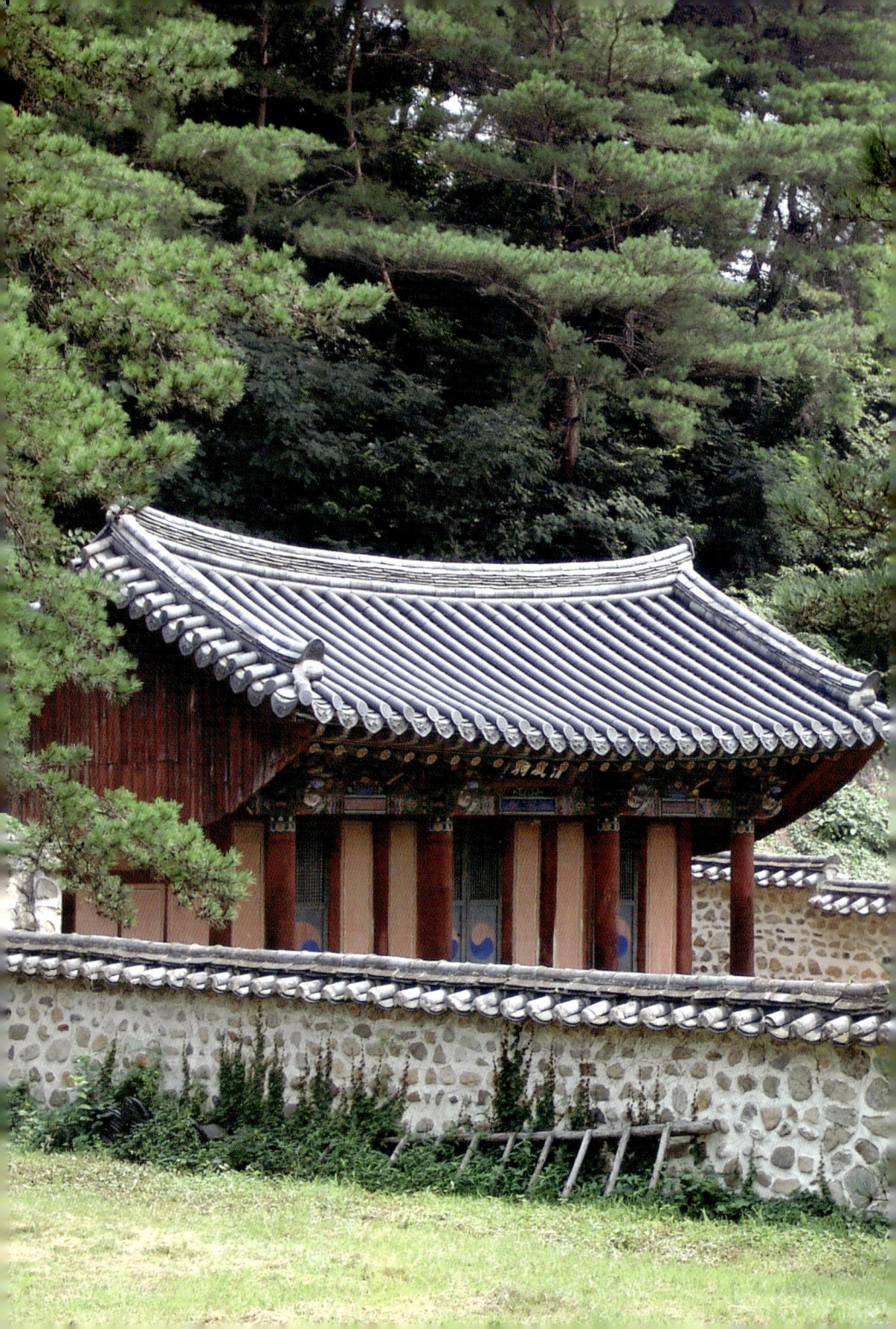

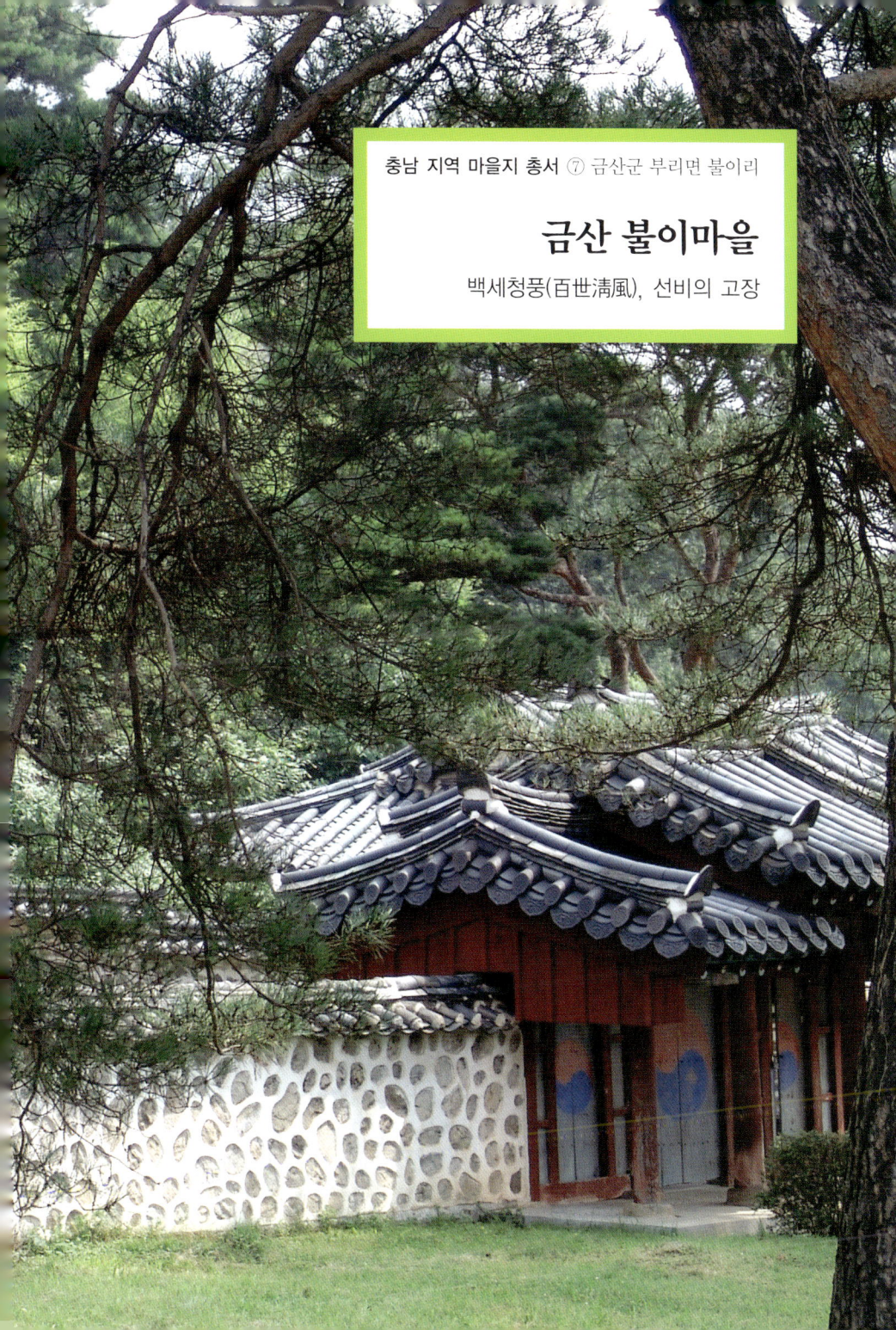

충남 지역 마을지 총서 ⑦ 금산군 부리면 불이리

금산 불이마을

백세청풍(百世淸風), 선비의 고장

머리말

마을이 사라지고 있다. 지금부터 40년 전인 1966년 한국의 농가인구는 약 1,540만 명으로 인구의 절반을 상회했지만, 2008년 현재는 약 330만으로, 전체 인구에서 차지하는 비중은 7 %에도 채 미치지 못한다. 많은 마을에 빈 집이 늘어나고 있고, 주민들의 평균 연령이 60세가 넘는 곳도 적지 않아, 앞으로 10년, 20년 뒤가 되면 수백 년 혹은 천년 이상의 생애를 가진 수많은 마을들이 수명을 다하고 이 땅에서 사라지게 될 지도 모른다.

마을은 한반도의 역사가 시작된 이후 20세기 중엽에 이르기까지 대부분의 사람들이 거주해 온 생활의 공간이었으며, 또 민속 · 의례 · 신앙 등 전통적인 문화를 만들어온 문화의 공간이었다. 조선시대 선비들이 생활하면서 정신문화를 창출해온 곳도 도시라기보다는 농촌 마을이었다. 따라서 마을이 사라진다는 것은 전통적인 한국 문화의 뿌리가 사라진다는 것을 의미한다. 이에 대한 아쉬움과 함께 전통문화 보존의 필요성이 제기되는 것은 당연하다.

그러나 마을은 전통문화의 뿌리인 것만은 아니다. 마을은 현재 한국사회 인구의 대부분을 구성하고 있는 도시인들의 삶의 뿌리이자 성장 배경이며, 동시에 그들이 삶에 지칠 때 찾게 되는 정신적 고향이기도 하다. 나아가 마을은 성장과 개발의 이면(裏面)에 반목과 파괴를 심화시켜 온 근대문명의 한계를 넘어 새로운 미래를 전망할 때 우리가 돌아보는 대안이 될 수 있다. 그러므로 마을은 우리 선조들과 오늘을 사는 어른들에게만 중요한 것이 아니라, 자라나는 우리 아이들과 앞으로 태어날 후손들에게도 소중한 것이다. 그런 마을이 사라지고, 이제는 학문적 조명에서조차 소외되고 있음은 아쉬운 일이 아닐 수 없다. '마을 연구'와 '마을 조사'의 중요성과 시급성은 여기에서 출발한다. 더구나 충남지역의 마을 연구는 경상도나 전라도에 비해 매우 빈약한 상황이기 때문에 그 중요성은 더욱 크다고 할 수 있다.

충남대학교 충청문화연구소에서는 이런 문제의식에서 2004년 '마을연구단'을 조직하고, 한국학술진흥재단의 지원을 받아 충남지역 마을연구에 착수하였다. 마을연구단에서는 충남지역에도 다양한 유형과 지역적 특징을 지닌 마을들이 많이 존재한다는 점을 감안하여, 전체적으로 충남지역 마을들을 대표할 수 있는 9개의 마을을 선정하여 3개년에 걸쳐 매년 3개 마을씩을 공동으로 심층 조사하고, 공동연구원들이 각 마을을 주제로 한 연구 논문들과 함께 마을의 역사와 현재의 모습을 담은 '마을지'를 꾸미기로 하였다. 15명의 공동연구원들과 십여 명의 보조연구원(학생)들은 이를 위해 각 마을을 공동 또는 개인별로 수시로 방문하면서 자료를 모으고, 수많은 마을 주민들을 만나 인터뷰를 진행했다. 연구원들은 마을의 모습을 전체적으로 조망하기 위하여, 지리, 역사, 경제, 사회, 일상생활, 민속 등 각 분야에 걸쳐 조사를 실시하였다. 또한 마을의 과거와 현재의 모습을 좀 더 생생하게 전달하기 위해서 지난 시절의 기록과 사진을 모으고 오늘의 마을 경관과 주민들의 활동을 폭넓게 사진에 담아 마을지에 수록하였다. 또한 집필에 있어 필자들은 가급적 평이한 문체를 사용함으로써, 연구자나 일반인들은 물론 각 마을의 주민들도 쉽게 읽을 수 있도록 배려하였다. 이러한 작업들은 이 책의 필자들이 중심이 되어 이루어졌지만, 다른 공동연구원들과 학생들도 많은 힘을 보탰음은 말할 것도 없다. 3차년도 연구의 일환인 불이리 마을지도 이런 과정을 통해 탄생되었다.

불이리는 금산군 부리면 소재지에 이웃한 농촌마을이다. 이 마을은 불이와 배정이라는 두 개의 자연마을로 이루어져 있다. 두 마을은 각각 해평길씨와 밀양박씨의 종족마을이다. 야은 길재의 후손과 규정공파 박세춘의 후손이 모여 사는 두 마을 사람들은 조상에 대한 커다란 자긍심을 가지고 있다. 이들 마을에 들어서면, 불이의 청풍사, 청풍서원, 지주중류비 및 백세청풍비와 배정이의 덕산사 등 조상을 선양하기 위한 다양한 인문경관을 발견할 수 있다. 또한 주민들은 일찍부터 교육에 힘쓰고 일상 생활 속에서 선조의 절의(節義) 정신을 익혀 실천하는 삶을 영위해 왔으며, 금산 지역 유림의 활동에서도 항상 중요한 역할을 해왔다. 이런 점에서 불이리는 가히 '선비의 고장'이라 이를 만하다.

아울러 불이리에는 다양한 민속이 살아 숨 쉬고 있다. 배정이의 탑제는 그 유래가 조선시대로 추정되는데, 오늘날까지도 마을신앙으로 유지 전승되고 있다. 불이 역시 탑제와 길산제, 망우리 불놀이가 지속되고 있고, 송계 등 산림 관련 민속도 남아 있다. 이밖에 청풍사와 덕산사의 제향이 매년 주기적으로 시행되고 있고, 스승을 기리는 사은계의 전통도 이어지고 있으며, 동학군의 원혼을 달래는 위령제도 지내고 있다. 이처럼 양반문화와 민속 문화가 함께 생동하는 곳이 불이리이다. 이러한 제반 면모를 마을지에 담으려고 노력하였다.

불이리를 조사하고 마을지를 편찬하는 과정에서 집필자들은 많은 분들로부터 도움을 받았다. 무엇보다도 우리는 불이리 주민들이 보여준 연구단에 대한 전폭적인 신뢰와 협조를 잊을 수 없다. 거의 모든 마을 어른들과 청년·부인들이 인터뷰에 응해 주셨고, 집에 간직하고 있던 자료나 사진들을 꺼내 주었으며, 거듭되는 확인 과정에서도 싫은 내색을 하지 않고 솔직하게 질문에 대답해 주셨다. 그 중에서도 불이리의 길욱석 이장님과 배정이의 박정영 이장님이 적극 협조해 주었다. 또한 각 마을의 원로로서 불이리의 길형근 어르신과 배정이의 박전영 어르신이 마을 내력으로부터 일상사에 이르기까지 도움을 아끼지 않으셨다. 우리가 비교적 짧은 기간에 이만한 정도의 마을지를 편찬할 수 있었던 것은 이분들을 포함한 마을 주민들의 절대적인 도움 덕택이었다고 할 수 있다. 이 자리를 빌어 깊은 감사의 말씀을 드린다.

부리면사무소의 양병주·김남오 면장님을 비롯한 직원 여러분과 금산군 문화관광과의 직원 여러분께도 감사의 말씀을 드린다. 이분들은 마을에 관한 각종 기본 자료들을 제공해 주셨고, 불이리와 인근 마을의 관계에 대한 소중한 증언을 해주심으로써 우리가 마을 사정을 객관적인 입장에서 이해하는 데 많은 도움을 주셨다.

또한 집필자들은 공동연구를 함께 해 온 마을연구단의 다른 공동연구원 선생님들과 연구를 보조해 준 학생들에게도 감사의 말씀을 드린다. 이 책이 부족한 가운데서도 장점이 있다면 그것은 오로지 함께 연구에 참여하신 이분들의 도움 때문이라고 생각한다. 또한 연구책임자의 입장에서는 집필자 중에서도 불이리 조사팀장으로 연구단과 마을 및 관계기관 간의 주된 연락 창구 역할을 하면서, 수합된 마을지 원고의 편집에도 책임 있는 역할을 수행해 준 박종익 박사의 노고를 특별히 기록해 두고 싶다.

마지막으로 우리는 불이리 마을지의 출판이 한국학술진흥재단의 연구비 지원과 함께 금산군의 출판 보조금 지원으로 비로소 가능하였음을 밝혀 두고자 한다. 특히 불이리 마을지의 문화적 가치를 높이 평가하시고 각별한 관심과 재정적 지원을 아끼지 않으신 박동철 금산 군수님께 연구단의 이름으로 깊은 감사의 말씀을 올린다.

2008년 가을
집필자들을 대표하여 김 필 동 적음

총론 : 백세청풍(百世淸風), 선비의 고장

불이리는 금산군의 동남단 가장자리에 위치한 부리면(富利面)의 한 마을이다. 금산읍에서 동남쪽으로 무주 방면 37번 국도를 따라 8㎞ 가량 진행하다 보면, 불이마을에 다다르게 된다.

부리면의 산 맥세(脈勢)는 금남정맥(錦南正脈)의 한 흐름인 대양리의 함박산에서 마하산 덕기봉으로 이어진다. 여기에 백두대간의 삼도봉에서 분기한 산세가 어재리 원통골 날망에 닿아 있다. 이와 같이 금남정맥과 백두대간의 맥세가 이어진 산자락의 한 마을이 바로 불이리이다.

마을의 형성 배경

불이리는 크게 불이(不二)와 배정이(梨亭) 두 마을로 구분할 수 있다. 이 가운데 불이마을은 해평길씨(海平吉氏)의 종족마을이다. 해평길씨가 불이마을에 처음 들어온 시기는 고려 말인 14세기 중반으로 추정된다. 당시 야은 길재(吉再)의 아버지인 길원진(吉元進)이 금주지사(錦州知事)로 지금의 금산에 부임하면서 불이마을과 인연을 맺게 되었다. 길원진은 자신의 아들을 부리현 지역의 세력가인 아주신씨 신면(申勉)의 딸과 혼인시켰는데, 바로 이 혼인이 가교가 되어 해평길씨가 금산에 정착하게 된 기초가 마련되었다.

사실 길재 자신은 금산에 오래 머물지 않았다. 부친 길원진이 금산에 부임했다가 임지에서 죽은 뒤 3년상을 치르기 위해 머문 젊은 시절의 몇 년간과 61세 때 장인인 신면의 장례를 치르기 위해 와서 머문 짧은 기간을 제외하면, 길재는 주로 자신의 고

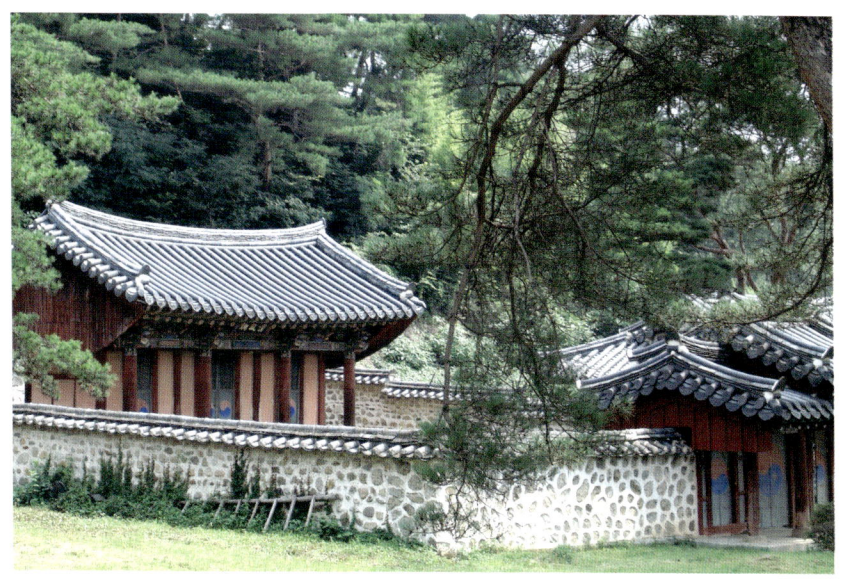

불이마을의 청풍사(淸風祠)

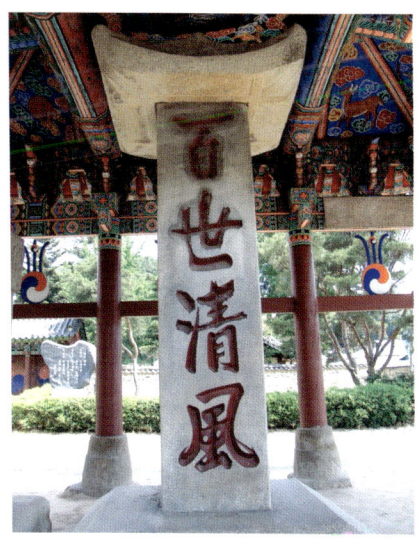

청풍사 앞에 있는 백세청풍비

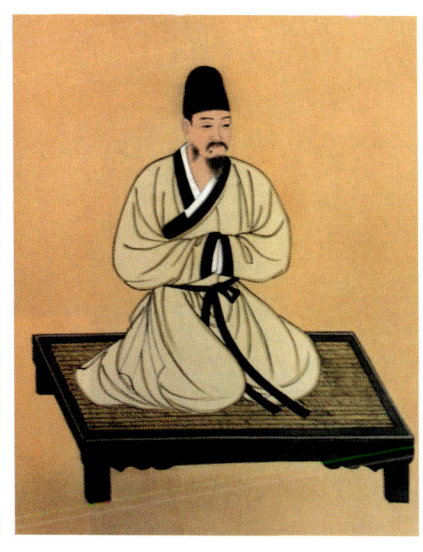

청풍사 안에 있는 길재 영정

향인 선산이나 송도에서 지냈다. 그러나 길재가 죽은 뒤 부인 신씨는 다시 금산으로 돌아왔고, 벼슬살이 하던 아들 사순(師舜)이 죽은 후 금산에 묻히게 되면서 그의 아들 인종(仁種)과 후손들이 금산에 정착하게 되었다. 이후 해평길씨는 금산 여러 곳에 뿌리를 내리게 된다.

잘 알려진 것처럼 야은은 고려 말의 충신이다. 그는 조선 개국 세력의 회유에도 굴하지 않고 '불사이군(不事二君)'의 신념을 지켰다. 길재는 이후 초야에 은거하면서 제자를 기르는 데 힘썼는데, 그의 학통은 김숙자(金叔滋)를 거쳐 김종직과 정여창, 김굉필, 조광조 등으로 이어졌다. 이후 길재의 제자들은 한 때 사화(士禍)에 휩쓸려 박해를 받기도 했지만, 결국에는 그 후학들이 승리하여 조선 사림파의 정통을 차지하게 되었다. 이로 인해 길재는 조선 성리학의 적통(嫡統)을 만든 상징적인 인물이 되었다. 후손들이 이런 길재를 자랑스럽게 여긴 것은 너무도 당연한 일이다. 마을 안에는 이와 같은 그의 절의를 기리기 위한 '백세청풍비(百世淸風碑)'와 '지주중류비(砥柱中流碑)'가 있다.

'백세청풍'은 은나라의 충신 백이와 숙제의 절의를 담고 있다. 곧 불사이군의 의지가 백세에 이어지라는 표현이다. 그리고 '지주중류'는 "흐르는 물 가운데 있는 큰 돌기둥"을 의미하는데 여기에서의 물은 중국의 황하(黃河)이다. 황하의 한가운데 우뚝 서 있으면서 물살에 휩쓸리지 않고 그 자리를 지키고 있는 바위인 것이다. 따라서 이 바위는 변치 않는 절의의 상징물로 인식된다. 부연하면 불이마을에 이 두 절의의 상징물을 세운 것은 길재의 신념을 만대에 기리고 숭상하기 위함이다. 마을 이름을 '불사이군'의 두 자를 따 '불이(不二)'라 한 것만 보아도 야은 후손들의 길재에 대한 숭상 관념을 읽을 수 있다.

배정이 마을은 밀양박씨 규정공파(糾正公派) 박세춘(朴世春, 1687~1692)의 후손들이 모여 살면서 점차 하나의 종족마을이 되었다. 박세춘은 기묘사화 때 조광조와 함께 박해(유배)를 받던 강수공 박훈(江叟公 朴薰)의 5세손이다. 박세춘이 처음 들어와 산 곳은 지금의 부리면 소재지에 이웃한 경당리이다. 배정이와는 2km 안팎의 거리에 위치한 마을이다. 박세춘이나 그의 후손이 언제부터 배정이에 정착하였는지는 자세히 전하지 않는다. 다만 후손의 구술에 따르면 박세춘의 어머니가 "부리에 가면 길씨가 도와줄 것이니 공부하며 살라"고 하여 부리(불이)와 인연을 맺었다고 한다.

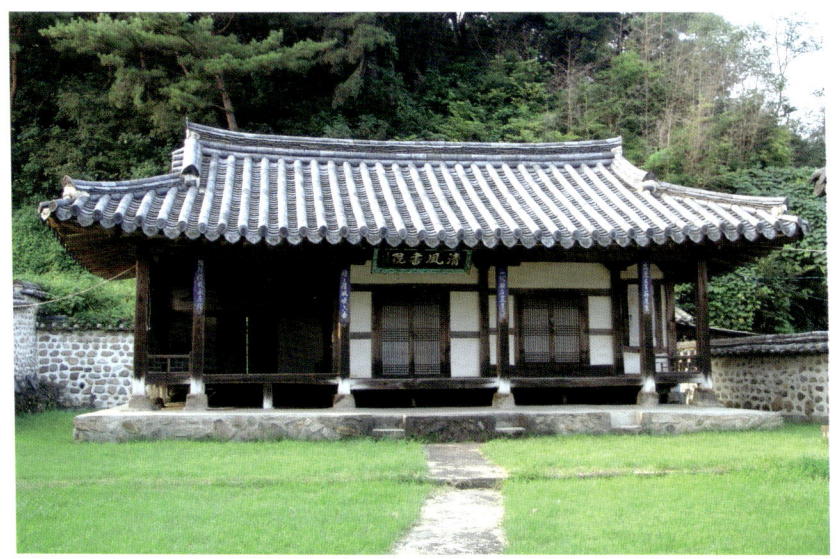

청풍서원

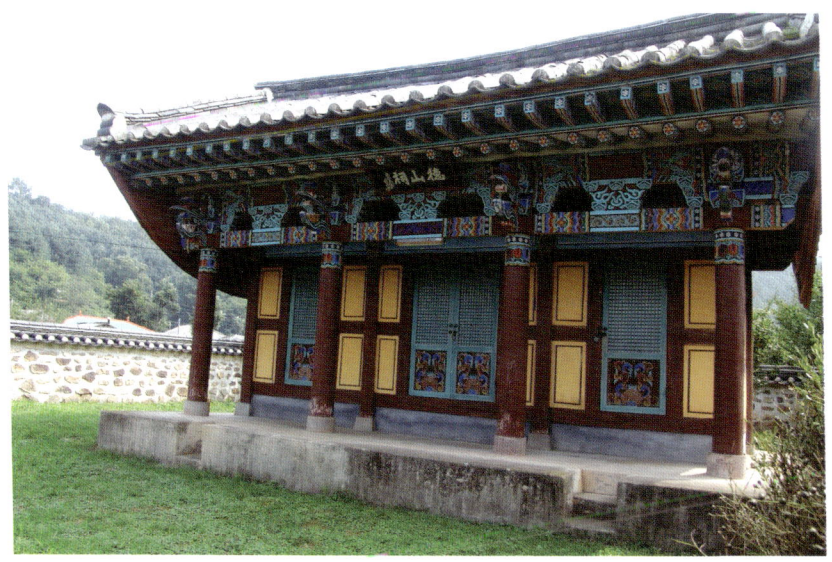

박훈 선생을 모신 덕산사(德山祠)

근대기의 불이마을

배정이는 동학농민전쟁의 아픈 사연이 깃들어 있는 마을이다. 부리면의 동학군은 양곡리의 말골과 경당리를 근거로 활동하였다. 주동인물은 미령서원을 근거지로 한 경당리의 송학운(宋學運)이었다. 1894년 3월 김개남 휘하의 동학군이 제원역으로 몰리면서 금산의 동학도와 합류하여 그 세가 5000여 명으로 불어났다. 이들은 죽창과 농기를 들고 금산 읍내의 관아를 습격하여 진압군과 일대 결전을 벌였다. 그리고 밀고 당기는 전투가 지속되었으나 시간이 흐르면서 동학군이 점점 밀리기 시작하였다.

다음해 1월에 관군과 일본군이 동학군을 진압하자 동학도 일부가 배정이 마을에 숨어들었다. 마을 사람들은 이들 동학도를 숨겨주고 주먹밥을 해주었다. 그러나 일본군의 급습으로 미처 피하지 못한 동학도 십여 명이 지금의 배정이 마을 입구에서 사살되었다. 마을 주민 역시 숨겨준 것을 빌미로 곤욕을 치렀다. 그러면서도 마을 사람들은 일본군이 물러 간 뒤 시신을 수습하여 마을 입구 솔밭에 매장하였다. 이러한 아픔의 내력은 오랜 세월이 흐른 뒤인 2001년에 다시 거론되었고, 주민들은 원혼을 달래주기로 합의하였다. 그 결과 같은 해에 위령비를 세우고 탑제(塔祭)를 지내는 시월에 매년 같이 제사함으로써 원혼을 위로하고 있다.

불이리 사람들의 일제강점기는 징병과 징용으로 기억된다. 징병에 소집된 사람들은 배정이의 박재선, 박학순, 박필순 씨 등이다. 이들은 일본과 만주로 징집되어 전장에 나섰다. 징용 소집자는 불이의 길세기를 비롯하여 길민석, 길민규, 길대홍, 길상현 씨 등과 배정이의 박흠남, 박흠희, 박무영, 박흠영 씨 등이다. 이들은 일본 구주나 청진 등지에 끌려가 노동력을 착취당하였다.

문중조직과 사회조직

전술한 대로 불이와 배정이는 각각 해평길씨와 밀양박씨의 종족마을이다. 이들 두 마을에는 종중을 근거로 한 문중조직을 갖추고 있으며, 종약(宗約)을 바탕으로 한 문중운영이 이루어져 왔다. 이와 같은 종약은 자체적인 사회질서를 유지하게 하는 데에도 크게 기여하였다.

해평길씨는 음력 구월 초하루에 문중총회를 개최하는데 향사의 제수 준비, 사당

관리, 문중 토지 관리, 종중 자산의 입출 등을 논의한다. 아울러 이날은 문중 사람들이 친목을 도모하는 장이 되기도 한다. 이어 같은 달 보름에 야은선생의 절의를 기리는 향사(享祀)를 모신다. 이 향사에는 금산 일대의 유림이 두루 참가하여 선생의 충절과 학덕을 추모한다.

배정이의 문중조직은 덕산사(德山祠)를 근거로 형성되어 있다. 덕산사는 1961년 밀양박씨 후손들과 지방의 유림들이 건립하였다고 한다. 사당에는 박증영과 박훈, 박사현 등 3인의 위패가 모셔져 있다. 이들 신위는 배정이 밀양박씨의 선조로 후손들의 정신적 지주가 되는 인물이다. 매년 음력 이월 중순에 향사하는데 많은 자손들이 제사에 참여한다.

불이리 사회조직의 한 특징으로 송계(松契)를 꼽을 수 있다. 송계는 삼림(특히 松木)의 보호와 이용을 목적으로 조직된 계이다. 근대기에 들어오면서 송계는 이용(火木 조달, 목재의 생산과 판매)의 측면이 더욱 강조되어, 산림자원의 관리와 그를 통한 수입을 추구하는 마을 단위의 자치조직의 성격을 갖게 되었다. 송계는 보호 대상이 되는 특정의 산을 중심으로 조직되기 때문에, 산 주변의 여러 마을 주민들이 관련되는 경우가 많다. 불이리에는 불이리 자체의 송계조직과 이웃한 두 마을이 연합한 양동송계, 세 마을이 연합한 삼동송계 등이 있어서, 마을 조직과 운영에서 중요한 위치를 차지했었다.

그 외 사회조직으로 '사은계(師恩契)'가 존재함을 확인할 수 있다. 배정이에 전승되고 있는 사은계는 박태규(朴太圭)선생을 대상으로 하고 있다. 박태규는 19세기 중반 배정이에서 나고 성장하여 이곳에서 한학을 가르쳤다. 그의 학덕이 깊어 배정이를 비롯한 불이마을과 인근의 마을에서 다수의 학생이 찾아와 그의 문하에 들었다. 그리고 이들이 중심이 되어 1960년에 사은계를 조직하여 오늘에 이르고 있다. 사은계의 목적은 선생의 학덕을 기리고 회원(후학) 간 친목을 도모하기 위한 것이다.

경제 활동

불이리가 속한 부리면은 금산군의 다른 면에 비해 경제적으로 낙후한 편이다. 부리면이 경제적으로 낙후한 것은 이곳 지세가 중산간지로 경지가 많지 않기 때문이다.

이처럼 산이 많기 때문에 개발 또한 용이하지 않다. 아울러 이와 같은 면의 경제적 성격이 불이리에도 그대로 나타난다.

그런데 불이리의 경제활동에서 무엇보다 걸림돌이 되는 것은 주민들의 고령화이다. 대부분의 주민이 60대 이상의 고령자이다. 주민의 고령화는 일인 당 경작 규모의 축소와 맞물린다. 주민 다수는 고령에 따른 노동능력의 한계에 의해 특수작물 재배와 같은 일에 엄두를 내지 못한다. 오히려 전답을 묵히는 사례가 점차 늘고 있다.

그러면서도 농사를 짓는 주민들은 그들의 경작활동을 천직으로 생각한다. 노동능력이 남아 있는 한 전답의 작물 재배를 게을리 하지 않는다. 농부로 나서 농부로 사는 삶을 택하여, 흙을 일구고 씨를 뿌려 거두는 일을 천직으로 받아들인다. 이런 바탕에서 논에는 벼를 재배하고 밭에서는 각종 채소와 인삼, 시설을 통한 채소재배 등을 한다.

밭작물 가운데 주목할 만한 것은 역시 인삼이다. 2007년 현재 불이리에는 20여 호가 인삼을 재배하고 있다. 개인당 경작규모가 많은 경우는 5천 평에 달하고, 그 반대로 5~7백 평에 불과한 경우도 있다. 인삼은 씨앗의 파종으로부터 수확에 이르기까지 짧게는 3~4년으로부터 길게는 5~6년이라고 하는 긴 시간이 요구된다. 또 기왕에 인삼을 심은 곳은 연작이 불가능해 일정 기간 땅을 묵혀두어야 한다. 그러함에도 이곳 사람들은 인삼을 통한 수익창출에 많은 관심을 기울이고 있다. 연작장애를 극복하기 위한 다양한 실험을 꾀하거나 땅 속의 해충방지를 위한 여러 각도의 노력을 시도하고 있다.

마을의 민속

불이리의 민속 가운데 주목할 만한 것은 탑제(塔祭)이다. 불이와 배정이 두 마을 모두 마을에 돌탑이 있으며, 이 돌탑을 대상으로 매년 제사를 지내고 있다. 먼저 불이마을의 사례를 살펴본다. 불이마을에는 3기의 돌탑이 마을 안에 자리 잡고 있다. 마을의 북쪽 진입로 초입에 2기의 돌탑이 있고, 마을 가운데에 1기의 돌탑이 있다. 주민들의 제보에 따르면 마을 입구의 돌탑은 비보(裨補)의 목적으로 조성된 것이라고 한다. 불이마을의 민가가 산기슭을 따라 조성되어 있는데, 산기슭의 아랫부분이 열려

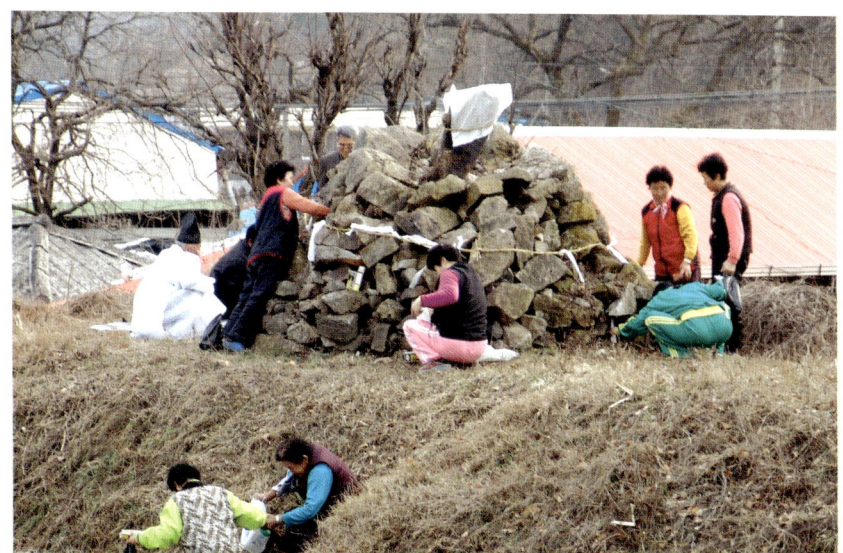

불이마을의 돌탑

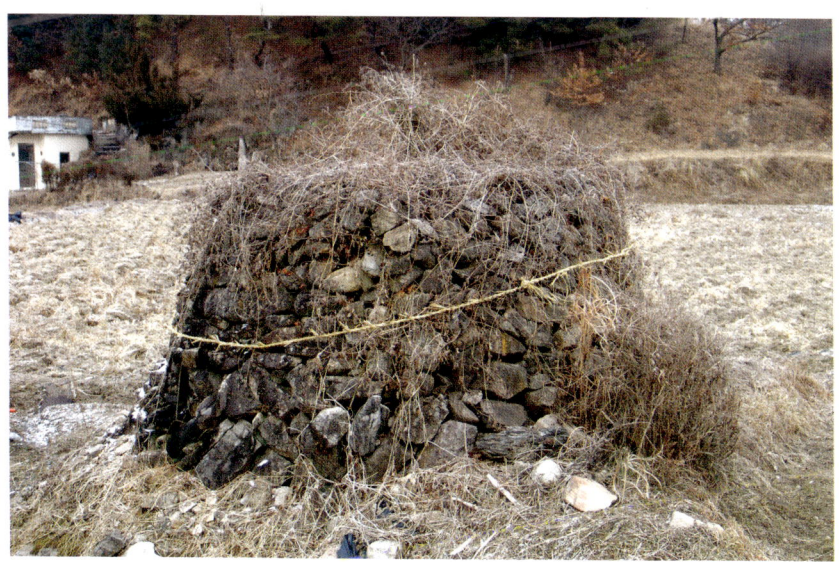

배정이의 돌탑

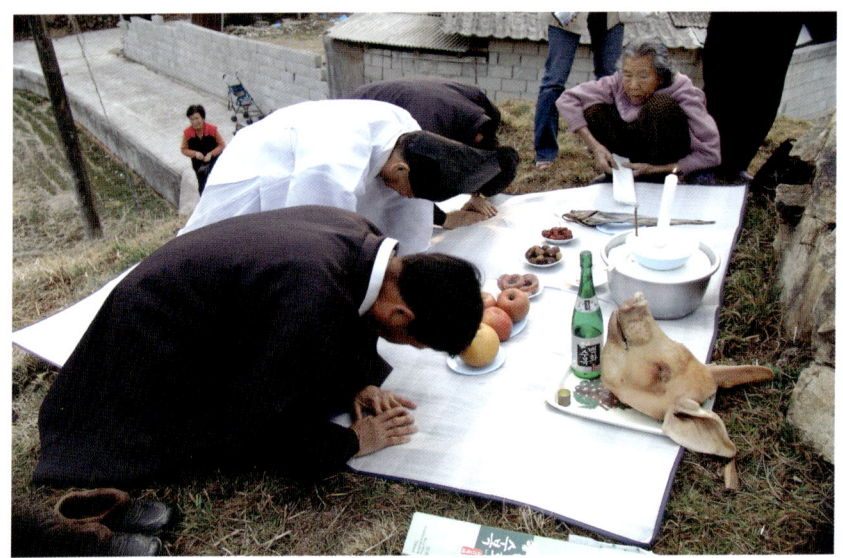

탑제 : 돌탑에 참배하는 주민들

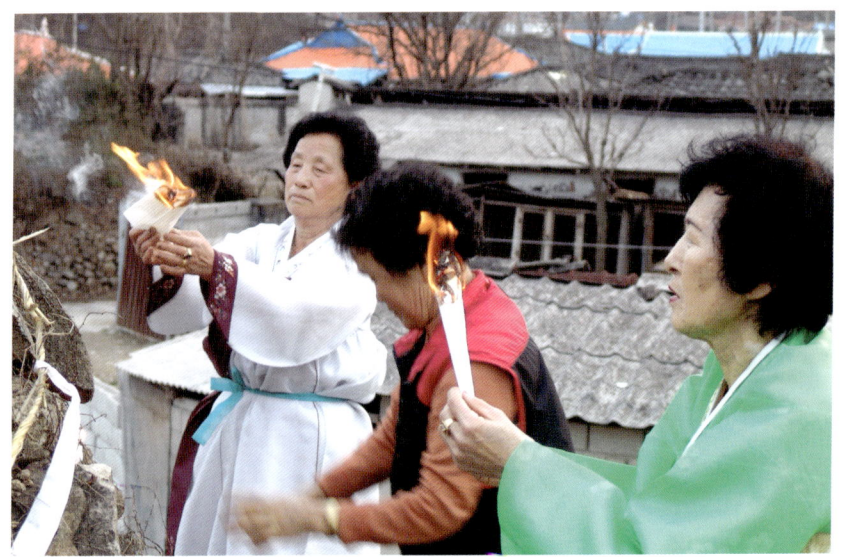

탑제 후 소지 올리는 주민들

있어 기(氣)가 밖으로 새거나 흩어진다는 것이다. 이런 관점에서 마을 입구에 돌과 흙으로 산을 짓고(造山), 그 위에 탑을 세워 기를 마을에 가두고자 하였다.

탑제는 매년 정월 열나흗날 저녁에 시행한다. 3기의 탑에 서로 다른 제주(祭主)를 두고, 같은 시간에 동시에 제를 거행한다. 그리고 각각의 탑에는 탑 주변에 사는 주민들이 나와 제의에 참여한다. 남성들은 제주와 축관, 집사 등으로 나뉘어 참여하고, 여성들은 제주의 제의 진행과 관계없이 탑 주변에서 개개인의 소망을 축원한다. 이를테면 탑 주변에 가족 수 만큼의 초를 세워놓고 불을 붙인 뒤 미리 준비한 소지를 태우며 기도를 하는 것이다. 이처럼 불이리의 탑제는 마을 주민이 함께 어우러져 제를 지낸다고 하는 점에서 관심거리가 될 만하다.

배정이의 탑은 마을회관에 이웃한 할아버지탑과 마을 전면 들 가운데 위치한 할머니탑 2기이다. 이들 탑 중 들 가운데 쌓은 탑은 상당한 세월의 흐름이 담긴 옛 모습을 하고 있다. 박의영 씨에 따르면 배정이 탑제의 유래가 최소 100년 이상일 것이라고 한다. 또 이 마을의 탑제는 불이마을과 마찬가지로 마을의 평안과 번영을 목적으로 하고 있다. "경사와 복을 불러다 주시고 삼재팔난을 일시에 소멸시켜 주시며, 흉악한 일을 천리 밖으로 쫓아주시기를 빈다"는 내용의 축문으로 보건대도 배정이 탑제가 공동체의 안위와 번영을 소망하는 제의임을 알 수 있다.

반속(班俗)과 민속(民俗)이 함께 하는 선비의 고장

불이 및 배정이 마을 주민들은 모두 이름난 선비의 후예임을 자처하고, 이를 자랑스럽게 여긴다. 두 마을은 각각 오래 전부터 종족마을을 형성하고, 유교 의례와 양반으로서의 생활양식을 몸에 익히며 생활해 왔다. 비록 불이리 출신 중 이름난 관료·학자가 많은 것은 아니지만, 주민들은 일찍부터 교육에 힘쓰고 일상생활 속에서 선조의 절의(節義) 정신을 익혀 실천하는 삶을 영위해 왔으며, 금산 지역 유림의 활동에서도 항상 중요한 역할을 해왔다. 길재의 학덕과 가르침을 기리는 사업을 꾸준히 해오고, 스승의 학은을 잊지 않는 '사은계'가 조직되어 오늘까지 전승되고 있는 것도 이런 생활양식의 유풍(遺風)이다. 다소 지나쳐 보이는 문중과 개인에 대한 선양(宣揚) 풍조 또한 양반적 생활양식의 한 단면이다. 이런 점에서 불이리는 가히 '선비의

海平吉氏 家訓

寧靜致遠
澹泊明志
輕財重義
無求世利

마음이 怡愉平安하고 고요하게
갈도록 힘쓰면 遠大한것을 이룰것이며
心地가 淸白하고 淡淡하면 그 뜻이
올바르고 밝을 것이니라
財物을 貪내지말고 무겁게 알것이며
世上의 利慾에만 마음이 팔려서는
아니될것이니라 義理를

해평길씨 집안의 가훈

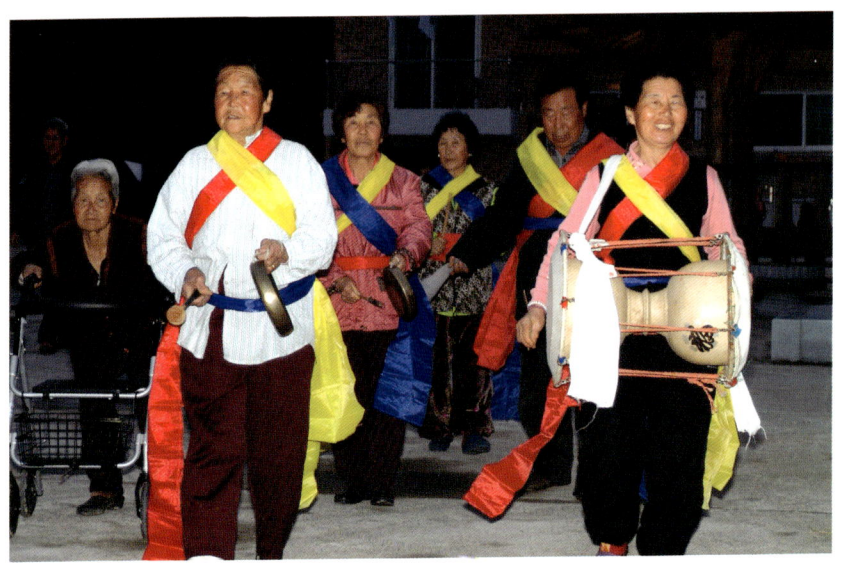

달불놀이의 풍물패

고장'이라 이를 만하다.

이처럼 불이리 사람들은 오랫동안 양반의 생활양식을 실천해 왔지만, 동시에 일상 생활에서는 대부분 농업을 생업으로 하고, 인접한 산림자원에도 의존하며 생활하는 평범한 농민의 생활양식을 영위해 왔다. 이는 불이리가 농토가 많지 않은 중산간 지역이었기 때문에 유력한 지주계급이 성장하기 어려운 사정과도 관계가 있다. 이런 생활양식 때문에 불이리에서는 다양한 민속들이 전승되고 있다. 탑제나 길산제, 가택신앙, 산림 관련 민속 등이 다양하게 존속하고 있고, 주민들의 입을 통해서는 풍부한 얘깃거리가 구전되고 있다. 패퇴한 동학군을 따뜻하게 감싸 주고, 죽은 이들의 원혼을 달래는 위령비를 세운 것도 불이리(배정이) 사람들이었다. 이렇게 불이리 사람들에게는 반속과 민속이 모순되지 않고 하나로 어우러져 있는 모습을 발견하게 되는데, 그 속에서 우리는 유교적 가르침을 지켜오면서 자연 친화적인 공동체 생활을 영위해 온 우리 조상들의 전형적인 삶의 모습들을 찾아볼 수 있다.

(김 필 동)

자연환경과 인문경관

지리적 위치

불이리(不二里)는 '인삼의 고장'[1]으로 잘 알려진 충남 금산군에 속하는 마을이다. 수려한 산들과 맑은 시냇물이 씨줄과 날줄로 얽혀 흡사 비단을 떠올리게 하는 금산군은 충남의 동남단에 위치하여 북으로는 대전광역시에 접하고 동쪽으로는 충북 옥천군과 영동군, 그리고 남으로는 전북 무주군, 진안군, 완주군과 경계를 잇대고 있다.[2] 금산군의 중심인 금산읍에서 동남쪽 무주방면으로 국도 37번을 따라 2km 남짓 달려가면 봉황천을 가로지르는 황풍교 앞 삼거리에 다다르게 되는데, 이곳에서 왼쪽으로 다리를 건너 6km 가량 거슬러 올라가 고개를 넘으면 불이리에 들어서게 된다.

불이리가 속한 부리면(富利面)은 현재 12개 법정리[현내리(縣內里)·방우리(方佑里)·선원리(仙源里)·수통리(水通里)·신촌리(新村里)·양곡리(陽谷里)·어재리(於在里)·예미리(曳尾里)·창평리(倉坪里)·평촌리(坪村里)·관천리(冠川里)]로 구성되어 있는데, 금강(錦江)이 관통하는 수려한 자연경관을 지닌 금산 동남부 지역으로 동으로는 충북 영동군 학산면과 전북 무주군 무주읍, 남으로는 무주군 부남면, 서쪽으로는 남일면, 북쪽으로는 제원면에 맞닿아 있다. 그렇기에 불이리 앞을 지나는 불이천(不二川)을 포함해 현내천(縣內川), 승재천(承宰川), 주토천(走兎川), 압수천(鴨秀川), 원통천(元通川), 그리고 선원천(仙源川, 봉황천 계열) 등 여러 하천들은 이들과 짝을 이루는 수많은 주변 산세들을 충분히 짐작하게끔 한다.

부리면의 산 맥세를 살펴보면 금남정맥(錦南正脈)의 한 흐름인 남이면 대양리의

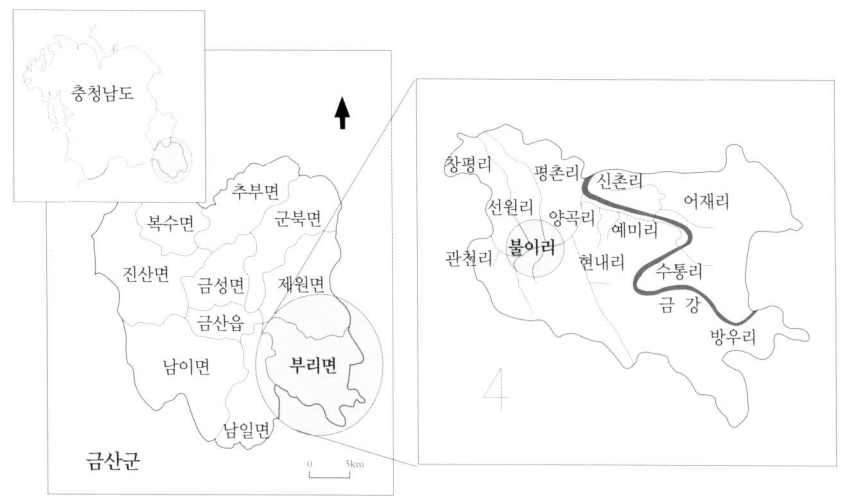

금산군 부리면의 위치　　　　　금산군 부리면 불이리

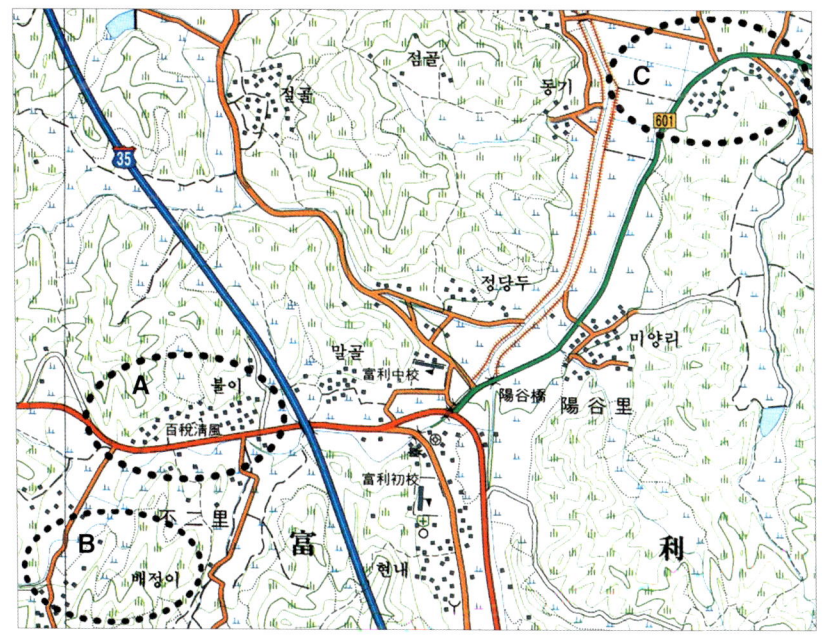

불이리 일대의 지형도(1 : 25,000) : A 불이리, B 배정이, C 평촌리

함박산에서 동남쪽으로 흘러 마하산 덕기봉으로 이어지는 맥세가 주가 된다 할 수 있고, 그 외 금남정맥이 아닌 백두대간에서 갈라져 나온 맥세를 일부 확인할 수 있다. 먼저 함박산에서 오두재 → 선봉 → 더기산 → 산제당산 → 접사리산 → 광대정재 → 성치산 →고무골산 → 성봉 → 솔재 → 성덕봉 → 갈미봉 → 목사리재 → 두어기재 → 평댕이재 → 덕기봉(마하산)으로 달려 온 맥세는 부리면에서 다시 두 갈래로 나뉘게 되는데, 하나는 덕기봉에서 바르봉을 지나 불이리의 서낭당고개와 창고개로 나아가는 북쪽 맥세이고, 다른 하나는 덕기봉에서 구어곡산 → 수로봉 → 지삼터 → 성재산으로 흘러 부리면의 남쪽을 감싸안아주는 맥세이다. 이 외에 전북·충북·경북의 경계가 되는 백두대간의 삼도봉에서 분기하여 영동의 백하산과 칠봉산을 지나 어재리의 원통골 날망에서 남쪽으로 뻗어 양각산을 이루고 무주읍과 경계를 짓다 금강을 만나 그 흐름을 멈추는 동쪽 산세가 하나 더 있다.

불이리, 배정이, 산탯골, 새말, 모나무골 등의 여러 자연마을들로 구성된 불이리는 이들 산세 흐름 중 덕기봉에서 갈라진 두 산세 사이에 자리 잡고 있으면서 북으로는 부리면 선원리, 동으로는 부리면 양곡리와 현내리, 그리고 남으로는 무주군 부남면 가당리, 서쪽으로는 남일면 덕천리·부리면 관천리와 경계를 맞대고 있다.

마을의 인문경관

불이리에 접어들면 쉽게 눈에 띄는 것이 일차적으로 '불이(不二)'라는 지명에서부터 청풍사, 덕산사, 백세청풍비, 지주중류비, 불이유허비 등의 유교경관과 마을 앞에 수문장처럼 조용히 자리 잡고 있는 돌탑과 신목들이다. 흔히 이러한 경관들은 인간 삶터를 구성하는 물질적 요소들로 이야기된다. 그런데 인간들은 바로 이러한 물질적 경관들을 통해 자신들의 삶의 궤적을 드러내고, 또 그들의 삶터인 장소에 의미를 부여하는 것이다.

이러한 경관과 장소간의 관계는 우리의 일상에서 쉽게 경험하는 예식장이나 장례식장을 떠올리면 바로 이해할 수 있다. 예식장에서 흔히 보는 장면이 신랑, 신부 간에 가락지를 교환하는 것이다. 또 장례식장에서는 평소와 다른 흰색이나 검은색 계통의 의상을 어렵지 않게 확인할 수 있다. 그럴 때 예식장에서의 가락지는 얼마짜리 금붙이 이상의 사랑과 믿음의 의미이고, 또 장례식상에서의 의상은 고인이나 상주에 대한 애도의 표시임을 알 것이다. 즉, 가락지나 의상은 단순한 금속 덩어리나 몸 가리개 정도가 아닌 예식장이나 장례식장이라는 장소를 의미 있게 해주는 특징적 경관들이라고 할 수 있다.

따라서 불이리의 지명경관이나 유교경관, 민속경관 등은 불이리의 역사와 사회적 관계, 주민들의 자연환경에 대한 적응과정 등을 여과 없이 보여주는 특징적 경관들로서 이들을 통해 불이리의 장소적 특성을 살펴볼 수 있을 것이다.

불사이군의 충절 마을 '불이(不二)'

지도에서 보는 바와 같이 불이리(不二里)는 크게 두 개의 자연마을로 구성되어 있는데, 불이리(不二里, 지도의 A)와 배정이(梨亭里, 지도의 B)가 그것이다. 현재의 불이리는 1914년 일제에 의한 행정구역 통·폐합 때 불이리와 이웃의 배정이를 합해 만든 것이다. 먼저 불이리는 조선 개국 후 젊은 나이에 벼슬을 버리고 낙향한 야은 길재(冶隱 吉再, 1353~1419)의 후손들인 해평길씨(海平吉氏)의 마을이다. 여기서 '불이(不二, 不二村, 不二洞)'라는 지명은 길재 선생의 불사이군(不事二君)의 충절과 관련된 마을이라는 의미로 본래 부리(富利)·부화(富禾, 부화지, 부아지)³⁾라고 불리던 것이 '불이'로 바뀌었다고 한다. 그리고 불이리 남서쪽에 위치한 배정이는 조선 후기 밀양인 박한계의 세거 이후 현재까지 이어오고 있는 밀양박씨(密陽朴氏) 종족마을이다.

그리고 지도의 C 지역은 비록 불이리에 속하진 않지만 불이리의 해평길씨, 배정이의 밀양박씨와 함께 이 지역의 주요 성씨로 자리 잡은 남원양씨(南原梁氏) 중심 마을인 평촌리(平村里)이다. 평촌리 남원양씨는 조선 전기의 문신 눌재 양성지(梁誠之, 1415~1482)의 후손인 양응해가 조선 광해군 대 평촌리 서당골에 정착함으로써 세거를 시작한 것으로 전해진다. 평촌리에는 남원양씨 사당인 구암사(龜岩祠)와 비각이 있는데, 이는 불이리의 청풍사, 덕산사와 함께 이 지역 성씨집단 간의 경쟁을 엿볼 수 있는 경관으로써 유교경관 부분에서 다루기로 한다.

불이리에서 주목되는 지명은 다름 아닌 '불이(不二)'이다. 불사이군의 충절을 상징하는 '불이'라는 지명은 충절의 고장 불이리를 의미 있게 해주는 일차적 요소라고 할 수 있다. 여기서는 '불이'라는 지명이 확실하게 등장하는 18세기부터 그것이 어떻게 불이리의 장소 의미 구성에 관련되는지 살펴보고자 한다.

현재 '불이'라는 지명을 확인해 볼 수 있는 역사적 자료로는 「불이영당기(不二影堂記)」・「백세청풍비음기(百世淸風碑陰記)」・「불이유허비음기(不二遺墟碑陰記)」・「불이당기(不二堂記)」⁴⁾・「청풍사중수기」⁵⁾・「청풍사기(淸風祠記)」등의 기문이나 비음기이다. 이것은 길재 영정과 위패를 모시는 불이리 소재 청풍사 영내에 있었거나 현존하는 사당, 비석들의 기록으로 그 시기가 대부분 18세기 중반 이후의 것들이다.

이들 자료를 통해 볼 때 '불이'라는 지명이 언제부터 사용되었는지는 명확히 확인되지 않으나, 불이가 등장하게 된 과정이나 의미에 대해서는 확인할 수 있다. 즉, 불이리는 본래 '불이'가 아닌 '부리(富利)', '부리촌(富利村)' 등으로 불렸다 하는데, 이것이 불사이군(不事二君)의 충절을 의미하는 '불이'로 고쳐 부르게 되었음을 이들 기록들은 말해주고 있다.

불이라는 말은 곧 충신은 두 임금을 섬기지 않는다는 뜻이다.(「불이영당기」)

선생이 계시던 곳은 실로 우리 고을에 있었고 촌명이 본시 부리(富利)라 하던 것을 후인들이 선생의 불사이성(不事二姓)한 것을 취하여 '불이'라 개칭하였으니 뜻이 우연한 것이 아니다.(「백세청풍비음기」)

야은 길선생이 사시던 곳으로 주민들이 '불이향(不二鄕)'이라고 일컬어 그의 대절(大節)을 표하였다. 이 불이라는 땅은 실로 선생 충효의 옛 터전이다.(「불이유허비음기」)

'불이'리 하는 데는 야은 길선생이 계시던 곳이다. 본시는 삼한시대 부리현(富利縣)으로 고려 때에 본주(錦州)에 병합되고 … <중간 생략> … 우리 성조가 일어날 때에 선생이 신하 노릇을 하지 않았으므로 후인들이 그의 절의를 사모하여 불사이군이라는 문구를 따서 그 계시던 곳을 '불이'라 불렀으니 불사이군은 선생의 평일에 스스로 일컬으신 말씀이다. … <중간 생략> … 또 이 땅이 전에 현이 되었다가 뒤에 마을이 되었어도 부리(富利)라는 명칭일 뿐이다가 선생의 별업이 된 후에야 처음으로 '불이'라고 일컬었으니 불이는 길씨의 유업이다.(「불이당기」)

　　금산의 부리촌(富利村)은 곧 선생의 초년에 시묘살이 하던 곳으로 그대로 우거한데다 후인들이 촌명을 '불이'라고 고쳐 부른 것이 까닭이 있다.(「청풍사중수기」)

　　촌명이 본시 부리(富利)이던 것을 군인들이 고친 것은 선생의 불사이군(不事二君)하는 의를 표시한 것이다.(「청풍사기」)

　　그렇다면 '불이'라는 지명경관을 통해 길재의 유업을 이어받은 마을, 또는 불사이군의 충절을 숭상하는 마을이라는 불이리의 장소 의미 구성에 관련되는 인간 요소를 주목할 필요가 있다. 우선은 길재의 직계 후손이 대를 이어 세거해 온 불이리의 해평

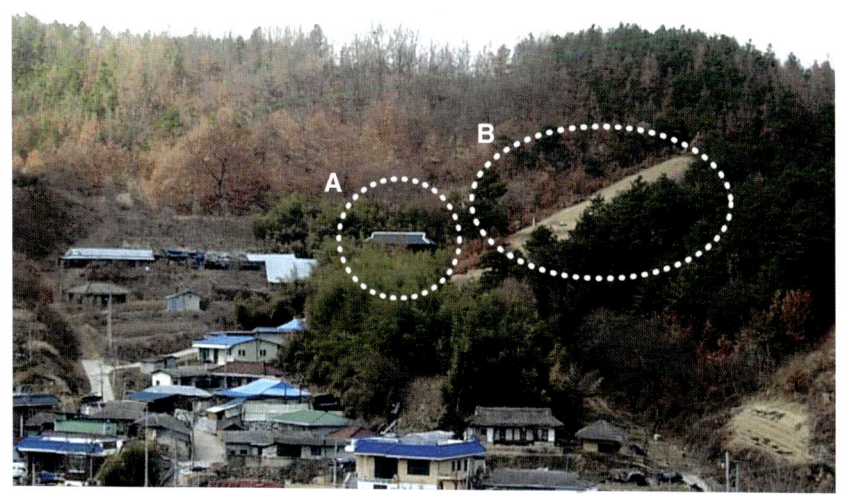

금계재(A)와 길재 부인 신씨와 며느리들의 묘역(B)
제원면 저곡리의 길씨 묘역은 풍수상 금계포란형(金鷄抱卵形)의 명당으로 전해지고 있다.

길씨를 떠올릴 수 있다. 비록 길재는 낙향 이후 여생의 대부분을 고향인 선산에서 보내지만 혼인[6]과 부친상의 시묘살이를 한 곳이 다름 아닌 금산이었고, 그래서인지 그의 처와 아들, 며느리의 묘소가 금산 부리면 예미리(曳尾里)와 제원면 저곡리(楮谷里)에 자리 잡고 있다.[7] 어찌 보면 금산의 불이리는 길재를 중시조로 하는 해평길씨 텃밭이라고 해도 과언이 아닌 것이다.

그런데 앞의 기록 중 「불이유허비음기」와 「불이당기」의 내용 중에는 길재의 직계 후손이 세거해 온 금산 불이리가 길재의 고향이자 낙향 후 머물렀던 선산에 비해 길재의 충절을 잇는 마을로서의 장소 의미가 충분히 구성되지 못했음을 엿볼 수 있는 대목이 있다.

불이라는 땅은 실로 선생 충효의 옛 터전이다. 옛날부터 선생이 손수 식목한 두 솔나무(雙松)가 전해 오는데 후인들이 존경하고 사랑함이 오산(烏山 : 善山)의 대밭보다 못함은 무슨 까닭인가. 이것은 어찌 선생을 높이는 것이 백이(伯夷)보다 못함일까. 아마도 백이가 부모에게 효하던 고죽(孤竹)이 마지막 고사리를 캐어 절의를 세운 수양산(首陽山) 보다 못함인가. 혹은 동국 사람들의 고루함인가. … <중간 생략> … 경향의 선비들이 즐겨 역사를 돕고 다시 따로 작은 비석을 유허에 세우니 이제부터 불이의 비석이 금오산(金烏山)의 지주비(砥柱碑)와 같이 높아 백이의 모든 비와 방불할 것이니 풍속교화에 유공함이 크다.(「불이유허비음기」)

선산은 선생이 나신 곳이요, 금주(錦州)는 선생이 사시던 땅이다. 덕화가 남은 곳으로 말하면 금주가 선산에 질 바가 없지마는 다만 선생의 묘소와 선생이 손수 심은 죽전(竹田)이 선산에 있고 금주에 있지 않기 때문에, 사람들이 선산에 율리가 있는 줄만 알고 금주에 불이가 있는 줄은 아는 이가 적다. 만일 이대로 여러 대를 지난 뒤에는 향촌의 후진들은 또 부리(富利)가 불이(不二)로 개칭된 것과 불이가 선생의 유적인 것인들 어찌 알랴. 장차 묻혀 전하지 않을 수도 있을 것이니 더구나 우리 미약한 후손이 여기 사는 줄도 모를 것이다.(「불이당기」)

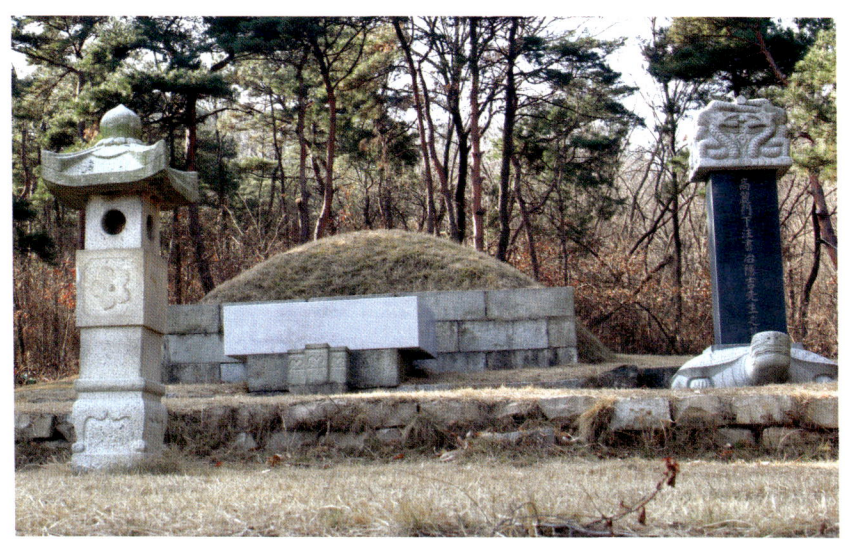

야은 길재 선생의 묘(경북 구미시 오태동)

이것은 결국 길재와 관련된 두 장소, 즉 경북 선산(善山)과 금산의 불이리가 서로 경쟁관계에 있음을 보여주는 것이 아닌가 한다. 선산은 길재의 고향이자 학문적 연원 관계로 인해 낙항한 이후 여생의 대부분을 보낸 곳으로 길재의 묘소와 여러 추모시설이 있는 곳이고,[8] 금산의 불이리는 혼인과 혈연으로 관계된 직계후손들이 자리 잡고 있는 곳이다. 선산은 이미 16세기 접어들면서 묘소의 치분과 묘비('高麗忠臣吉再之墓') 건립이 이루어지고,[9] 길재를 배향하는 금오서원(金烏書院, 1572년 건립, 1575년 사액)과 오산서원(吳山書院, 1574년 건립, 1609년 사액), 지주중류비(砥柱中流碑, 1587년) 등이 들어섬으로써 길재의 절개와 덕행을 잇는 장소로서 자리 잡게 된다.

그러나 금산의 불이리에서는 앞의 기문이나 비문들이 등장하는 계기가 되는 사당과 비 건립이 18세기 중반 이후에나 가능하게 된다. 물론 선산보다 늦었기는 하지만 18세기 중반 이전에 금산 불이리에서도 사당이나 백세청풍비[10] 건립의 시도가 없었던 것은 아니다. 즉 「불이유허비」, 「불이당기」, 「청풍사중수기」 등을 보면 18세기 중반 이전에 불이사(不二祠)라는 사당이 있었음을 확인할 수 있다. 불이사는 본래 1731

년에 세워진 영당(影堂)에 1738년 위패를 봉안함으로써 유지된 사당으로 영조대(영조 14, 1741년) 시행된 서원 훼철령[11]에 따라 철폐되었던 것이다.

처음에 선생의 후손 상복(尙復), 협구(協龜)가 고을의 여러 선비들과 함께 사당을 세워 진상을 모시었다가 조정의 금령에 저촉되어 훼철되고, 또 해주 청성묘(淸聖廟)에 있는 주자의 글씨 백세청풍(百世淸風) 사대자를 모사해 와서 돌에 새겨 옛 터에 세우려다가 이루지 못하고 그는 세상을 떠났다.(「불이유허비음기」)

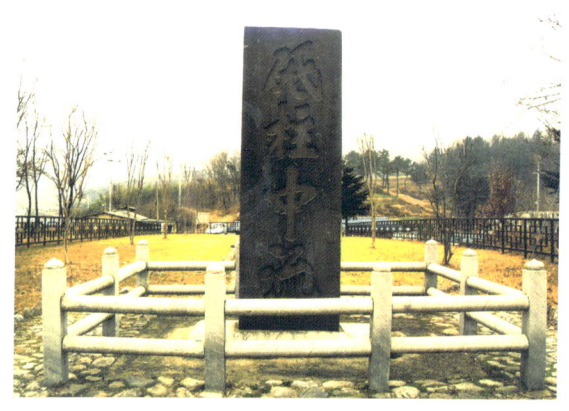

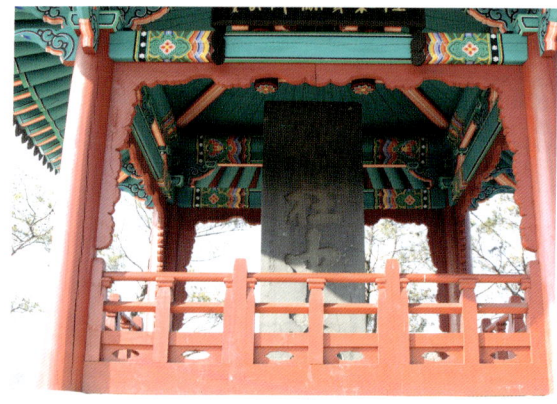

구미시 오태동의 지주중류비
(아래쪽은 얼마 전 비각이 설
치된 후의 모습)

근세에 선비들이 선생을 사모하여 사당을 세워 제사를 모시면서 사당의 이름도 역시 불이라 하였더니, 사당은 조정의 금령에 저촉되어 헐리어 지고 오직 빈터에 풀만이 우거져서 보는 이의 마음을 상하게 하였다. …… 고대에 향리에 학숙의 제도가 있었으니 지금 만일 그것을 모방하여 수 칸 초당을 불이사(不二祠)의 터에 세워서 … (「불이당기」)

선생의 후손과 이 고을에 사는 이들이 일찍 고을의 여러 선비들과 어울려 사당을 세우고 진영을 모셨더니 서원 남설을 금지함에 당하여 잘못 헐렸다.(「청풍사중수기」)

이렇듯 이미 선산에서는 금산보다 한참 앞서 서원건립과 사액이 이루어지고 당시 고위직 관리인 서애 유성룡이 비음기를 쓴 지주중류비가 세워졌음에도 불구하고, 오히려 불이리에서는 길재를 모시는 사당이 훼철되거나 백세청풍비의 건립이 이루어지지 못했던 것이다.

이렇게 본다면 금산 불이리의 해평길씨 후손들을 중심으로 하는 지역민들은 길재의 유업을 이어받아 불사이군의 충절을 숭상하는 마을로 불이리를 부각시키기 위한 방편의 하나로 '불이'라는 지명에 관심을 둔 것이 아닌가 한다. 지명은 특별히 국가의 허락을 받는 것도 아니고 사당이나 비석 건립을 위한 비용 문제도 없이 그저 입으로 말하고 눈으로 보고 귀로 들을 수 있는 다각적 경험 대상이었으니 말이다. 그리고 그 시기는 앞서 말한 바와 같이 명확히 확인되지는 않으나, 선산과의 관계를 고려할 때 1700년을 전후로 한 시기가 아니었을까 짐작해본다.[12] 이렇듯 길재의 충절을 잇는 마을로 선산에 비해 부각되지 못했던 불이리도 17, 18세기부터는 불이라는 지명을 통해 자신들의 삶터에 의미를 부여해왔다고 할 수 있다.

경관을 통한 성씨집단 간의 경쟁

'불이'라는 지명이 등장한 이후, 특히 18세기 중반 이후에는 불이리에도 선산 못지않은 상징 경관들이 속속 건립된다. 백세청풍비(百世淸風碑, 1761년)·불이유허비(不二遺墟碑, 1762년)·청풍사(淸風祠, 1804년)·지주중류비(砥柱中流碑, 1948년) 등이 그것이다. 특히 18세기 중반 이후부터 19세기 초까지 집중적으로 들어서는 경관들은 앞서의 지명을 포함하여 단순히 지역적 차원에서만이 아닌, 선산을 중심으로 하는 영남사림과 금산을 포함하는 기호사림 간의 관계에서 살펴질 필요가 있다. 말하자면 16, 17세기를 거치며 대두되는 사림 세력의 도통(道統)체계 확립과 관련된 길재 선생의 재평가 작업이라는 사회·정치적 과정을 간과해서는 안 되는 것이다.

그러나 여기서는 이러한 해평길씨 관련 경관들을 배정이 마을의 밀양박씨 경관이나 이웃해 있는 평촌리의 남원양씨 경관 등 그것이 지역적 차원에서 어떤 의미를 갖는지 지역 내 여러 성씨집단들 간의 관계로 국한해서 살펴보고자 한다. 왜냐하면 불이나 인근 마을에서 확인되는 특정 성씨집단 관련 경관들의 의미를 해석하기 위해서는 경관과 관련된 사회집단 간의 관계를 지역적 차원으로 한정할 필요가 있기 때문이다. 따라서 야은 길재 후손들의 집성촌인 불이리의 청풍사, 백세청풍비, 불이유허비 등은 배정이의 밀양박씨 사당인 덕산사(德山祠, 1961년), 평촌리 남원양씨 사당인 구암사(龜巖祠)와 구암사 앞의 양성지묘비(訥齋梁先生廟碑, 1922년) 등과 함께 살펴볼 필요가 있다.

흔히 '경관은 말을 한다'라고 한다. 우리가 시각이나 청각·후각·촉각·미각 등의 감각을 통해 경험할 수 있는 물질적 요소들을 경관이라고 할 때, 경관이 말을 한다는 것이 과연 가능한 것인가 하는 의문을 가질 수 있다. 그렇다면 여기서 '경관이 말을 한다'는 것이 무슨 의미인지 이해할 필요가 있다. 보통 말이라는 것은 우리의 일상생활 영역에서 서로 간에 의사소통을 위해 사용하는 중요한 수단이다. 그럴 때 말을 한다는 것은 서로 간에 언어라는 매개체를 통해 무언가 메시지나 의미를 주고받음을 말한다. 가령 '어디가 아프다'거나 '무엇이 먹고 싶다'거나 '누구를 좋아한다'라는 것 등이 그것이다.

따라서 '경관이 말을 한다'라는 것은 결국 경관이 마치 언어처럼 그것을 경험하는 사람들 간에 무언가 의미를 주고받게끔 하는 수단으로 사용됨을 말하는 것이다. 일례로 거리의 신호등을 생각해보자. 녹색·빨강·주황색으로 이루어진 신호등은 우리의 시각을 통해 경험할 수 있는 거리의 경관이다. 거리에서 우리는 그 신호등의 색깔이 바뀜에 따라 일정한 행동을 하게 된다. 운전자는 운전자대로 보행자는 보행자대로 가던 길을 멈추기도 하고 또는 교차로를 통과하기도 하는 것이다. 어떻게 이런 일이 벌어질 수 있을까? 바로 우리는 신호등의 색깔이 '가라', '멈춰라', '대기하라' 등의 의미를 가지고 있다고 받아들이기 때문에 그렇게 행동을 할 수 있는 것이다. 결국 몇 가지 색깔의 조합으로 기능하는 신호등 경관을 통해 우리는 서로 간에 의사소통을 하는 것이다. 그럴 때 신호등 경관은 마치 언어처럼 사람들 사이 의사소통의 수단으로 역할하게 되는 것이다.

그렇다면 앞서 말한 불이리와 그 주변에서 확인되는 다양한 유교경관들은 어떤 역할을 수행하기 위해 그렇듯 조성되어 현재까지 유지되고 있는 것일까? 그런데 여기서 전제되어야 할 것이 하나 있다. 다름 아닌 경관이 수행하는 역할, 즉 경관이 인간들 사이에서 서로 주고받게끔 하는 의미는 어느 한 가지로 규정되어 있는 것이 아니라는 점이다. 마치 신호등 경관이 운전자나 보행자의 입장에서만 그 의미가 읽혀지지 않는 것처럼 말이다. 신호등 제작업체나 설치업자들에게 신호등은 하나의 생계수단, 밥, 돈일 수 있다. 또 한 때 신호등이 그다지 필요치 않다는 곳에도 신호등을 대량 설치했던 일이 있었는데, 그럴 때 신호등은 특정 권력자들의 비자금 마련을 위한 창구이자 선심 쓰기 선물일 수도 있는 것이다. 심지어 만취한 취객에게 거리의 신호등은 조금은 부끄러움을 가려주는 안온한 화장실이 될 수도 있는 것이다. 이렇듯 경관은 그것과 관련된 인간 요소가 누구냐에 따라 그 의미 또는 그것이 수행하는 역할이 얼마든지 달라질 수 있는 것이다.

이와 관련해 불이리나 배정이, 평촌리의 유교경관들이 불이리의 해평길씨, 배정이의 밀양박씨, 평촌리의 남원양씨라는 특정 성씨집단과 관련되어 있다는 점에 주목할 필요가 있다. 말하자면 가까이 이웃해 있는 불이리 ─ 배정이 ─ 평촌리의 주요 성씨집단들이 이러한 경관들의 의미, 역할을 이해해 보는 데 있어서 관심 가져야 할 인간 요소라고 할 수 있다.

앞서 말했듯이 불이리는 조선 개국 후 젊은 나이에 벼슬을 버리고 낙향한 야은 길재의 후손들이 중심이 되는 해평길씨 집성촌이다. 그곳에는 불사이군(不事二君)의 충절을 상징하는 길재 선생 관련 경관들이 집중적으로 분포하고 있는데, 청풍사와 청풍서원을 비롯한 백세청풍비, 불이유허비, 지주중류비 등이 그것이다. 또한 최근에는 청풍사 맞은편 불이천변에 불이마을 유래비(1992년)와 불이마당비(2006년)가 건립되기까지 하였다.

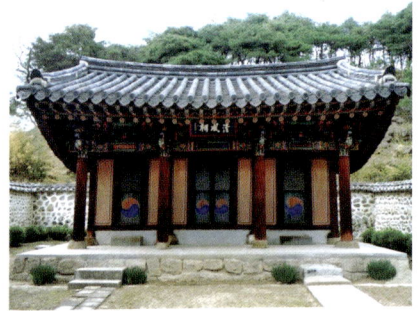

불이리의 청풍사

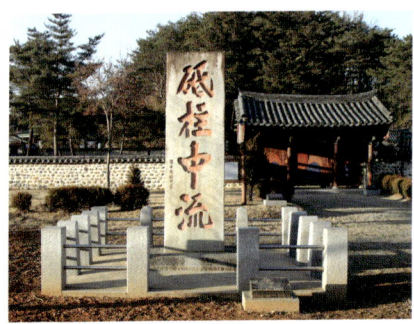

불이리의 지주중류비

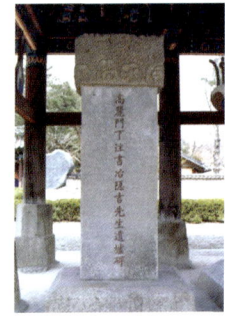

불이리의 불이유허비

불이리의 청풍서원

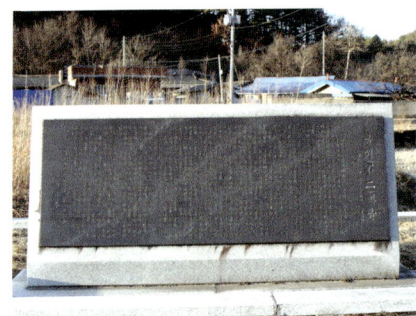

불이마을 유래비

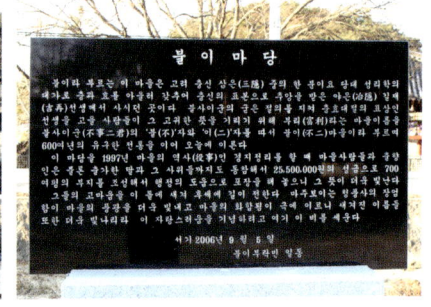

불이마당비

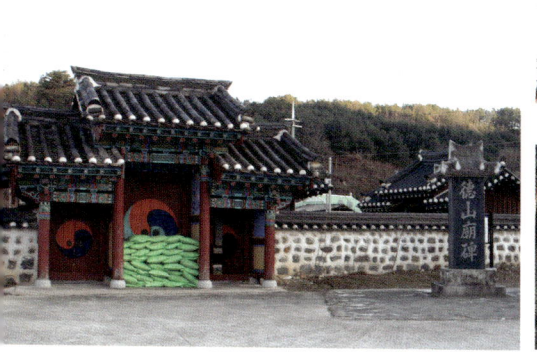

배정이의 덕산사와 덕산묘비   평촌리의 구암사와 눌재양선생묘비

　그리고 불이리 남서쪽에 위치한 배정이는 조선 후기 밀양인 박한계의 세거 이후 현재까지 밀양박씨 종족촌으로 유지되고 있는 마을인데, 마을 입구에는 1961년 건립된 덕산사와 덕산묘비가 자리 잡고 있다. 또 평촌리는 비록 불이리에 속하진 않지만 불이리의 해평길씨, 배정이의 밀양박씨와 함께 이 지역의 주요 성씨로 자리 잡은 남원양씨 중심 마을로 지방 유림과 후손들이 정성을 모아 건립한 구암사(1922년)와 눌재양선생묘비(1933년)가 있다

　성씨집단의 입향 시기로 보자면 불이리의 해평길씨가 배정이의 밀양박씨나 평촌리의 남원양씨에 비해 앞선다고 할 수 있다. 사당과 묘비의 건립 시기도 비교적 근·현대에 건립된 구암사나 덕산사에 비해 청풍사가 상당히 앞선다고 할 수 있다. 이것은 불이리의 해평길씨 경관을 시작으로 남원양씨나 밀양박씨의 경관들이 등장했음을 말하는 것인데, 달리 말해 배정이나 평촌리 마을의 경관들은 불이리의 경관들에게서 어느 정도 영향을 받을 수밖에 없지 않았을까 하는 짐작을 가능케 한다. 마치 가로나 세로 막대 형태의 새로운 신호등이 등장하더라도 빨강, 녹색, 주황의 기본 색깔은 갖추고 있는 것처럼 말이다.

　여기서는 두 가지 부분으로 나누어 이들 성씨집단 간의 관계를 살펴보려 하는데, 하나는 불이리의 백세청풍비각과 평촌리의 눌재양선생묘비각이고, 다른 하나는 불이

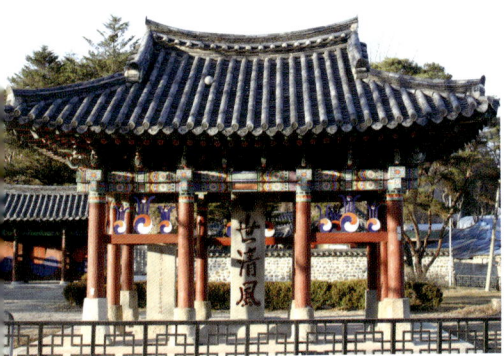
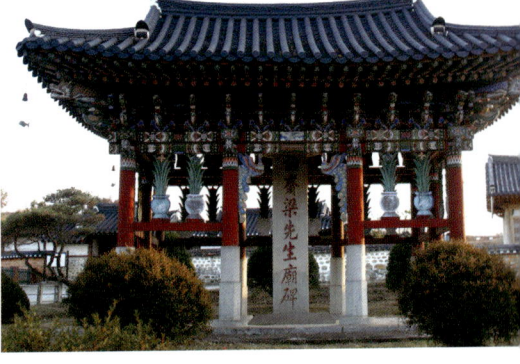

불이리의 백세청풍비각　　　　　　　평촌리의 눌재양선생묘비각

리의 청풍사 현판과 배정이의 덕산사 현판 그리고 동학위령비이다.

　먼저 불이리의 백세청풍비각과 평촌리의 눌재양선생묘비각 사진을 보자. 우선 눈에 들어오는 것이 비석의 규모와 각인된 비문의 색깔, 그리고 비석을 보호하고 있는 비각이다. 비석의 규모가 여타의 비석과 비교가 되지 않을 만큼 웅장하다는 것, 각인된 비문에 붉은 색깔이 칠해져 있다는 것, 그리고 비석을 보호하고 있는 비각이 마치 건물의 지붕 이상으로 크고 높다는 것을 쉽게 확인할 수 있을 것이다.

　그런데 흥미로운 것은 이들 비각의 형태가 눈에 띌 정도로 닮아 있다는 점이다. 마치 쌍둥이가 아닌가 하는 착각이 일어날 정도다. 단지 후에 건립된 눌재양선생묘비가 비석의 규모도 더 크고 비각의 넓이와 높이도 더 웅장하다는 점이 다를 뿐이다. 특히 비문에 칠해진 붉은색은 다른 비석들에서는 찾아보기 쉽지 않은 경우인데, 이것 또한 똑같은 경우에 이르러서는 두 비석이 마치 원본과 복사본의 관계가 아닌가 할 정도이다. 불이리에 전해지는 이야기로 백세청풍비 비문에 붉은색 칠을 한 것은 붉은색이 불사이군의 충절을 상징하는 단심(丹心)을 상징하기 때문이라고 한다. 그래서 백세청풍비 외에 지주중류나 불이유허비의 비문도 붉은색 칠을 했다는 것이다.[14] 그런데 평촌리의 눌재양선생묘비에 이르러 또 다시 붉은색이 나타난다는 것은 어떻게 이해해야 할 지 궁금하다. 심지어 양선생묘비 옆에 있는 비문도 붉은색으로 칠해져 있다.

불이리의 해평길씨와 평촌리의 남원양씨는 오래전부터 지속적인 혼인관계를 통해 중첩적인 사회적 관계를 형성해 온 것으로 확인된다. 해평길씨가 배정이의 밀양박씨와 혼인관계를 맺은 것이 한두 건에 지나지 않았던 것을 생각하면 이 두 성씨집단 간의 관계는 남다르다 하겠다. 그러면서도 그들은 서로 간에 선의의 경쟁을 하고 있었던 것으로 보인다. 그러한 경쟁관계가 시간의 흐름 속에서 이와 같이 경관을 통한 경쟁으로 표출되지 않았는가 한다.

다음으로 불이리의 해평길씨와 배정이의 밀양박씨 간의 관계를 엿볼 수 있는 흥미로운 경관이 바로 덕산사와 청풍서원의 현판이다. 덕산사는 배정이 마을에 세거해 온 밀양박씨의 문중사당으로 눌재 박중영, 강수 박훈, 퇴우당 박사현 세 분의 위패를 모시고 있는데, 1961년 지방유림과 후손들에 의해 건립된 비교적 최근의 사당이다.[10]

여기서 두 개의 그림을 비교해 보자. 덕산사 현판과 청풍서원 현판이 그것인데, 이들 또한 어딘지 모르게 닮아 있음을 알 수 있을 것이다. 바로 글씨체가 닮아 있는데, 둘 다 고 박정희 대통령의 친필 현판이다. 덕산사 현판은 1966년에, 그리고 청풍서원 현판은 '정사국추(丁巳菊秋)'라고 기록되어 있는 것으로 보아 1977년 가을로 추정된다. 시간상 청풍사보다 거의 200년 후에 건립된 배정이의 덕산사가 먼저 대통령 친필 현판을 받은 것이다. 이는 후발주자인 배정이의 밀양박씨가 자신들의 지역 내 입지를 세워나가는 의미 있는 과정으로 볼 수 있다. 대통령의 친필 현판을 받았다는 것은 곧 왕조시대 사액사당이라는 상징적 의미를 갖는 것이나 다름없는데, 그것도 청풍사를 앞섰다는 것은 그 의미가 더욱 배가 되었을 것으로 짐작된다.

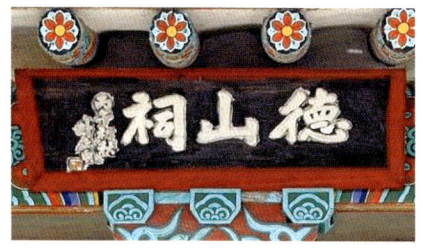

덕산사 현판

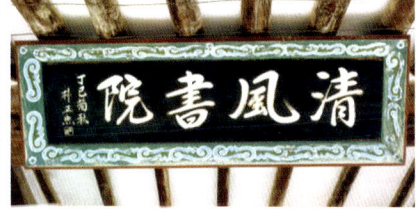

청풍서원 현판

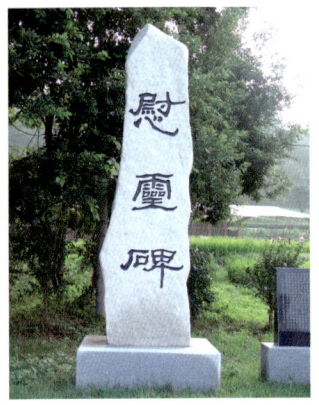
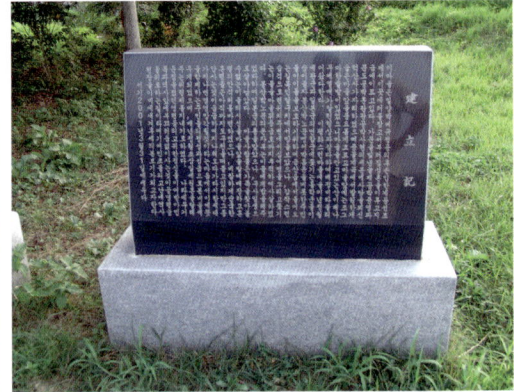

배정이의 동학위령비   동학위령비 건립기

    그 외 배정이 마을 입구에는 2001년도에 건립된 동학위령비가 있는데, 바로 옆에 세워져 있는 건립기의 내용을 보면 흡사 배정이 마을 소개비를 떠올리게 한다. 건립기에는 밀양박씨 집성촌으로서 배정이, 밀양박씨 문중사당인 덕산사, 마을의 입지와 지명유래, 구한말 동학과 밀양박씨의 관련, 배정이 마을 주민들의 동학 시신 수습, 순국 혼령을 위한 위령비 건립의 취지 등이 그 내용을 이루고 있다.

    이 마을은 밀양박씨 규정공의 후손인 한계공 선조께서 이곳에 터를 잡고서부터 집성촌을 이루고 지금에 이르고 있다. 가문을 빛낸 눌재공 박증영과 문도공 박훈, 판관공 박사현의 세 분에 사당을 뫼신 덕산사가 자리하였으며, 중골 계곡에서 발원한 개울은 마을 앞을 풍요롭게 흐르고 마을 앞에는 조그마한 솔밭이 있었으니, 마을을 안고 있는 산이 배나무에 열매가 달린 형상과 같다하여 배정이라 불리어 왔다 한다. 이 평화스런 마을에 을미년 정월에 관군과 일본군의 연합군에 쫓기는 동학군들이 숨어들자 봉산 박노문, 명서 박흠윤을 비롯한 주민들이 이들을 보호하기 위하여 금산읍에서 들어오는 길목인 달구치에서 망을 보았으나 갑작스런 습격으로 현 위치 주변에서 십여 명을, 그리고 쫓기는 이들을 마을 뒤 용금호까지 추적하여 사살하였다. 봉산 박노문의 큰 자부는 이들에게 밥을 해주었다 하여 일본군의 총에 맞았으나 구사일생으로 살아남았다. 마을 사람들은 가족을 찾아볼 수 없는 이들의 시신을 마을 앞 솔밭에 매장하고 혼령의 안식처를 마련하였으나 비참하게 순국한 혼령들은 아직까지도 구천을 떠돌고 있지만, 그동안 사는 것이 급급하여 지나쳐오다가 다시 한 세대가 지나면 영영 망각될 것이라는 마음에서 이에 뜻을 함께하는 주민들의 정성과 성금으로 본 비를 세우게 되었으며, 매년 정월 초삼일에 원혼을 달래주는 위령제를 지내기로 하였다. 나라에 무거운 짐을 졌던 영령들의 고귀한 정신을 이어받아 민족과 역사 앞에 부끄러움 없이 사는 것이 곧 영령들을 위로하는 길이라 여기어 민초들의 고난의 역사 현장을 이 비격 새겨 후세의 본보기가 되고자 한다. 서기 2001년 3월 31일에 세우다.(「동학위령비건립기」)

결국 이러한 내용을 종합해 볼 때, 동학위령비의 건립은 구한말 외세의 침입에 의한 국가의 위기 상황 하에서 밀양박씨가 중심이 되는 배정이 마을공동체가 어떤 활약상을 보였는지 부각시키는 효과가 있다고 할 수 있다. 그리고 이러한 배정이 마을의 전통 만들기는 이미 임진왜란 때 중봉 조헌(趙憲, 1544~1592)과 함께 청주성 싸움에서 공을 세우고 순절한 퇴우당 박사현(朴嗣賢, 1548~1613) 선생을 모시고 있는 덕산사 건립에서부터 구체화되지 않았는가 한다. 이는 불이리의 해평길씨가 구한 말 동학과 관련된 같은 사건을 어떻게 바라보고 있는지 비교해 보면 충분히 짐작할 수 있는 바이다. 불이리를 소개하고 있는 불이마을 유래비를 통해 그 일면을 엿볼 수 있는데, 내용 상 특징 성씨집단이나 인물, 마을 등이 언급되어 있지 않은 채 지명을 소개하는 형식으로 사건을 다루고 있음을 알 수 있다.

금산으로 가는 길을 따라가다 보면 성황당재가 나오는데 그 옆에 선돌이 있기 때문에 그 골짜기를 선들이라고 하며 그 윈쪽에 있는 골짜기는 한말 일본군에 쫓기던 의병이 총을 맞고 쓰러진 것을 마을 사람들이 시신을 거두어 묻었다는 분통골이 있다.(「불이마을유래비」)

이렇듯 구한말 동학과 관련해 벌어진 같은 사건에 대해 마을 입구에 위령비까지 건립한 배정이의 밀양박씨와 달리 불이리의 해평길씨는 그다지 큰 관심을 보이고 있지 않다. 그렇지만 한 왕조에 대한 충절이나 국난의 상황에서의 고귀한 희생에 대한 현재적 관심은 불이리와 배정이 두 마을 모두 그 크고 작음을 구분할 수 없을 것이다.

배정이와 불이리 마을에서 확인되는, 어찌 보면 서로 경쟁하듯 등장하는 다양한 경관들을 애정 어린 눈빛으로 봐야 하는 것도 이러한 이유에서다.

민속경관과 풍수

금산군은 전국 단일시군 중 돌탑이 가장 많이 분포하고 있는 지역이다. 마을 단위에서 이루어지는 민간신앙의 대상물 중 특히 돌탑이 금산 지역에서 많이 등장하는 것은 이 지역이 한국의 대표적인 탑문화권 지역으로 구분되는 것과도 무관하지 않다.[15] 불이리에서는 세 기의 돌탑, 배정이에서는 두 기의 돌탑이 확인되고 있다.

먼저 불이리의 돌탑은 청풍사 경내를 기준으로 구분되는 윗마을(윗담)에 한 기의 돌탑이, 그리고 아랫마을(아랫담)에 두 기의 돌탑이 확인된다. 마을에서는 도로변에 있는 윗마을 탑을 상탑이라 하고, 아랫마을 입구 길 양편에 자리 잡고 있는 두 기의 탑을 중탑과 하탑이라고 한다. 중탑과 하탑은 할머니탑, 할아버지탑이라고도 불리는데, 마을입구에서 볼 때 왼쪽의 것이 중탑이고 오른쪽이 하탑이다. 축조된 시기로 보면 윗마을의 상탑과 아랫마을의 중탑이 먼저이고, 하탑이 가장 늦은 것으로 확인된다.

아랫마을의 하탑이 축조되는 시기는 대략 1970년대로 전해지는데, 마을의 청년들이 자꾸 죽어나가 무당에게 물으니 탑을 쌓고 위해야 한다고 해서 건립되었다고 한

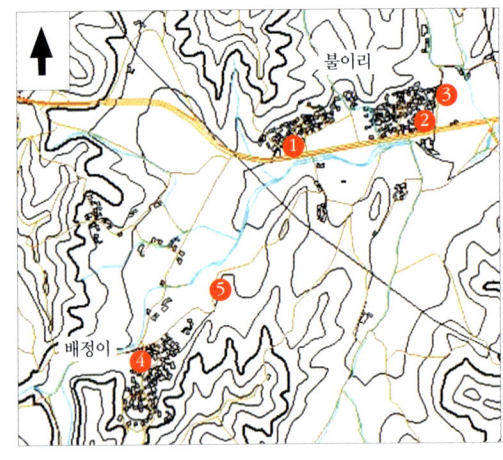

불이리와 배정이의 돌탑 분포
① ② ③ – 불이리 상탑, 중탑, 하탑
④ ⑤ – 배정이 할아버지탑, 할머니탑

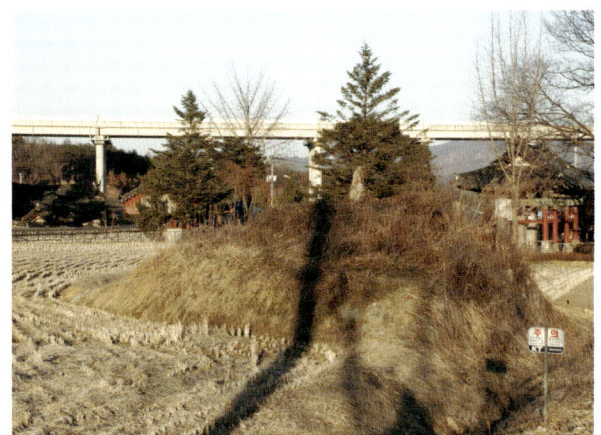

불이리 윗마을의 상탑

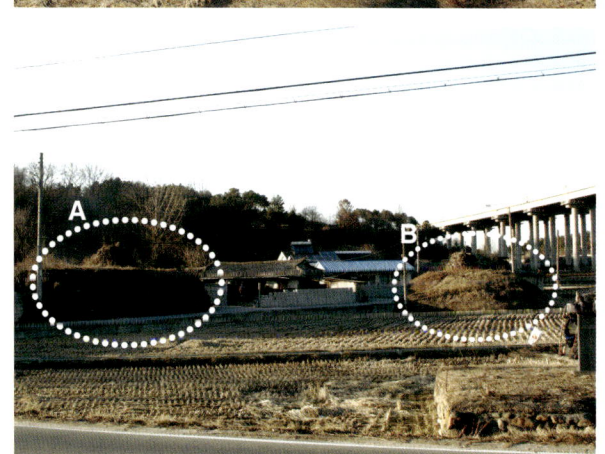

불이리 아랫말의 중탑
(A)과 하탑(B)

다. 현재의 하탑이 자리 잡고 있는 곳은 본래 농경지였는데, 큰 수해로 농경지가 침수
되어 그것을 복구하는 과정에 쌓여진 토사 무더기에 마을 주민들이 탑을 쌓자고 건의
하여 마을 공동으로 농지 주인에게 백미 두 가마를 주고 매입하였다고 한다.[16] 불이리
와 마찬가지로 배정이 마을에서도 두 기의 돌탑이 확인되는데, 마을회관 옆 덕산사
맞은편에 있는 할아버지탑(남탑)과 이곳에서 동북쪽으로 100여 m 남짓한 논 가운데
에 위치한 할머니탑(여탑)이 그것이다. 마을 입구에 자리 잡은 할아버지탑은 신목과

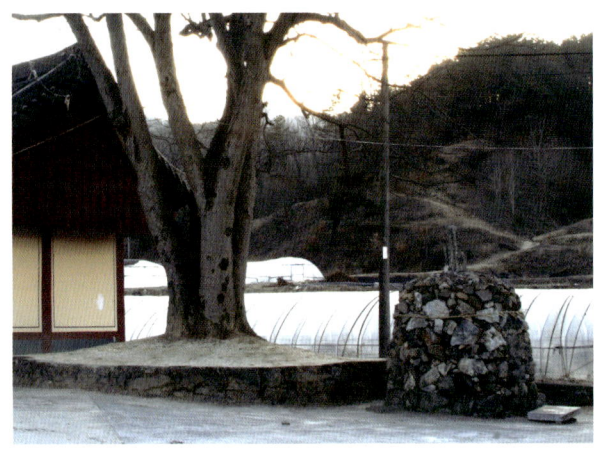

배정이 마을의 할아버지
탑과 신목

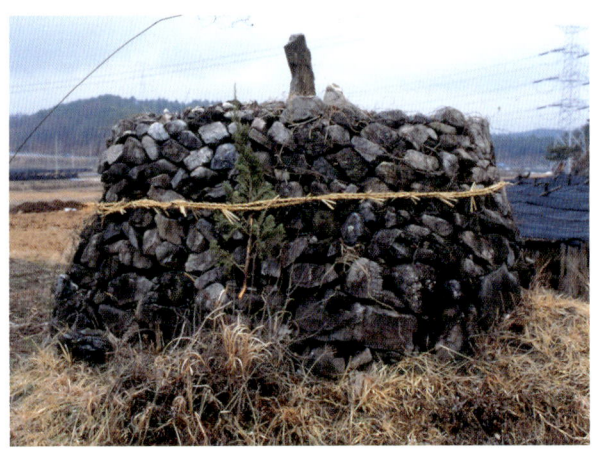

배정이 마을의 할머니탑
(사진 : 강성복)

복합적 형태를 이루고 있고, 할머니탑은 배정이 마을의 수구 근처 논 가운데에 자리하고 있어 현재의 마을길로부터 그 모습을 쉽게 확인할 수 없다.

　그런데 여기서 주목해야 할 것은 불이리나 배정이의 돌탑이 마을과 관련해 자리하고 있는 입지나 그 형태이다. 먼저 나지막한 북쪽 산자락에 기대어 자리 잡고 있는 불이리 마을의 경우, 마을 안쪽에서 볼 때 세 기의 탑들이 위치하고 있는 곳은 언뜻 보기에도 지나치게 개방되어 있는 도로변 마을 입구에 해당하는 곳이다. 또한 돌탑이

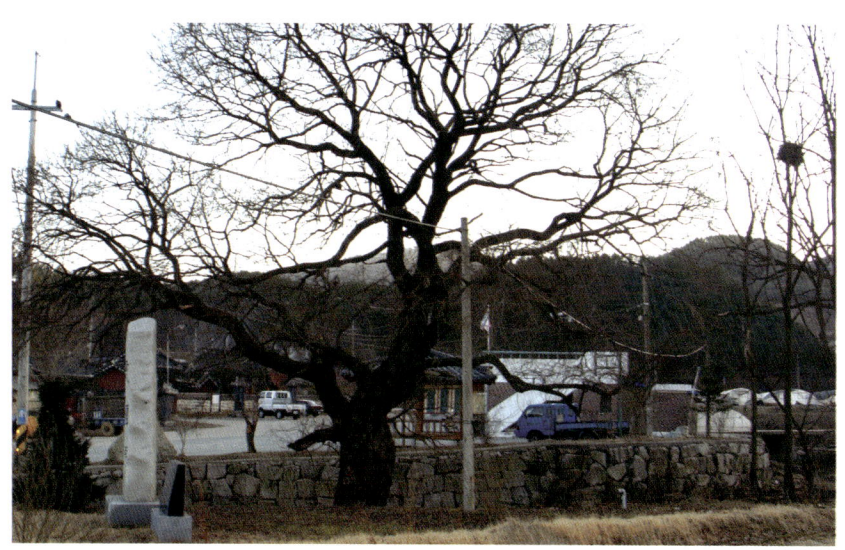

배정이 마을 입구의 거목 : 과거 마을 입구 하천변을 따라 솔밭이 조성되어 있었다 한다.

자리 잡고 있는 토대가 땅바닥이 아닌 인위적으로 조성된 조산(造山) 위다. 다시 말해 붕이리의 돌탑들은 비록 돌탑의 형식을 취하고 있지만 오히려 조산이라고 봐야 할 정도인 것이다. 조산은 마을 숲과 더불어 전통적으로 마을의 공간구성에 있어서 지나치게 개방되어 있거나 허약한 지점에 조성되었던 인위적 보완조치라고 할 수 있다.

이러한 인위적 보완조치는 배정이에서도 확인된다. 남쪽 산줄기의 포근한 품에 안겨 있는 배정이 마을의 경우, 동구에 해당하는 북쪽이 상대적으로 개방되어 있음을 알 수 있다. 그래서인지 배정이 마을 입구 개천 변에서는 과거 마을 숲이 조성되었었음을 짐작케 하는 커다란 수목을 확인할 수 있는데, 2001년 건립된 동학위령비 건립기에도 마을 앞에 조그마한 솔밭이 있었음을 확인해 주고 있다. 두 기의 돌탑도 바로 이곳을 막아주는 수문장처럼 마을 입구 양 옆에 그 터를 틀고 있는 것이다.

결국 이러한 돌탑이나 신목, 마을 숲의 입지는 마을의 공간구성에 있어서 이들 민속경관들이 의미 있는 역할을 수행하고 있음을 짐작하세 하는 부분인데, 전통적 공간인식체계인 풍수(風水)의 입장에서 볼 때 소위 '비보(裨補)'의 목적으로 건립된 것이 아닌가 한다. 보통 비보는 마을의 안정된 장소감을 만들어주는 환경적 조건이 부족할 경우 이를 인위적으로 보완하는 풍수적 조치를 말한다. 가령 마을을 둘러싸고 있는 산세나 물의 조건이 조화롭지 못하면, 지나치게 강한 산세의 기운을 약화시키는 '압승(壓勝)'을 하거나, 또는 지나치게 개방된 통로(동구나 수구 부분)나 산세를 마을 숲(동수 洞藪)이나 조산, 인공적 건축물의 축조 등과 같은 방법으로 보완하는 것이 바로 비보인 것이다. 이것은 결국 마을형성을 위한 환경적 조건이 부족할 경우 이를 변화시키거나 보완하여 인위적으로 평안한 장소를 만들려는 인간의 능동적 환경대응이라고 할 수 있다. 따라서 이러한 비보·압승의 인위적 조치들은 지형을 그대로 둔 채 그것의 영향력을 직접 받아들인다고 보았던 서양의 환경결정론에 비해서 훨씬 가능론에 가까운 인간의 적극적 대응방식이라고 할 수 있다.

이렇듯 불이리나 배정이 마을에서 확인되는 민간신앙 차원의 종교적 상징물들은 그 입지적 특성상 동시에 풍수적 의미를 갖는 복합적 의미체로 유지되고 있는 경우가 많다. 결국 마을공동체 신앙의 대상이 되는 돌탑이나 선돌, 장승, 신목과 같은 민속경관과 풍수가 만나는 것은 어찌 보면 너무도 자연스러운 일이었다고 할 수 있다. 왜냐하면 종교적 차원의 마을공동체 신앙이나 공간적 차원의 풍수 모두 마을이라는 장소와 공동체 구성원들의 안위를 제일의 목적으로 하고 있기 때문이다.

그렇지만 마을 단위의 인간살이와 관련해 풍수와 마을신앙은 분명히 그 종류가 다른 것이라고 할 수 있다. 왜냐하면 풍수는 지표상의 인간 삶과 관련된 다양한 영역 중 '공간'의 문제를 다루는 것이고, 마을공동체 신앙은 인간의 '종교적' 영역과 관련된 것이기 때문이다. 혹자는 마을신앙 정도를 어떻게 종교적인 것으로 구분할 수 있느냐, 또는 풍수나 마을신앙 모두 '미신'에 속하는 것으로 과거 전통시대에나 존재했을 만한 주제들이라고 생각할 수 있다. 그러나 지표상의 인간의 삶이 그 주어진 시·공간적 차이에 의해 달라질 수 있음을 전제한다면, 그것이 현재의 우리에게 익숙하지 않다고 하여 의미 없는 것으로 바라볼 필요는 없을 것이다.

따라서 민속경관을 사이에 두고 만나는 마을공동체 신앙과 풍수의 만남은 풍수와 종교 중 어느 영역이 먼저 이들 상징물의 의미구성에 관련되었을까 하는 문제를 불러일으킨다. 다시 말해, 앞서 살펴본 불이리의 돌탑들이나 배정이의 돌탑, 신목, 마을숲

등 마을신앙의 대상물들이 마을 주변의 풍수적 조건과 관련하여 풍수적으로 적절한 입지(명당이든 비보처이든)에 자리 잡은 후에 마을신앙과 관련된 종교적 의미가 나중에 개입되었는지, 아니면 본래 마을 공동체 차원의 종교적 상징물로 등장한 후에 풍수가 추후 어떤 이유에서 부가된 것인지 살펴볼 필요가 있는 것이다.

물론 이러한 풍수와 종교 간의 선후관계에 대해 여기서 어떤 정확한 해답을 제시하고자 하는 것은 아니다. 본래 민간신앙이라는 것은 인간의 삶과 관련된 가장 절실하고 기본적인 욕구를 반영하고 있고 또한 그것에 집중되어 있는 것이라고 할 수 있다. 그렇기에 그것은 다른 어떤 기존의 종교보다도 오랜 역사성을 지니면서 일상생활 속에 스며들어 있다고 봐야 하며, 이런 일차적 이유만으로도 현재적 입장에서 그 기원을 파악한다는 것은 거의 불가능에 가까울 수 있다. 그러나 그 동안 전통적 지리관(환경관) 또는 환경인식체계로 이해되어 온 풍수도 민간신앙 이상으로 그 기원이 인간 삶과 관련해 거슬러 올라갈 수 있기 때문에, 결국 이 둘 간의 선후관계를 파악한다는 것은 결코 용이한 작업이 아닌 것이다.

이런 문제와 관련해 조선시대 지리학의 주요한 내용구성으로서 지리지, 그 중에서도 촌락(읍)의 실정을 상세히 기록하는 것을 원칙으로 하였던 읍지는 역사적 자료로서 의미 있는 시사점을 제공해 준다고 할 수 있다. 즉, 읍지에 수록된 항목들 중에서, 특히 신천(山川) · 임수(林藪) · 시낭(池塘, 城池) · 사찰(寺刹, 佛宇) · 고적(古跡)조 등에 주목할 필요가 있다. 이들은 촌락민들의 공간인식이나 풍수적 대응방식을 엿볼 수 있게 해주는 중요한 자료로서 흥미로운 사실을 보여준다. 즉, 본래 민간신앙 · 불교 · 유교 등의 종교적, 실용적 차원의 의미를 가지고 있었던 촌락의 여러 요소들이 언제부터인가 풍수적 비보나 압승의 기능을 수행하게 된 것이다. 한마디로 촌락 내 여러 종교적 상징물들은 본래는 종교적 의미체로 유지되었다가 언제부터인가 풍수적 의미를 포함하게 된 것이라 할 수 있다. 일례로 풍수적 비보기능을 수행하는 것으로 자연스럽게 받아들여져 온 조산(造山, 규모가 큰 무덤도 포함)이나 임수(마을 숲)는 본래 마을 공동체 신앙의 대상물, 또는 여타의 기능을 수행하다가 풍수적 인식의 대중화와 함께 풍수 비보물(風水 裨補物)로서 기존의 종교직 의미와 병행되어 촌락민들에게 수용되게 된 것이다.

이렇게 볼 때, 마을공동체 차원의 안위와 관련된 기복(祈福)적 내용이 주를 이루는 민간신앙의 대상물들은 그것에 추후 풍수적 의미가 부가됨으로써 더욱 의미 있는 종교적 상징물로 자리 잡게 된 것이 아닌가 한다. 또한 역으로 마을 국면을 형성하는 여러 자연적 요소들은 이와 같은 종교적 상징물들을 통해 그것이 지니는 풍수적 의미를 더욱 효과적으로 유지, 보완하는 기능을 가질 수 있었을 것이다.

마을의 지명

마을

▶ 불이리(不二里, 不二洞, 不二村, 백세청풍) : 본래 금산군 부동면(富東面) 지역으로 고려 말 야은 길재 선생의 불사이군의 뜻을 따서 불이동으로 고쳤다 한다. 불이리에서 중심이 되는 마을로 청풍사, 백세청풍비, 불이유허비, 지주중류비 등의 역사경관이 유명하다. 야은 길재 선생을 모시는 청풍사(淸風祠)를 경계로 서쪽은 윗담(윗마을), 동쪽은 아랫담(아랫말)이라고 편의상 구분해서 부른다

▶ 배정이(梨亭里) : 불이리의 서남쪽에 있는 마을로 마을을 안고 있는 산이 배나무에 열매가 달린 형상과 같다하여 배정이라 불렸다고도 하고,[17] 마을에 배나무 정자가 있었다 하여 그렇게 불렸다고도 한다. 또한 이 마을은 풍수상 '떠나가는 배(行舟形)'의 형국에 자리 잡았다고 한다. 즉, 마을은 동서쪽으로 산을 등지고 앞으로는 서쪽에서 발원한 시냇물을 바라보며 자리 잡고 있는데, 그 시냇물을 따라 배가 떠나가는 모습이라고 한다. 마을 어귀에는 두 기의 돌탑이 조성되어 있는데, 이는 민간 신앙적 차원의 종교적 상징물인 탑에 행주형 형국의 대응물인 돛이나 닻의 의미가 부가된 것이 아닌가 한다.

▶ 새말(새터, 新村) : 불이리의 남쪽에 새로 생긴 마을이라 하여 그렇게 불린다.

▶ 산탯골 : 불이리 남쪽 정문산(旌門山) 아래에 있는 마을로 지형이 삼태기처럼 생겼다 하여 삼탯골이라 했는데, 그것이 변하여 산탯골이 되었다 한다.

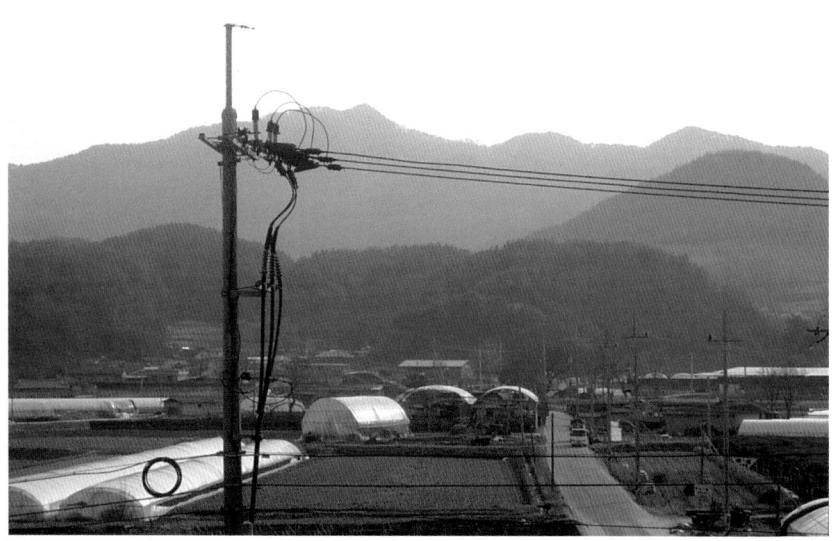

불이리의 배정이 마을 : 풍수상 행주형(行舟形) 지세에 자리 잡았다고 전해진다.

산

▶ **삼정신** · 불이리 앞에는 삼정날 또는 삼정산이라고 부르던 산이 있었다고 하는데, 예로부터 마을에서는 이 산의 정기를 받아 삼정승이 나올 것이라는 이야기가 있었다고 한다. 그러나 오히려 나와야 할 정승은 안 나오고 마을에 흉사만이 겹치므로 결국은 산을 파헤치는 지경에 이르렀는데, 그후 마을에는 그렇게 많았던 흉사는 없어졌으나 뚜렷한 인물은 나오지 않고 있다 한다.

▶ **정문산(旌門山)** : 불이리 앞에 있는 산으로 열녀 이씨의 정문이 있다.

▶ **바르봉** : 불이리 배나무골 서쪽에 있는데, 그 모양이 밥사발을 거꾸로 엎어놓은 모양이라고 한다.

골짜기, 고개

▶ **쇠비랑골** : 불이리 마을 앞에 있는 골짜기이다.

▶ 성죽골 : 불이리 남쪽에 있는 골짜기이다.

▶ 말자방골 : 불이리 남쪽에 있는 골짜기인데, 그 모양이 말의 자방과 같다고 한다.

▶ 오룡골 : 불이리 북쪽에 있는 골짜기로 풍수상 다섯 마리 용이 여의주를 다투는 '오룡쟁주형(五龍爭珠形)'의 형국이라고 한다. 그만큼 마을 주변의 산세가 사방에 포진하고 있음을 표현하는 것인데, 이럴 경우 소위 명당, 혈처라고 말해지는 곳은 다섯 마리 용이 달려드는 여의주에 해당하는 곳이다. 왜냐하면 풍수상 용이 여의주를 가지고 놀거나 다투는 형국의 소응은 곧 용이 여의주를 물고 승천할 것을 기대하기 때문인데, 이 여의주 자리에 마을이 들어서면 좋은 길격(吉格)으로 이해되는 것이다.

▶ 쪽지개골 : 불이리 남쪽에 있는데, 그 모양이 쪽지개처럼 생겼다고 한다.

▶ 분통골 : 서낭당고개 옆에 있는 골짜기로 이곳에 왜군에 쫓기던 의병이 총을 맞고 쓰러져 있던 것을 마을사람들이 거두어 묻었다는 이야기가 전해진다.

▶ 서낭당고개(서낭고개, 선들재, 立石峙) : 불이리에서 관천리로 넘어가는 고개로 길옆에 서낭당과 선돌이 있다.

▶ 월렝이 : 불이리에서 증골로 넘어가는 고개로 산의 모양이 달처럼 생겼다고 한다.

들

▶ 선들 : 서낭당고개(선들재) 밑에 있는 들. 불이리에서 금산읍으로 가다 보면 서낭당고개(立石峙, 선들재, 성황당재)가 나오는데, 그 고개 밑 골짜기를 선들이라고 한다. 이것은 서낭당고개 옆에 선돌(立石)이 있어서 유래했다고 한다.

▶ 부아지들 : 불이리 마을 앞에 있는 들이다.

(권 선 정)

주(註)

1) 금산군이 인삼의 고장으로 알려지게 된 것은 한국전쟁 이후 극히 현대의 일이다. 한국의 인삼에 대

한 집대성이라고 할 수 있는 일제시대 이마무라(今村鞆)의 『인삼사(1934~1940)』나 한국인삼사편찬위원회의 『한국인삼사(1980)』에도 특별히 금산 인삼에 대한 언급이 드러나지 않고 있다.

2) 현재의 금산군은 조선시대의 금산군과 진산군이 합쳐진 지역이다. 1895년(고종 32년) 칙령 제98호(1895. 5. 26~1895. 8. 4)에 의해 전국을 23부로 재편성하여 금산군과 진산군을 공주부에 속하게 하였다. 이때의 공주부는 충청남도 공주부가 아닌 전국 23부상의 공주부였다. 따라서 현재 공주가 속해있는 행정구역을 바탕으로 군지나 인터넷 상의 금산군 연혁 소개에서 충청남도에 속했었다고 하는 것은 시정될 필요가 있다. 이후 1896년 칙령 제 36호에 의해 13도제로 개편한 후 다시 전라북도에 포함시켰다가, 이후 1914년 일제에 의한 행정구역 통·폐합 때 진산군을 합쳐 전라북도 금산군으로 개편되었다. 그후 1963년 1월1일 서울특별시, 도, 군, 구의 관할구역 변경에 관한 법률(법률 제 1172호)에 의한 행정구역 개편에 따라 전라북도에서 충청남도로 편입되어 현재에 이르고 있다.

3) 1994년 부리농업협동조합에서 발간한 「부리향토사」에는 과거 부리현 지역에서 벼가 잘 익고 부를 누리는 마을이란 의미에서 그렇게 불렀다고 소개하고 있다.

4) 불이당의 건립연대는 분명하지 않으나 「백세청풍비」를 세우는데 주도적 역할을 한 길상형의 아들 길규가 과거 불이사의 터에 초당을 짓고 길재의 영정을 모셔 제사를 지냈다는 것 그리고 불이당기를 지은 유최기의 생몰연대(1689~1768)를 보아 백세청풍비 건립(1761년) 이후 얼마 지나지 않은 시기인 것으로 추측된다.

5) 송환기(宋煥箕, 1728~1807)가 지은 「청풍시중수기」에 의하면 1800년(순조 원년) 당시 도백이었던 김달순(金達淳, 1760~1806)이 길재의 유허지가 황량함을 보고 여러 선비들, 후손들과 사당을 중선하기로 계획하여 이듬해 다시 공사를 시작하였다. 군수 홍희정(洪羲正)이 역사에 진력하여 1804년 준공하게 된다.

6) 길재는 부친인 길원진(吉元進)이 금주지사로 부임했을 때, 금산으로 옮겨와 부리 중랑장(中郞將) 신면(申勉)의 딸과 결혼하였다. 제원면 저곡리에 있는 부인 신씨와 며느리들의 묘소 옆에는 금계재(金鷄齋)라는 재실이 있어 해마다 해평길씨의 시제가 이루어지고 있다.

7) 「불이유허비음기」에 '신부인(申夫人)의 묘는 지금 부북(富北)의 저곡리에 있으니 대개 시아버지 지주공(知州公)의 분묘 근방을 택한 것이었는데, 지금 지주공의 묘는 잃어버려 선생이 시묘하던 유적이 어디쯤인지 분명치 않으니' 라고 하여 부친 묘소도 금산에 있음을 말해주고 있다. 현재 저곡리 길씨 묘역 아래에는 '금계재(金鷄齋)' 라는 재실이 있는데, 이는 후손들이 풍수 형국상 이곳을 닭이 알을 품고 있는 명당인 '금계포란형(金鷄抱卵形)' 으로 이해하는 것과 관련되는 것 같다(졸저, 2004, 『풍수로 금산을 읽는다』, 금산문화원 : 437~438.).

8) 길재의 묘소는 현재 구미시 오태동 낙동강을 바라보는 산 중턱에 자리 잡고 있다. 길재의 낙향 이후 그의 도학적 전통은 김숙자(江湖 金叔滋, 1389~1456) → 김종직(佔畢齋 金宗直, 1431~1492) → 김굉필(寒暄堂 金宏弼, 1454-1504) → 조광조(靜庵 趙光祖, 1482~1519) → 이언적(晦齋 李彦迪, 1491~1553)으로 이어지는 사림의 학맥을 형성하게 된다.

9) 1529년에 현감 조천계(趙天啓)에 의해 이루어진다.

10) 백세청풍은 '중국의 청성으로 불리는 은나라 충신 백이와 숙제의 청풍은 영원하라' 라는 의미이다. 해주의 백세청풍비는 숙종대 주자가 쓴 이 네 글자를 돌에 새겨 수양산에 있는 청성묘(淸聖廟: 백이숙제를 모신 사당) 앞에 세운 것이다. 말하자면 지명이 서로 부합된다 하여 조선의 해주 수양산에 청성묘와 청풍비를 그대로 모사해서 세웠던 것이다. 불이리에 백세청풍비를 세우고자 해주의 글자를 모사해 온 것은 이러한 연유에서다.

11) 1714년(숙종 40) 이후 남설된 서원·사우를 대상으로 함.

12) 1992년 건립된 「불이마을 유래비」에는 조선 영조 대부터 불이향이라 하여 불이리가 되었다고 소개하고 있다.

13) 불이리 지주중류비의 원본이 된 구미의 지주중류비 비문은 현재 검은색을 띠고 있다. 그러나 이것도 본래는 붉은색이었다가 한국전쟁 때 붉은색이 공산당이나 좌익을 상징하는 색깔이라고 하여 검은색으로 칠했기 때문에 그 흔적이 남아 있어서 그런 것이라고 한다.

14) 눌재는 조선 예종조와 성종조의 문신으로 경연시독관을 거쳐 교리가 되어 조선 전기의 문물제도 정비에 공로가 컸고, 그의 아들 강수는 연산군과 중종조에 공조좌랑 지평을 거쳐 동부승지를 지냈으나 기묘사화 때 화를 입어 성주, 의주, 안악동으로 귀향살이를 한 기묘명현의 한 사람이다. 그리고 퇴우당은 강수의 아들로 임진왜란 때 중봉 조헌의 청주성 공략에 참여하여 공을 세우고 순절하였다.

15) 강성복, 1999, 『금산의 탑신앙』, 금산문화원 : 40.

16) 강성복, 1999, 같은 책 : 283.

17) 마을 입구에 있는 동학 위령비 건립기.

마을의 역사

마을연혁

금산군은 삼국시대부터 금산군과 진산군으로 나뉘어져 오다가 1914년 일제에 의한 행정개편으로 금산군으로 통합되었고, 전라북도 관할에서 1963년 이후에 충청남도로 편입되어 오늘에 이르고 있다. 금산군의 행정연혁 변화는 다음과 같다.

<표1> 금산군의 행정연혁 변화

	백제	통일신라	고려	조선시대	1914년 행정개편	현대	
금산군	進乃郡, 進仍乙郡	전주부 進禮郡-伊城縣·舟川縣·淸渠縣을 영현으로 둠	1018년 현으로 강등되고 속현 富利縣·淸渠縣·朱溪縣·茂豊縣·珍同縣을 둠 → 1305년 知錦州事로 승격	1413년 금산군 → 1895년 지방제도 개편으로 전주부 관할이 됨 → 1896년 전라북도에 소속 → 1906년 월경지 정리로 斗入地인 부남면이 무주군으로 이관	진산군이 폐지되어 금산군에 통합	1940년 금산면이 금산읍으로 승격, 1963년 금산군이 전라북도로부터 충청남도로 편입	지금의 금산읍·금성면·남이면·남일면·부리면·제원면·군북면이 옛 금산군 지역
진산군	珍同縣	黃山郡의 屬縣	玉溪府 → 1305년 錦州郡 소속 → 1390년 高山縣의 속현	1393년에 萬刃山에 태조의 胎를 모신 후 珍州郡으로 승격, 知珍州事를 둠. 1413년에 珍山郡으로 개칭	폐지, 금산군에 통합		지금의 진산면·복수면·추부면이 옛 진산군 지역

부리면은 <표1>에서 보는 바와 같이 고려시대에 금주의 속현인 '부리현'으로 존재하였었다. 부리현은 1413년(태종 13년)에 혁신적인 행정구역 개편으로 혁파되고 부리현 지역이 금산군 부동면, 부서면, 부남면, 부북면의 지역으로 바뀌게 되었다. 그리고 1914년 행정구역 개편으로 부리면이 된 것이다.

그러면 '불이리'라는 마을 명칭은 언제부터 있었을까? 불이리라는 지명은 조선시대 지리지에서는 볼 수 없다. 『호구총수』에 부서면(富西面)에 피파리(皮波里), 선원리(仙院里), 기물리(機勿里), 가덕리(加德里), 내답리(乃畓里)를 포함하고, 부동면(富東面)에 경당리(京堂里), 노치리(蘆峙里), 밀양리(密陽里), 평촌리(平村里), 승재벌리(承在伐里), 도파리(道波里), 내장리(乃場里), 어재리(於在里), 전도리(前島里)를 포함하고 있어 불이리라는 지명으로는 동리편제가 이루어지지 않았음을 알 수 있다. 다만 길재의 불사이군의 정신을 높이 사서 그가 자랐던 지역의 지명이 부리에서 불이로 바뀌었다는 사실을 「백세청풍비」(1761)·「길재유허비」(1762)·「불이당기」·「청풍사 중건기」 등에서 확인할 수 있을 뿐이다.

불이리의 동리 편제는 1914년 행정 구역 개편으로 불이리와 이정리를 포함하였고, 금산군 부동면에서 부리면으로 관할 소속이 바뀌었다. 그리하여 전라북도 금산군 부리면사무소는 부동면소로 사용하던 평촌리의 건물을 사용하였다. 그러다가 1963년에 금산군이 충청남도로 편입되면서 부리면사무소는 지금의 현내리에 자리하고 있다.

종족마을의 형성

해평길씨 종족마을 불이리

해평길씨는 관향을 해평으로 정한 후 그 시조로부터 적어도 100여 년간의 세계에 대한 기록이 산실되고 사적도 없어 세계를 밝힐 수 없다. 그리하여 고려 후기에 성균생원을 지낸 길시우(吉時遇)를 시조로 하여 기세하는 가문이다.[1]

해평길씨가 처음 부리면 불이마을과 인연을 맺은 것은 야은 길재의 아버지 길원진 대이다. 길원진(吉元進)이 금주지사(錦州知事)로 부임 받아 금산에 있을 때, 길재도 부친과 함께 금산에 머물면서 당시 금주의 속현 부리에서 세력이 있는 아주신씨(鵝洲申氏) 중랑장(中郞將) 신면(申勉)의 딸과 혼인하였다. 당시 부리현이 신면의 장원(庄園)이었던 것으로 보아 아주신씨는 금산 지역에서 이름난 부호였음을 알 수 있다. 이렇게 부리에서 경제적으로 실세였던 아주신씨와 혼인함으로써 해평길씨가 금산 지역에 정착하여 사족으로 뿌리내릴 수 있었던 것이다.

길재(吉再, 1353~1419)가 금산에서 신씨와 혼인한 그 다음 해인 32세 때에 부친 원진이 임지인 금산에서 별세하였다. 길재는 부인과 함께 금산에서 3년 상을 마치고 송도에서 지내다가 37세에 고려 왕조가 기우는 것을 예감하고 고향인 선산으로 돌아가 어머니 김씨의 봉양과 후진양성에 힘썼다. 그후 길재는 61세에 장인 신면의 장례를 치르기 위해 잠시 금산에 머물면서 부친의 분묘를 잠시 돌보았다. 이로써 보면 길재가 금산에 머문 기간은 4년여에 불과하다. 그럼에도 불구하고 해평길씨가 금산에 정착할 수 있었던 것은 바로 부인 신씨 때문이었다.[2]

1419년(세종 1년)에 길재가 선산에서 죽자, 부인 신씨는 자신의 고향이기도 했던 금주(錦州)로 다시 돌아와 지내다가 금산군 제원면 저곡리 닥실에 묻히었다. 신씨는 길재가 죽기 전에도 선산에서의 넉넉하지 못한 생활을 이유로 남편에게 금주의 옛집으로 돌아가기를 정하였지만 실행에 옮기지는 못하였다.

세종 초에 길재의 부인 신씨가 친정인 금산으로 돌아와 살았지만, 이때부터 해평

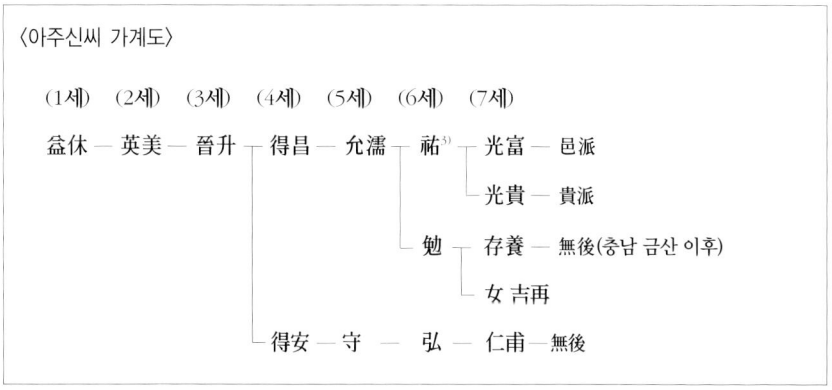

〈아주신씨 가계도〉

(1세) (2세) (3세) (4세) (5세) (6세) (7세)

益休 ― 英美 ― 晉升 ┬ 得昌 ― 允濡 ┬ 祐[3] ┬ 光富 ― 邑派
                                        │   └ 光貴 ― 貴派
                                        └ 勉 ┬ 存養 ― 無後(충남 금산 이후)
                                              └ 女 吉再
            └ 得安 ― 守 ― 弘 ― 仁甫 ― 無後

길씨의 세거가 이루어졌다고 볼 수는 없다. 그것은 아들 사순이 벼슬살이로 다른 지역에 거주하였고, 그가 죽은 후에 그의 여동생에 의해 금산 할미골에 묻혔기 때문이다. 그리하여 길재의 아들인 길사순(吉師舜), 손자인 인종(仁種)을 비롯하여 이후 금산 토성파의 중시조 길흠선(吉欽先)의 부친인 길근(吉謹)의 묘까지 5대에 걸친 묘가 부리면 고동(姑洞, 할미골)에 위치하게 된다.[1]

길재에게는 사순 이외에 세 딸이 있었는데 금산의 사족가문과 혼인하였고 아버지의 유지를 받들어 유교를 숭상하였다. 둘째 딸은 이효성에게 시집 갔는데 26세에 자식도 남기지 못한 채 남편이 죽었다. 그녀는 남편과 오빠 길사순의 상을 당하여 『가례』의 절차에 따라 장례 절차를 밟아 아버지의 유지를 따랐다. 그리고 시부모를 극진히 모시어 그녀의 효행과 열행이 조정에 보고되어 복호(復戶 : 세금과 부역을 면제) 받았다.

길재의 셋째 딸은 금산의 토성인 금계한씨인 한남두(韓南斗)와 혼인하였다. 금계한씨는 호장계열의 향리세력으로서 사족가문으로 성장한 금산의 대표적인 가문이고, 한남두는 금계한씨의 시조 한교(韓皦)의 손자로 사마시에 합격한 후 밀직부사(密直府使)를 역임한 인물이다. 이렇게 길재의 딸들은 금산 내에서 이미 지방 사족으로 성장한 집안과 혼인하여 거주하고 있었다. 이를 기반으로 사순의 아들 인종(길재의 손자)이 불이에서 정착할 수 있었다고 생각한다.

해평길씨가 본격적으로 금산 불이리에 살기 시작한 것은 길재의 손자인 인종 대이고, 그가 7형제를 둠으로써 자손이 번성하였다. 큰아들 대수(大樹)의 종손인 종선(宗先)은 선산 율리의 종파를 이루었고 길근(吉謹)의 둘째 아들 흠선(欽先)은 금산군 제원면에서 맥을 잇는 토성파(土城派)의 중시조이다. 길근의 동생 길의(吉誼)는 길재가 시묘살이한 불이리에 정착하여 불이파를 이루었다. 둘째 아들 대연(大淵)은 길재의 동생 구(久)의 손자에게 입후하여 선산 금삼동파(金三洞派)를 이루었다.

다른 아들들의 자손들은 여러 지역으로 퍼져 정착하였다. 셋째 아들 대성(大成)은 6형제를 두었고, 이들은 각각 장흥파(長興派), 화천파(華川派), 춘천파(春川派), 영변파(寧邊派), 옥천파(沃川派) 그리고 여주파(驪州派)의 중시조가 되었다. 대성의 자손이 제일 번성하여 남한에 거주하는 전체 해평길씨의 50~60%정도를 차지한다고 한다. 넷째아들 대해(大海)의 자손은 대부분 북한에 거주하고 있다. 다섯째 아들 대

〈해평길씨 가계도〉

(1세) (2세) (3세) (4세) (5세) (6세) (7세) (8세) (9세) (10세)

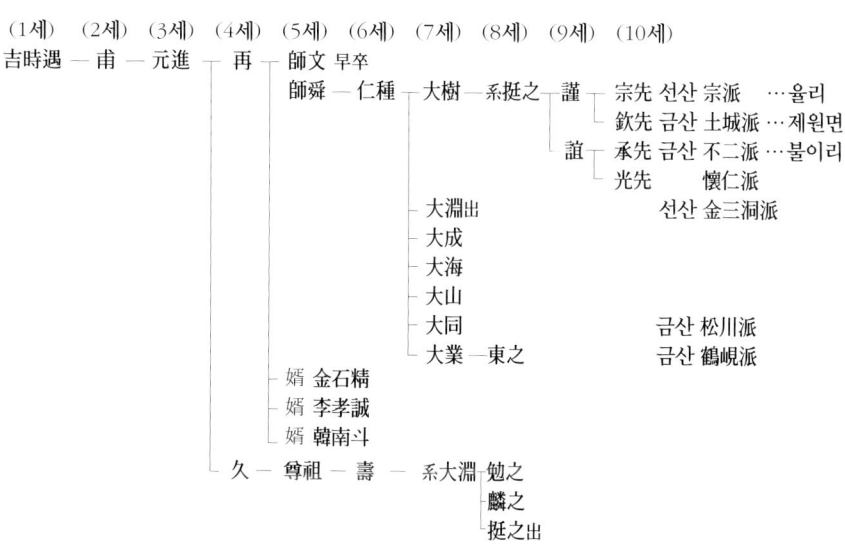

吉時遇 ─ 甫 ─ 元進 ┬ 再 ┬ 師文 早卒
                        │ 師舜 ─ 仁種 ─ 大樹 ─ 系挺之 ┬ 謹 ┬ 宗先 선산 宗派 …율리
                        │   │   └ 欽先 금산 土城派 …제원면
                        │   └ 諿 ┬ 承先 금산 不二派 …불이리
                        │   └ 光先   懷仁派
                        │   선산 金三洞派
                        │   ┬ 大淵出
                        │   ├ 大成
                        │   ├ 大海
                        │   ├ 大山
                        │   ├ 大同   금산 松川派
                        │   └ 大業 ─ 東之   금산 鶴峴派
                        ├ 婿 金石精
                        ├ 婿 李孝誠
                        └ 婿 韓南斗
                        久 ─ 尊祖 ─ 壽 ┬ 系大淵 ┬ 勉之
                                        │   ├ 麟之
                                        └   └ 挺之出

〈松川派 分派圖〉

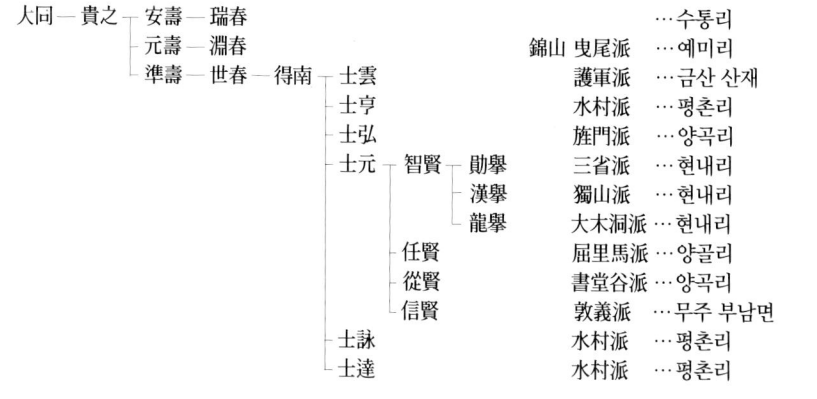

人同 ─ 貴之 ┬ 安壽 ─ 瑞春   …수통리
            ├ 元壽 ─ 淵春   錦山 曳尾派   …예미리
            └ 準壽 ─ 世春 ─ 得南 ┬ 士雲   護軍派   …금산 산재
                                  ├ 士亨   水村派   …평촌리
                                  ├ 士弘   旌門派   …양곡리
                                  ├ 士元 ┬ 智賢 ┬ 勛擧   三省派   …현내리
                                  │   │   ├ 漢擧   獨山派   …현내리
                                  │   │   └ 龍擧   大木洞派   …현내리
                                  │   ├ 任賢   屈里馬派   …양골리
                                  │   ├ 從賢   書堂谷派   …양곡리
                                  │   └ 信賢   敦義派   …무주 부남면
                                  ├ 士詠   水村派   …평촌리
                                  └ 士達   水村派   …평촌리

산(大山)의 자손은 대구파와 황해도 수안파, 경남 김해파를 이루었다. 그리고 여섯째 아들 대동(大同)의 자손은 도파리와 선대의 묘소가 있는 예미리 등에 정착하여 송천파(松川派)를 이루었는데, 대동의 묘소가 부리면 도파리(道波里) 송천에 있다하여 붙여진 파명(派名)이다.

송천파는 세대가 이어지면서 다시 분파되어 세거지와 선대의 묘소가 있는 지명을 따서 파명을 지었다. 예미파(曳尾派), 호군파(護軍派), 수촌파(水村派), 정문파(旌門派), 삼성파(三省派), 독산파(獨山派), 대목동파(大木洞派), 굴리마파(屈里馬派), 서당곡파(書堂谷派) 등이 송천파에 속한다. 일곱째 아들 대업(大業)의 자손들도 금산에 터를 잡았고, 그의 아들 동지(東之)가 학현파(鶴峴派)의 중시조이다.

이로 보면 금산에 세거하는 해평길씨는 대수와 대동, 대업의 자손인 셈이다. 1985년 통계에 따르면 우리나라 해평길씨 전체 인구 수는 23,057명이고 충청남도에는 6,571명이 거주했으며, 금산군에는 819명이 거주하고, 그 가운데 과반수가 넘는 518명이 부리면에 거주한다. 즉 해평길씨 전체 인구 가운데 22%가 금산에 거주하고 있고, 금산에 거주하는 해평길씨의 80%는 대동(大同)의 후손이라고 한다.

밀양박씨 종족마을 배정이

배정이에 세거하는 밀양박씨는 규정공파(糾正公派)의 강수공(江叟公) 계열이다. 강수공 박훈(朴薰, 1484~1540)은 기묘사화 때 조광조와 같이 화를 입은 기묘사림으로 3년간의 유배생활을 마치고 청주에 은거한 인물이다. 경당리에 처음 입향한 박세춘(朴世春, 1637~1692)은 강수공 박훈의 5세손이고 박사현의 3세손이다.

박세춘이 금산으로 입향하게 된 동기에 대해서 정확하지 않지만, 후손의 구술에 의하면 당시 부리 일대가 길씨 종족마을로 세춘의 어머니가 부리로 가면 길씨가 도와줄 것이니 공부하고 살라고 하여 보냈다고 한다. 당시 박세춘이 처음 들어와 살던 곳이 지금의 경당리이다. 박세춘이 서울에서 내려 왔다고 하여 마을 이름을 '경당리(京堂里)'라고 했다고 한다. 경당리에서 자리 잡은 박씨가 언제, 어떠한 이유로 배정이로 들어와 살기 시작하였는지는 알 수 없다. 다만 박세춘의 증손인 한계(漢啓)의 묘소가 배정이에 처음으로 자리를 잡았다.

배정이에 세거하고 있는 밀양박씨 규정공파 강수공 계열의 가계도를 지파(支派)의 파조(派祖)인 박훈을 1세로 하여 가계도를 도표화하면 다음과 같다.

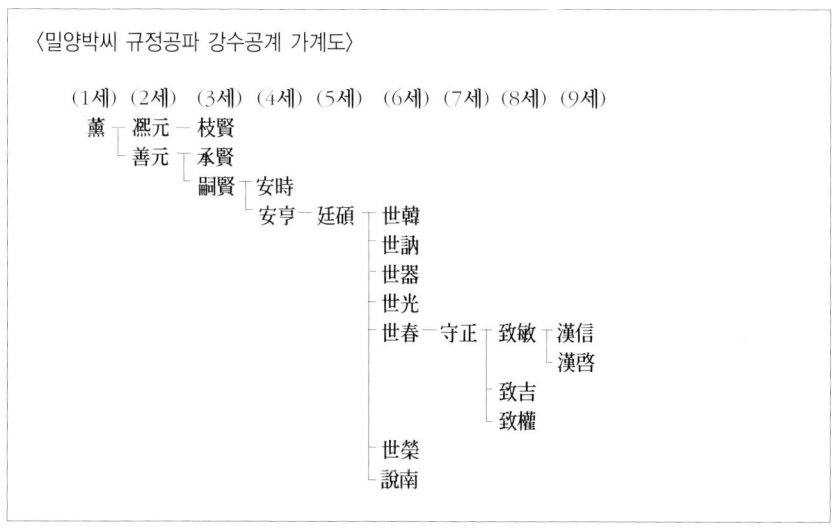

〈밀양박씨 규정공파 강수공계 가계도〉

(1세) (2세) (3세) (4세) (5세) (6세) (7세) (8세) (9세)

薰 ┬ 灝元 ─ 枝賢
　 └ 善元 ┬ 承賢
　　　　　└ 嗣賢 ┬ 安時
　　　　　　　　 └ 安亨 ─ 廷碩 ┬ 世韓
　　　　　　　　　　　　　　　├ 世訥
　　　　　　　　　　　　　　　├ 世器
　　　　　　　　　　　　　　　├ 世光
　　　　　　　　　　　　　　　├ 世春 ─ 守正 ┬ 致敏 ┬ 漢信
　　　　　　　　　　　　　　　　　　　　　　　　　　└ 漢啓
　　　　　　　　　　　　　　　　　　　　　　├ 致吉
　　　　　　　　　　　　　　　　　　　　　　└ 致權
　　　　　　　　　　　　　　　├ 世榮
　　　　　　　　　　　　　　　└ 說南

조선시대 불이리의 모습

해평길씨의 위상과 문중활동

해평길씨는 조선 전기에 길재의 우거를 인연으로 이거한 사족가문이었고, 길재의 후광으로 부리면내 나아가 금산군 내에서 가문의 위상이 높은 편이었다. 이는 길재 본인이 금산의 부호인 아주신씨와 결혼하였고, 금산의 사족가문과 통혼한 사실을 통해서도 알 수 있다.

길재는 이방원(李芳遠)과 한마을에 살면서 서로 오가며 강마(講磨)하여 정의가 매우 두터웠다. 이에 1400년(정종 2년) 가을에 세자 방원이 그를 불러 태상박사(太常博士)에 임명하였다. 그러니 그는 이방원에게 ˝옛 정으로 불러 뵙고자 왔을 뿐˝이라고 하고 상소하여 말하기를 신이 본래 한미(寒微)한 사람으로 신조(辛朝)에 급제하여 문하 주서(門下注書)에 이르렀습니다. 신은 듣건대 여자는 두 남편이 없고 신하는 두 임금이 없다고 하니, 신을 시골에 돌려보내 주시어 두 왕조를 섬기지 않는 뜻을 이루게 하고 노모를 잘 봉양하여 여생을 마치도록 하여 주소서

라고 불사이군의 뜻을 전하였다. 이에 정종이 그 절의를 가상히 여겨 우대하여 보내주고, 그 집에 대해서는 납세와 부역을 면제하여 주었다.

세종 또한 즉위 초에 길재의 절의에 감탄하여 포상하기로 하고 그의 자손으로 등용할만한 자를 불렀다. 이때 아들 길사순(吉師舜)이 부름에 응하여 벼슬길에 나가게 되었다.[5] 길재는 벼슬길에 나가는 아들에게, "임금이 신하에게 먼저 예의를 베푸는 것은 삼대(三代) 이후에 드문 일이다. …… 신하가 되어서 너는 마땅히 나의 고려에 향하는 마음을 본받아 너의 조선 임금을 섬기도록 하라."고 하여 신하된 자의 마음가짐에 대해서 당부하였다.[6]

길재와 그의 자손의 녹용과 관직제수는 계속 이어져, 아들 길사순에게 5품 관직 제수(세종 22년), 손자 인종이 20세가 되기를 기다려 관직 제수(문종 즉위년), 자손 녹용(성종 1년, 5년, 8년), 증손 대수 서용(연산군 8년)이 있었다. 이러한 길재와 그 자손에 대한 조정의 관심과 녹용이 이어지면서 해평길씨 가문의 위상이 자연스럽게 높아졌을 것이다. 그럼에도 불구하고 조선전기 해평길씨의 활동은 미미한 편이다. 그것은 자손의 수가 많지 않았기 때문일 것이다.

조선 전기 해평길씨의 활동은 안수(安壽)와 서춘(瑞春) 부자가 조헌의 의병에 참여하여 금산 와룡에서 순절하였다는 사실만 확인할 수 있다. 안수는 송천파를 이룬 귀지(貴之)의 아들이다.[7] 이를 계기로 불이파에 비해 사족적 기반이 약하였던 송천파가 좀 더 나은 사회적 관계를 형성할 수 있었을 것이다.

해평길씨가 본격적으로 향촌사회에서 활동을 하는 시기는 18세기에 들어와서이다. 1613년(광해군 5년)에 금산지방 최초의 서원인 성곡서원(星谷書院)이 건립되어 길재, 김신(金侁), 윤택(尹澤), 김정(金淨), 조헌과 고경명 등 금산과 연고가 많고 지

역 선양에 힘쓴 인물들을 배향하였다. 이렇게 금산 최초의 서원에 길재가 배향됨으로써 해평길씨의 위상이 더 높아졌을 것이다.

18세기부터 금산의 해평길씨 인물들이 유소(儒疏)에 참여하였다. 1724년(경종 4년)에 윤현(尹俔)의 상소에 길상복(吉尙復)과 길상정(吉尙鼎)이 참여하였고, 1725년(영조 원년)에 충청·전라 양도유생 신석규(辛錫奎)의 상소에도 길협구(吉協龜)가 참여하였으며 1726년(영조 2년) 이수(李洙)의 상소에 길상복이 참여하였다.[8] 그리고 1736년(영조 12년) 전광도(全光道) 유생 생원 박중거(朴重擧)의 상소에 길상복이 참여하였다. 이들이 참여한 유소는 노론의 입장이 강하게 반영된 상소로 해평길씨는 노론계 인사들과 교류함으로써 후일 사우건립 등 문중활동의 정치적 기반을 확보하게 된 것이다.

또한 향촌사회에서의 가문의 위상은 향교와 서원에서의 활동 여부로 판단하는 것이 일반적이다. 17~18세기에 해평길씨가 향안과 청금록에 입록된 상황을 보면 다음과 같다.

〈표2〉17~18세기 해평길씨 활동상황[9]

	鄉案 (1659년)	龍江書院 靑衿錄 (1716년)	鄉校 儒稧案 (1759)	龍江仙案 (1750년대)	星谷書院 淸莪錄 (1760~1770)
해평길씨	吉錫龜 (土城派)	吉錫龜(토성파) 吉尙復(토성파) 吉尙靖	吉宗先(宗派) 吉承先(不二派) 吉光先(懷仁派) 吉瓊(토성파) 吉琢(토성파) 吉璘(불이파) 吉珨(회인파) 吉錫龜(토성파) 吉尙復(토성파) 吉墠(토성파) 吉垠(토성파) 吉增 吉□	吉錫龜(토성파) 吉尙復(토성파) 吉尙靖 吉蓍龜(불이파) 吉渭龜(불이파) 吉垠(토성파) 吉增	吉墠(토성파) 吉致禅(토성파) 吉致禑(토성파) 吉利健
명수	1	3	13	7	4
전체 입록자수	155	131	437	213	385

<표2>에서 보는 바와 같이 1659년에 복원된 향안에 해평길씨는 1명만이 입록되었다. 이는 이 시기 해평길씨의 사족적 기반이 어느 정도인가를 말해 준다. 그리고 전체적으로 볼 때 해평길씨의 향안과 청금록의 입록상황은 1~3%를 점유하고 있다. 이는 불이리의 길재 숭모 유적과 비교하여 볼 때 해평길씨의 사족으로서의 활동상은 저조한 편이었음을 알 수 있다. 또한 토성파와 불이파가 주로 입록되었고 송천파의 입록자는 한 명도 없다. 특히 토성파 가운데 용강서원 청금록 입록자가 많은데, 이는 용강서원이 제원면 용화리에 위치하고 있음도 영향이 있을 것이다.

이러한 향촌사회에서의 유소활동과 서원과 향교에서의 활동을 기반으로 해평길씨는 불이리에 길재의 사우건립을 주도하였다. 해평길씨가 처음으로 문중 주도로 추진하였던 것은 영당 설립이다. 영당은 1731년(영조 7년)에 후손인 길상복(吉尚復)과 길협구(吉協龜, 회인파)의 주도와 금산유림의 협조로 시묘살이를 하였던 불이리에 창건되었다. 그후 1738년(영조 14년)에 영당에 위패를 봉안하여 불이사(不二祠)를 세웠다. 불이사의 창건은 길재를 향사한 다른 서원들보다 적어도 1세기 이상 늦은 시기에 이루어졌다.[10] 이는 해평 길씨가 불이리에 입향, 정착하여 이 시기에 와서야 가문의 기반이 이루어졌던 것이 아닌가 생각된다. <표2>에서 보는 바와 같이 1750년대의 유계안(儒稧案)이나 선안(仙案)에 비교적 많이 입록되는 것과 연결 지어 생각해 보아도 알 수 있다.

그러나 불이사는 얼마가지 않아 1741년(영조 17년)에 1714년(숙종 40년) 이후 건립된 서원·사우를 모두 훼철하라는 명령에 따라 훼철되었다. 불이사의 훼철은 길재를 배향한 성곡서원(星谷書院)이 이미 금산지역에 있어 한 지역 내에 같은 인물을 배향한 서원·사우가 있다는 이유에서이다. 그후 20년이 지난 후에 해평길씨 문중에서는 그 유허지에 백세청풍비와 길재유허비의 건립을 추진하였다.

본래 백세청풍비는 1738년(영조 14)에 길재의 위패를 불이사에 봉안했을 당시에 해주 청성묘에 있는 주자의 글씨 '백세청풍(百世淸風)' 네 자를 본 떠와서 세우려 했었다. 그러나 이루지 못하고 있다가 1761년에 길상형(吉尙衡, 불이파), 길래의(吉來儀, 예미파) 등이 당시 금산군수 민백흥(閔百興)의 협조로 주자가 쓴 '백세청풍(百世淸風)'이라는 글자를 취하여 백세청풍비를 세우게 된 것이다.

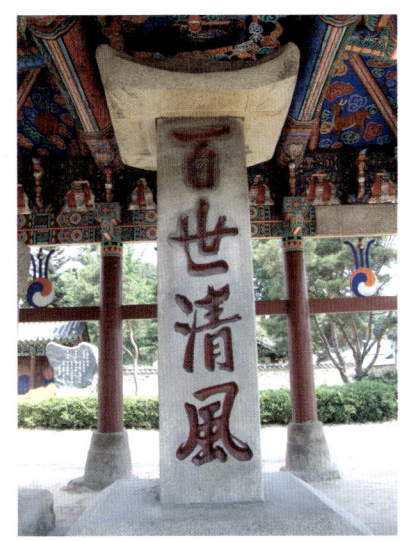

백세청풍비

백세청풍비의 건립을 기점으로 해평길씨 가문은 불이사의 복설을 준비하였다. 백세청풍비 건립을 주도한 길상형은 송명흠의 제자로 해평길씨 가문은 대체로 당시 정권을 잡고 있던 노론계 인물들과 관계를 맺고 있었다. 그리하여 길상형과 길경회(吉慶會, 정문파)가 윤봉구(尹鳳九, 1681~1767)에게 백세청풍비의 비문을 부탁하여 윤봉구가 그 비문을 지어주었다. 이 백세청풍비 건립 이듬해인 1762년(영조 38년)에 길재의 충절과 공적을 기리기 위해 도유사 길상우(都有司 吉尙禹, 불이파), 별유사 길양거(別有司 吉良擧, 수촌파), 양향유사(糧餉有司) 길상윤(吉尙尹, 불이파), 길윤거(吉綸擧, 서당곡파), 길치화(吉致和) 등이 참여하여 작은 비로 길재 유허비를 세웠는데 이 비문은 송명흠이 지었다. 이로 보아 해평길씨 가문은 당시 노론 인사들과 관계를 맺으며 불이사의 복설을 준비하고 있었던 것이다.

이러한 해평길씨 가문의 노력은 길상형의 아들인 길규(吉奎, 1746~?, 불이파)가 불이사의 터에 길재의 영정을 모시고 제사를 지내는 불이영당(不二影堂)과 자손을 가르치는 불이당(不二堂)을 세우는 것으로 결실을 맺었다. 불이당의 건립연대는 정확하지 않으나 「불이당기」를 지은 유최기(1689~1768)의 생몰연대로 보아, 백세청풍

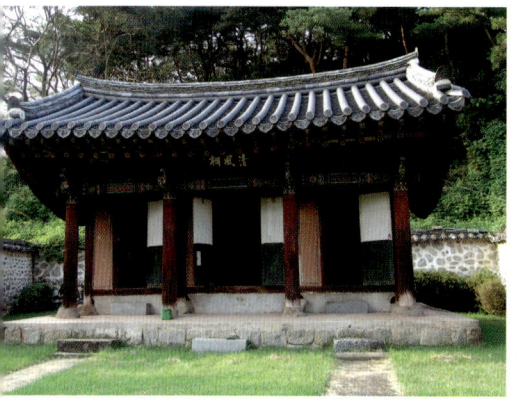
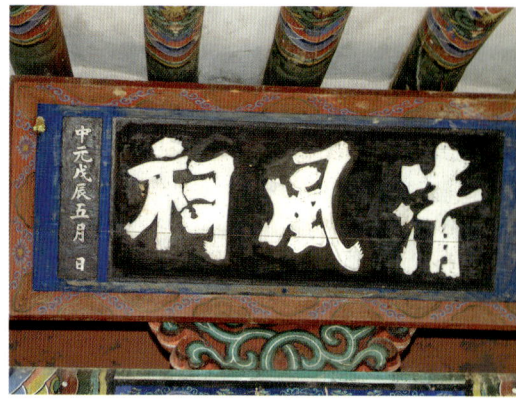

청풍사   청풍사 현판

비 건립연대와 멀지 않은 시기인 것으로 보인다.

　그후 다시 1800년(순조 원년)에 당시 도백(道伯)이었던 김달순(金達淳)이 길재의 유허지가 황량함을 보고 유생들과 자손들의 뜻에 따라 사당을 중건하기로 계획하였는데, 아마도 이때 '청풍사'로 이름 지어진 것으로 보인다. 청풍사는 1801년 착수하여 1804년(순조 4년)에 준공하였다. 그러나 1868년(고종 5년) 대원군의 서원철폐령으로 또 다시 훼철되었다. 이에 문중에서는 다시 1879년(고종 16년)에 청풍서당을 짓고 1905년 후학과 유생들이 청풍당계를 결성하여 청풍사의 맥을 유지하게 되었다.

　해평길씨는 청풍사의 중건이 이루어지자 1823년(순조 23)에 길규·길계 형제가 금산에 사는 종족들에게 「몽양재 권학문(蒙養齋 勸學文)」을 돌리었다. 이것은 청풍사 내의 문중재실인 청풍재를 활용하여, 문중자제 60~70명을 모아 가르치자는 취지에서 결성된 것이다. 이를 위해 금산의 각 마을에 사는 길씨 종족들에게 재곡을 추렴하여 자제들의 겨울과 봄의 강학 양식을 마련하였다.[11] 이로보아 해평길씨는 선조에 대한 위선사업을 마무리한 다음에 자제들의 교육에 힘써 양반가문으로서의 자부심을 지키고 가문의 위상을 드높이고자 노력한 것이다.

　이처럼 영당 설립을 시작으로 계속된 길재의 선양사업은 주로 불이파의 주도로 노론세력에 힘입어 진행되었다. 이러한 사실과 향촌사회에서의 활동상황(<표2> 참조)으로 미루어 보아 17~18세기까지 해평길씨의 중심세력은 불이파와 토성파 임을 알 수 있다. 그러나 19세기에 들어 효자·열녀에 대한 정려포장(旌閭褒奬)과 추증(追贈)운동이 활발하게 나타났다. 해평길씨의 정려 포장과 추증활동은 다음과 같다.

〈표3〉 해평길씨 정려 포장과 추증활동[12]

인물	생몰년	명정 및 추증 연대	구분	소재비	계파
吉昌擧	1688~1759	1811년(순조 11년)	정려	양곡리	정문파
吉慶會	1715~1804	1811년(순조 11년)	증 조봉대부 동몽교관	·	정문파
吉慶集	1711~1785	1884년(고종 21년)	증 통정대부 사복시정	·	정문파
吉龍擧	1633~1713	1891년(고종 28년)	정려	현내리	대목동파
吉慶益	1654~1739	1891년(고종 28년)	정려	현내리	대목동파
吉思德	1756~1811	1892년(고종 29년)	효자비	현내리	대목동파
吉思義	1787~1853	1892년(고종 29년)	효자비	현내리	대목동파
吉慶延	1724~1801	미상	명정	미상	정문파
정씨	·	1892(고종 29년)	영인	·	

위의 표에서 주목할 만한 것은 길창거(吉昌擧) 집안의 정려와 추증활동이다. 길창거의 효행이 세상에 알려져 1789년(정조 13년)에 처음 명정이 시도되었으나 이루어지지 못하였다. 그러나 1811년(순조 11년)에 명정(命旌)을 받고 둘째 아들 경회(慶會)는 추증을 받았다. 이후 1884년에 큰아들 경집(慶集)도 추증을 받았으며 연대는 알 수 없지만 셋째 아들 또한 명정을 받음으로써 한 집안이 모두 정려와 추증을 받게 된 것이다. 이로 인해 이 가계는 '정문파'라는 파명(派名)을 갖게 되었다. 또한 길창거의 증손 길계도(吉繼道)가 19세기 중엽(철종연간1849~1863)에 이들의 언행과 그들에 관한 기록들을 모아『길씨세효록(吉氏世孝錄)』을 편찬하였다.[13]

이와 경쟁하듯이 대목동파에서도 1891년(고종 28년)에 길용거와 경익 부자의 정려가 내려졌다. 이렇게 현내리와 양곡리에 거주하는 집안이나 계파들의 정문포장과 추증활동은 경제적 기반과도 관련이 있을 것이다. 이것은 1823년 문중자제 강학을

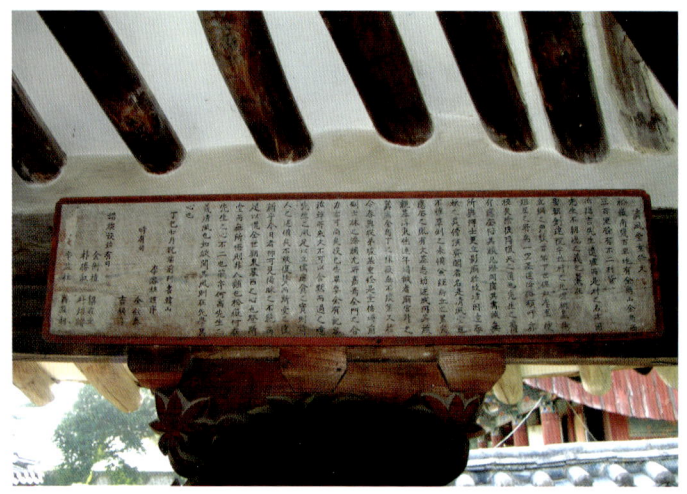

청풍당 중수문

위한 재곡 마련에 각 마을별 출연(出捐)한 종족원의 수와 출연 양을 보아도 알 수 있다. 당시 가장 많은 출연 양을 보인 것은 현내리이며, 뒤를 이어 불이마을, 학현, 예미동, 수파리가 비슷한 규모로 참여하였다. 현내리는 자연적으로도 다른 지역에 비해 농경지가 넓게 형성된 곳이며, 대목동파, 독산파, 삼성파가 자리 잡은 곳이다. 이것으로 보아 조선 초 해평길씨가 거점으로 삼아 성장하였던 불이촌(不二村)에서 점차 그 중심세력이 이동하여 19세기에 이르러서는 현내리로 이동하였다고 보여진다.[14] 이러한 추세는 20세기에도 계속되어 현내리에 사는 해평길씨들이 보통학교 설립운동을 주도하는 등 부리면 유지로서 활발하게 활동하였고, 해방공간과 한국전쟁기에 사회주의 사상에 경도되어 좌익진영의 중요 직책을 맡아 활동하였다.

한편 해평길씨의 가문숭상사업은 일제강점기에도 이어져 1927년 백세청풍비 비각을 세우는 사업을 벌였다. 이 사업은 1927년에 유림과 문중의 성금으로 시작하였으나 공사비가 많이 부족하였다. 이에 불이파의 길문기(吉文基, 1868~1950) 씨가 사재 800원을 희사하고 스스로 상경하여 금강산의 좋은 목재를 구입하여 오백여 리가 되는 노정을 주야로 운반하여 1928년에 완공하였다.[15]

인삼재배

  금산인삼의 기원에 대한 자료는 설화와 <동아일보> 1936년 1월 23일자 기사가 있다. 설화에 의하면, 지금으로부터 1,500년 전 금산군 남이면 성곡리 개안 마을에 강씨 성을 가진 선비가 있었는데 일찍이 아버지를 여의고 홀어머니를 모시고 사는 효성이 지극한 선비였다. 그러던 어느 날 어머니께서 병들어 자리에 눕게 되어 세상에 좋다는 약을 구해서 어머니께 드렸으나 효과를 보지 못하고 병만 날로 악화되어 갔다. 선비가 금산 진악산 관음굴에서 백일기도 드리는 중 꿈속에 산신령이 나타나 "진악산 관음봉 암벽에 가면 빨간 열매가 3개 달린 풀이 있으니 그 뿌리를 달여 드려라. 그러면 네 소원이 이루어 질 것이다"라고 말하고 사라졌다. 선비는 잠에서 깨어나 산신령이 알려 준 암벽을 찾아 가보니 과연 그런 풀이 있어 뿌리를 캐어 어머니께 달여 드렸더니 어머니의 병이 완쾌되었다고 한다. 강 선비는 그 씨앗을 남이면 성곡리 개안 마을에 심었고, 그후 뿌리가 사람의 모습과 비슷하다 하여 인삼(人蔘)이라 불리어져 재배되었다는 것이다.

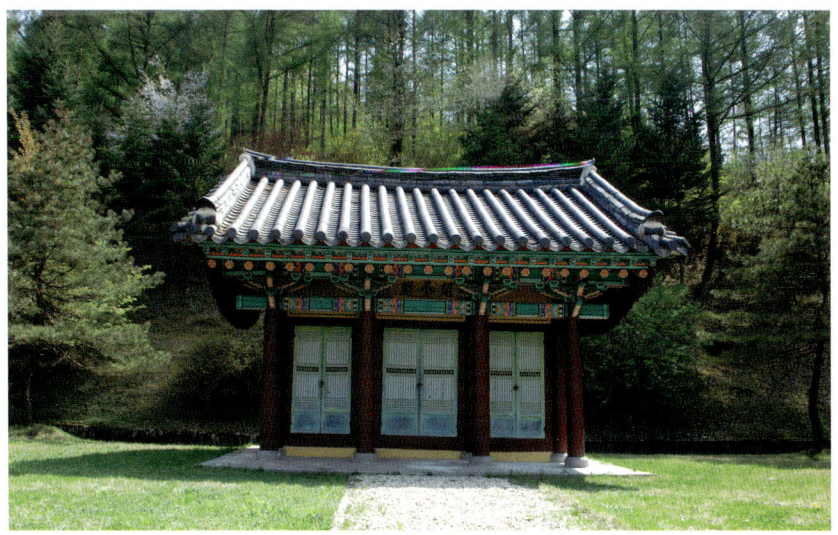

개삼각(금산군 남이면 성곡리 946번지)

<동아일보> 기사에 의하면 "2백여 년 전에 현 금산군 중도리에 사는 강방환(姜邦桓)의 6대조 강무택(姜武擇)씨가 현 금산 계진리에 산삼을 심어 이로 인삼재배가 유래되었다"고 한다. 이 두 가지 자료 가운데 어느 것이 더 신빙성이 있는지는 모른다. 다만 두 자료에 강씨 성을 가진 사람이 공통적으로 등장하지만 인삼재배의 시원 시기에 큰 차이가 있고 최초 재배지가 남이면 성곡리 개안 마을과 계진리로 다르다는 것을 알 수 있을 뿐이다.

현재 설화 속 주인공인 강씨 총각이 인삼을 처음 심었다는 남이면 성곡리 946번지의 밭에는 '개삼터' 비석과 1983년에 건립한 개삼각이 있다. 이로써 금산군에서는 성곡리를 인삼 최초의 재배로 추정하고 있음을 알 수 있다. 마을 이름을 개안이라고 하게 된 것도 '인삼의 눈을 트게 한다'는 뜻이라고 한다.

금산에서 인삼재배는 1880년대부터 서서히 보급되기 시작하여 1900년대에 들어서는 특용작물로써 큰 빛을 발휘한다. 일제는 금산군 일원의 넓은 경작지에서 인삼을 재배하도록 하였고 이에 따라 인삼 생산이 증가하게 되었다.[16]

그러면 부리면에서는 언제부터 인삼농사를 짓기 시작하였는가. 마을 사람들의 구술에 의하면 부리면내에서는 불이리, 선원리, 창평2리(나천리)가 먼저 인삼재배를 시작하였다고 한다. 1906년에 길문기씨 등이 전라북도에 올린 소장[17]에 의하면 일제강점기 이전부터 인삼농사를 지었음을 알 수 있다.

길문기(吉文基), 길준기(吉駿基), 김영희(金永喜) 등이 1906년에 소장을 올려 "한가한 고향에 살면서 생업이 다만 밭 갈고 독서하는 것이고, 독서하는 사이 남은 토지에 인삼을 심어 약재로 사용했었는데, 이전까지는 약포수세(藥圃收稅)가 없더니 경자년(庚子年, 1900년)부터 약포파원(藥圃派員)이 본 군에 와서 5년근에 1냥, 4년근에 8전씩 수세(收稅)한즉 부득이 응납(應納)하였다. … 중략 … 본군만이 특히 이같이 혹독하니, 가난한 백성이 여가에 가꾼 삼으로 어찌 박파원(朴派員)의 빙공남세(憑公濫稅)를 납부할 수 있겠는가? 이에 본인 등이 약삼(藥蔘)을 파종 않기로 서약하였으나, 현재 박파원의 남집세(濫執稅)는 그 악독을 견딜 수 없으므로 제소(提訴)하니 엄훈(嚴訓)을 관찰부에 내려 파원은 즉시 징계하고, 삼세는 영원히 혁파하기를 청원한다(1906년 2월)"라고 인삼 수세의 부당함을 주장하였다. 이와 같이 1900년부터 인삼 수세를 한 점으로 미루어 보아 길문기씨 등은 1900년 이전부터 인삼을 재배하여 왔고, 1900년부터 금산에서 인삼재배가 활발해졌던 것으로 추측해 볼 수 있다.

일제강점기에 불이리에서 인삼농사를 지었던 가구는 3가구이다. 그들은 불이리의 길문기씨, 배정이의 박석철씨, 박수경 할아버지댁에서 짓기 시작하였다고 한다. 그러나 위 문서를 같이 올린 길준기, 김영희씨도 인삼농사를 지었을 것으로 짐작이 되나 어느 마을에서 거주하였는지는 알 수 없다. 불이리의 인삼재배 농가는 1960년까지 10가구 미만이었고 새마을운동 이후에 인삼재배가 보편화되었다. 인삼재배는 자금이 많이 필요하고 4~6년 동안을 투자만 해야 하는 농사이기 때문에 자금력이 없는 사람은 재배할 수가 없었던 것이다.

동학농민전쟁과 배정이

부리면의 동학세력은 토착적인 유림세력과 맞물려 지하활동을 하다가 1893년부터 표면에 나타나서 활동하기 시작하였다. 부리면의 동학은 양곡리의 말골, 경당리가 그 중심이 되었으며 주동인물로는 미령서원을 근거지로 한 경당의 송학운(宋學運)이었다. 송학운(1870~1939)은 송사봉(宋師鳳)의 장남으로 부리면 경당리에서 태어났다. 「고송학운약사(故宋學運略史)」[18]에 의하면 부리면의 동학은 김개남포에 속했으며 당시 금산의 집강은 용담의 김기조였다가 뒤에는 조동현으로 바뀌었다. 금산의 집강소는 교통의 중심지로서 영동, 옥천, 무주, 고산, 연산의 중심지 역할을 하여 중요한 위치를 점하고 있었다. 부리면의 동학은 동학이 강세였던 금산읍, 제원면, 군북면에 비해서 다소 열세였으나 1894년 중반기부터 그 세가 창평리, 선원리까지 파급되었다.[19]

1894년 3월에는 김개남 휘하의 동학군이 제원역으로 몰려오면서 금산의 동학들과 합류하여 그 세가 5,000여 명으로 불어났다. 이들은 죽창과 농기를 들고 금산읍내로 침입, 관아를 습격하는 등 금산읍 내에서 진압군과 일대 격전을 벌였다. 이때 퇴직 관리인 정지환은 양민을 구해야 한다고 역설하면서 창의군을 세울 것을 알리고 유림 박승숙과 모의하고 무사 김진룡과 협의하여 관군 100여 명과 민병을 모아 수백 명의 인원으로 동학군을 성 밖으로 몰아냈다. 그러나 다시 진산에서 집결한 동학군

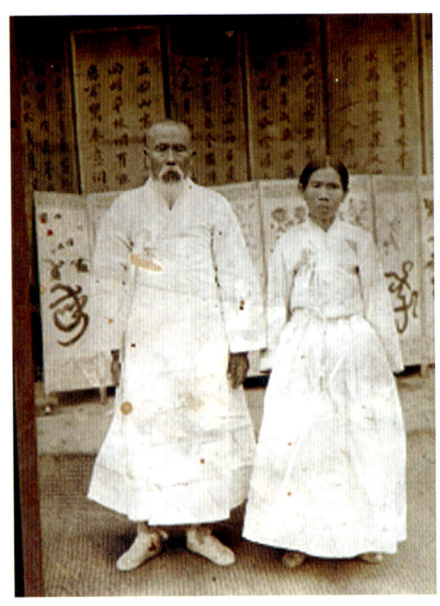

송학운 부부

은 금산에서 창의한 정지환(鄭志煥)을 비롯한 정숙조(鄭翻朝), 길기순(吉基淳, 1862~?),[20] 박승호, 고제학, 정두섭(丁斗燮) 등의 창의군을 급습하여 정숙조와 정지환을 잡아 참살하였다. 이때 동학의 사령은 이야면(李也勉)이었다. 부리면에서는 길기순이 면내 장정 수백 명을 이끌고 지삼티에서 진을 치고 동학이 가장 침투하기 쉬운 지점을 방어함에 따라 부리면 지역의 피해는 적었다. 그후 전봉준이 공주 우금티 싸움에서 패퇴하고 1895년 처형된 후부터 부리면내에서 동학에 따른 소요사태는 없어졌다.

금산에서의 동학군과의 격전은 전라감사의 장계로 중앙에 보고되어 창의군에 대한 포상이 논의되었다.[21] 정두섭과 정지환은 군무아문 주사(軍務衙門主事)에 추증(追贈)되고, 전 참판(前參判) 정숙조는 정2품 도헌(都憲)에 추증되었으며, 금산군에서도 정두섭, 정지환의 의열비를 세워 주었다.

관군과 일본군이 동학군을 진압하는 과정에서 1895년 1월에 부리면의 동학군들이 배정이까지 패퇴하여 숨어 들어왔다. 이때 마을사람들이 동학군을 보호하기 위하여 망을 보아주거나 동학군들에게 주먹밥을 해주었다. 그러나 일본군의 급습으로 동학군들이 현재 위령비가 있는 자리에서 십여 명이 사살되었고 마을 뒤까지 도망한 자들도 결국 사살되었다. 이에 마을 사람들은 이들의 시신을 수습하여 마을 앞 솔밭에 매장하여 주었다고 한다. 이러한 인연으로 마을에서는 2001년에 동학군 위령비를 마을 초입에 세웠다. 동학군 위령비를 세우게 된 이유는 마을 젊은이들이 사고를 당하거나 급사하는 일이 연이어 일어나 마을에서 죽은 동학군들의 원혼을 달래주고자 하는 마음에서 비롯된 것이라고 한다.

일제강점기 마을의 변화와 교육

마을의 변화와 주민들의 경험

부리면 지역은 해평길씨가 차지하는 비중이 높고 불이리를 비롯하여 현내리, 수촌리, 예미리 등에 종족마을을 이루었다. 그렇기 때문에 조선시대 해평길씨의 사족으로서의 활동과 사우와 정려 건립 등 활발한 가문숭상활동으로 인하여 부리면 내에서 해평길씨는 주도적인 위치에 있었다. 이러한 해평길씨의 부리면에서의 위상은 일제시기까지 이어졌다.

해평길씨와 함께 부리면 내에서 주도적인 위치에 있는 성씨는 남원 양씨이다. 남원 양씨의 입향조 양응해(梁應海)는 한산군수를 끝으로 벼슬을 그만두고 경기도 광주에 있던 가족들을 데리고 평촌리에 정착하였다. 입향시기는 1615년경으로 추정된다. 해평길씨와 남원양씨의 위상은 선조에 대한 위선 사업의 결과로 나타난 마을의 유교경관과 역대 부리면장의 면면을 통해서도 알 수 있을 것이다.

불이마을은 금산 – 무주간 국도변에 위치하여 일제시기부터 버스가 다녔다고 한다. 버스는 하루에 한번 점심 때 지나가서 마을에서는 이를 '오차'라고 불렀다. 1934년에 부리면과 남일면 일대에서 일본인 사전철웅(寺田哲雄)이 금은광 925,000평의 광업권을 인가받아[2] 광산을 운영하였다. 이 광산 때문에 불이리에 전기가 일찍 들어왔다.

<표4> 부리면 역대 면장[23]

	성명	재임기간	출신지	비고
1대	吉應壽	1915		면서기 : 양장환, 길시환
2대	張道碩	1919		
3대	길병호	1920. ~1932. 7	부리면 현내리	
4대	양은규	1931. 7~1933. 4	〃 양곡리	
5대	길상목	1933. 4~1943. 9	〃 현내리	
6대	길준섭	1943. 9~1944. 7	〃 양곡리	
7대	廣野益久	1944. 7~1945 . 8. 14	익산군	李健在
8대	길응대	1945. 8. 15~1946. 11. 19	부리면 불이리	불이파
9대	길문영	1946. 11. 19~1951. 3. 12	〃 현내리	
10대	양병규	1951. 3. 12~1960. 12. 26	〃 양곡리	
11대	길용석	1960. 12. 27~1961. 6. 21	〃 신촌리	
12대	길기홍	1961. 8. 2~1964. 7. 20	〃 현내리	
13대	길진섭	1964. 9. 1~1966. 2. 20	〃 양곡리	
14대	양병규	1966. 2. 20~1968. 2. 3	〃	
15대	길준덕	1968. 2. 3~1975. 11. 7	〃 평촌리	
16대	임종천	1975. 11. 7~1975. 12. 11	금성면 화림리	
17대	박귀전	1975. 12. 11~1977. 7. 6	부리면 선원리	
18대	박지생	1977. 7. 6~1980. 7. 18	남일면 마장리	
19대	길준영	1980. 7. 18~1992. 6. 23	부리면 평촌리	
20대	길호근	1992. 6. 23~1993. 3. 10	〃 신촌리	
21대	길명섭	1993. 3. 10 ~	〃 선원리	

　　일제강점기에 가장 큰 변화를 보인 마을은 배정이다. 마을의 변화는 저수지 축조
가 대표적이다. 저수지는 배정이 용소골에 위치하고 용소제라고 한다. 용소제는 언제
부터 제방 쌓는 공사가 시작되었는지 정확히 모르지만 1939년에 완공되었다. 저수지
는 인근 마을 주민들의 노동력으로 이루어졌는데 당시 먹고 살기 어려운 시절이라 일
하고자 하는 주민들이 많았다고 한다. 많은 주민들이 새벽에 저수지 공사 사무실 앞
에 모여들면, 공사 관리자는 '표'를 마당에 뿌려 그것을 줍는 사람을 인부로 고용하

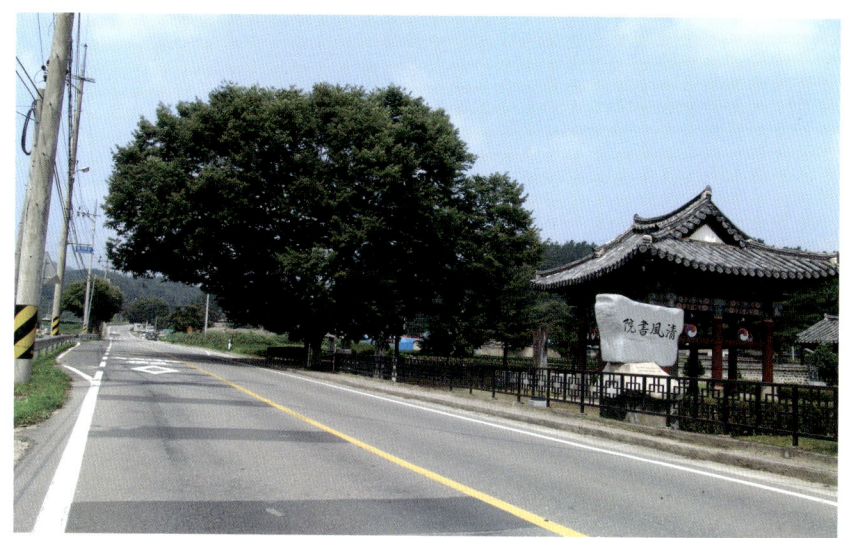

금산 - 무주간 국도

였다고 한다. 어른들은 흙을 등짐으로 날라 둑에 올라가 뿌리는 일을 하였고, 어린 보통학교 학생들은 주로 '둑 다지기'나 자갈을 깨는 일을 하였다고 한다. 품삯은 돈이나 곡물로 주는 것이 아니라 '부(진표)'를 주었다고 한다. 진표는 면사무소에 가서 밀가루와 바꿀 수 있는 징표로 장정은 10장, 부녀자는 5장, 학생은 3장을 주었다.

이 저수지의 축조와 관련된 자료는 없고 다만 저수지로 올라가는 길모퉁이 바위에 '용소제 창설기념(龍沼堤 創設記念)'이라는 문구와 공사 감독관의 이름 등이 새겨져 있다. 이 용소제 창설을 기념하는 글귀는 마모가 심하고 바위의 이끼로 판독하기가 어려운 실정이다.

일제강점기에 불이마을과 배정이는 분구가 되지 않아 이장이 1명 존재하였다. 일제시기 내내 이장은 해평길씨 집안에서 독점을 하였다. 해방 이후 불이 1리와 2리로 분구되면서 1리는 해평길씨 2리는 밀양박씨가 이장을 독점하였고 1960년부터 1965년까지 다시 한 마을로 되어 길씨가 이장을 맡았다. 그 이후 불이 1리와 2리에서 다른 성씨가 이장을 맡은 적이 있는데 이들은 거의 길씨와 박씨의 외손이라고 한다.

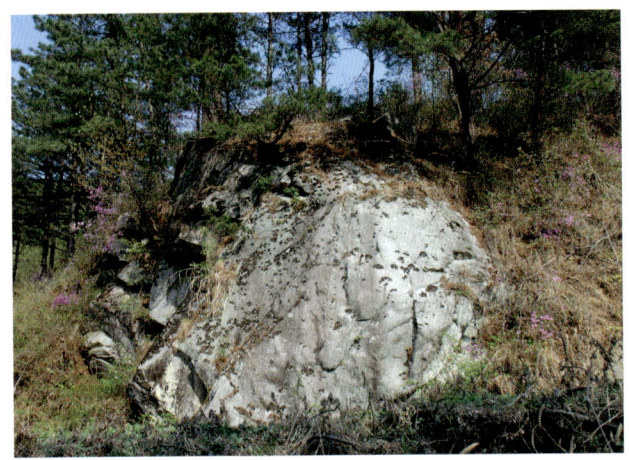

용소제창설기념 암각

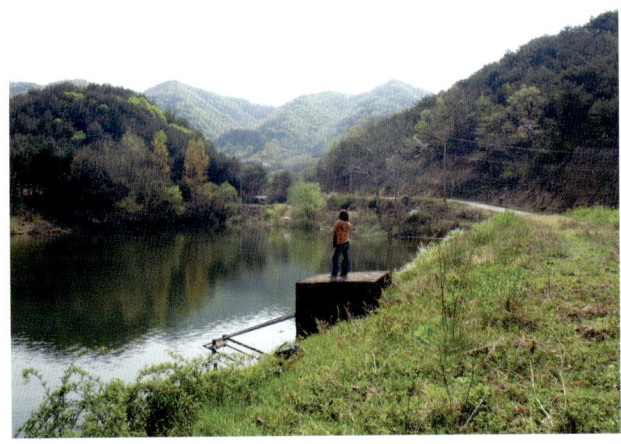

용소제

당시 마을에는 동계가 있어 새로 이사를 왔거나 결혼하여 분가하면 동계 가입비를 내야 동계원이 될 수 있었다. 불이리에서는 이 가입비를 '신호전'이라고 한다. 신호전은 동계가 모아 놓은 재산에 따라서 그 금액이 책정되었다.

불이리 마을 사람들의 일제강점기는 징병과 징용으로 기억될 것이다. 징병에 소집된 사람은 불이 2리에 박재선(만주), 박학순(일본), 박필순(만주) 씨이다. 징용소집자

<表5> 역대 이장 명단

연도	1리	2리	연도	1리	2리
1920~1922	길찬석		1946	길팔선	박철규
1923~1925	길응대		1947~1848	길상기	박철규
1926~1928	길원석		1949	길응연	박수정
1929~1931	길동석		1950		박춘규
1932~1934	길만화		1951	길응연	박수정
1935~1938	길응연		1952	길응연	박춘규
1939~1941	길호인		1953	길호성	박춘규
1942~1944	길공석		1954~1955	길응연	박춘규
1945	길만화		1956~1959	안순모	박정순
			1960~1963	길민종	길민종

는 불이1리에 길세기(구주 복강현), 길민석(군산 비행장), 길민규, 길대흥, 길상현, 조우현, 길응래 씨이고 불이2리 박흠남, 박흠희, 박무영, 박흠영(청진), 박흠오 씨이다.

불이리 부인들 또한 밤에 훈련을 받아야 했다. 훈련은 청풍당 앞 비석거리에서 몸빼와 블라우스를 만들어 입고 제식훈련을 받았다고 한다. 그리고 일제의 퇴비증산정책에 따라 마을, 개인 단위로 퇴비를 만들어야 했기 때문에 낮에는 퇴비증산계획으로 망태 메고 꼴 베러 다녀야 했다. 해방되어 가장 좋은 것은 꼴을 베지 않아도 되었다는 것이다.

교육

불이리는 야은 길재의 유서가 남아 있는 마을로 일찍부터 교육 여건은 좋은 편이었다. 길재의 후손과 유림들은 18세기 중후반에 길재의 영당과 자손을 가르치는 불이당을 설립한 바 있다. 불이영당은 대원군의 서원 훼철령으로 훼철되었고 다시 1879년에 청풍서당을 짓고 1905년에는 후학과 유생들이 청풍당계를 결성하기도 하였다.

마을 사람들이 기억하는 청풍서당에서의 교육은 길종승(吉鍾昇, 1872~1944, 수촌파)이 한학을 가르친 것이다. 당시 각 마을에서 배우러 오는 사람들이 많았고, 그의 제자 가운데 선원리에 살던 '양학자'라고 불렸던 분과 박찬만 씨가 유명하다. 박찬만 씨는 금산의 대표적인 사족가문인 반남박씨로 금산향교 전교와 청풍서원 원장을 지낸 바 있다. 그는 한학에 밝고 글씨를 잘 써 금산군 내의 비석글씨는 거의 그의 글씨라고 한다.

배정이 마을에서는 박태규(朴太圭, 1878~1947) 씨가 서당을 운영하였다. 서당은 독립된 건물이 있었던 것은 아니고 몇몇 학동들의 집 사랑방에서 하였다. 학동들은 6~7살부터 연령이 다양하였고 배정이뿐만 아니라 관천리, 경당리에서도 배우러 왔다. 이때 학동들은 동몽선습, 명심보감, 통감 등을 배웠고, 각자 사는 형편에 따라 곡식으로 내었다.

박태규 훈장에게 배운 제자들이 1957년에 서당계를 만들어 돈을 모아 박태규 선생 공적비를 세웠다. 서당계 문서는 손자인 박서영(朴瑞永) 씨께서 소장하고 계신다.

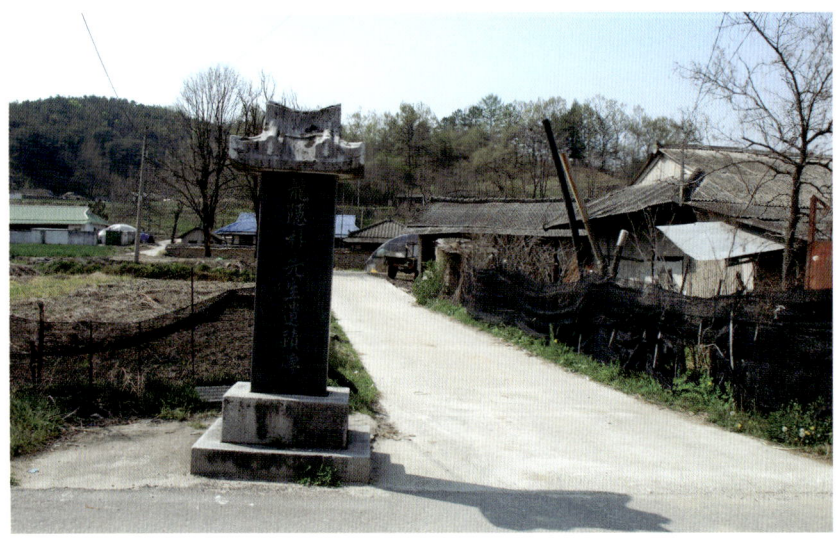

박태규 선생 공적비

그리고 박태규 훈장에게 배운 봉은 최흠엽 씨가 관천리에 서당을 차려 가르쳤고, 그곳에도 비석이 세워졌다고 한다. 박태규 선생에 대한 제사는 제전(祭田)이 있어 거기서 나오는 수익금으로 제사를 지냈는데 지금은 그 땅을 팔아 돈으로 가지고 있다. 그리고 위패를 덕모재에 봉안하여 덕모재에서 제사를 지내고 마을 주민들이 가구당 돈이나 곡식을 걷어 탑제와 위령제를 지내고 있다.

한편 부리면은 면장을 위시한 면내 유지들의 보통학교설립운동이 활발하였던 곳이다. 1920년에 면장 길병호(吉秉浩), 부리면 회계원 양장환(梁章煥), 학교평의원 길상현(吉相顯), 유지 길상목(吉相穆) 외 10여 명은 권학회를 조직하고 길상현 씨를 회장으로 추대하여 보통학교 설립을 추진하였다. 그러나 군 당국은 3면1교제(三面一校制)에 따라 인가를 내주지 않았다. 이에 발기인들과 일반 면민들은 호세 등급에 따라 금전을 갹출하여 교실을 건축하고 각 마을의 사숙을 폐지하고 학생을 모집하였다. 1921년 봄에 이 학교에 120여 명이 입학하였고, 학교의 제반 사무는 부리면사무소에서 취급하였다. 이에 면직원들은 거의 숙식의 여가 없이 희생하여 전국적으로 모범이 되었다. 그리고 금산군 읍내 상옥리 김영식(上玉里 金榮植) 씨는 학교 통행로로 부지 100평을 기부하기도 하였다.[24]

이로 보아 부리보통학교는 면장, 유지, 면민들의 장학회에서 설립한 사립학교에서 출발한 것이다. 이를 <동아일보>에서는 '면립(面立)'이라고 하였다. 부리면민이 참여한 장학회이기 때문에 면립으로 보는 것도 타당하다. 이를 기념하기 위한 '학교설립기념비'가 현재 부리초등학교에 세워져 있는데 이는 1927년 7월 10일에 발기인과 면유지가 세운 기념비이다. 이 기념비에 의하면 면장 길병호, 교장 길상목, 면회계 양장환으로 새겨져 있다. 이로 보아 사립보통학교 설립에 주도적으로 참여한 길상목 씨가 교장을 맡았던 것으로 보인다.

이후 부리사립보통학교는 1924년 3월 18일 공립보통학교로 인가를 받았다. 공립학교 인가를 받은 이후에는 금산, 진산, 부리, 제운, 추당 5개 학교가 공동으로 수학여행을 서울로 다녀오기도 하였다.[25] 또한 면 유지들과 면민들은 학교의 생도수가 해마다 증가하여 156명에 이르자 1927년 3월 13일부터 공립학교 학년 연장운동을 전개하였다. 학년연장운동은 공립보통학교 운동장에서 면민대회를 열고 아동교육을 충

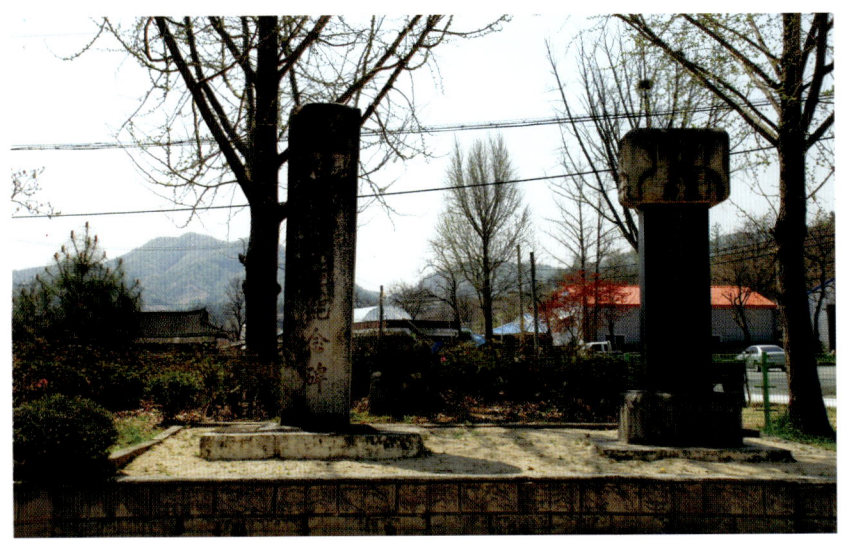

부리초등학교 설립기념비

실히 하기 위하여 수업연한을 연장하기로 결의한 후에 결의문과 진정서를 작성하였다. 그리고 즉석에서 300여 명이 연서날인(連署捺印)하여 길병호, 길상목 씨를 대표로 진정위원을 선정하여 군 당국에 진정하였다. 군 당국과 교섭한 결과 교실 증축비 3,800원은 면 장학회에서 책임을 지고 회원들의 기부금을 모집하기로 하였다.[26] 이 같은 부리면민의 열렬한 학년연장운동은 1930년에 가서야 결실을 맺어 4월 18일에 6년제로 승격하였다.

또한 보통학교에 다녔던 사람들은 학교에 가자마자 책보를 책상에 올려놓고 학교 뒤에 있는 신사로 가서 절을 해야 했다. 학교에서는 일본어만을 사용하게 하였으며 만일 조선어를 사용하다 발각될 경우 '후다'라는 벌칙표를 주어 청소를 시켰다. 그리고 여학생은 검정치마, 흰 저고리를 입고 단발머리로 학교에 다녔다. 일제 말기에는 학교에서 신발을 못 신게 하여 맨발로 다닌 적도 많았고 게다를 만들어 신기도 하였다고 한다.

해방 후 마을의 변화

부리면의 사회주의 운동[27]

금산군의 사회주의운동은 다른 지방과 마찬가지로 1920년대부터 전개되어 각종 사회단체들이 결성된다. 사회주의 운동에 참여한 부리면 출신 인물은 1928년 금산군 청년동맹 정기대회 때 위원으로 참여한 길경섭, 1934년 전북조선공산당 재건운동 (1928~1945)에 참여한 길재철(吉在哲)과 길귀섭(吉貴燮, 1911~1943)이다. 길재철과 길귀섭은 이 일로 각자 10月, 3년 집행유예를 언도받아 징역살이를 하였다. 이후 좌익세력의 활동은 지하로 숨고 해방을 맞이하였다.

1945년 해방이 되면서 좌익세력들이 활동을 재개하여 각 군에 이르기까지 인민위원회를 결성하였다. 금산군에도 금산군 인민위원회가 조직되어 위원장에 이재천, 부녀부장에 조남순, 금산청년동맹위원장에 박천수(朴天守), 남로당위원장에 길재철 등이 임명되었다. 이에 우익진영에서도 대한독립촉성회를 조직하였다.

부리면은 동족마을을 이룬 해평길씨와 남원양씨가 대표적인 성씨인데 이들 성씨 간의 좌우익분화가 두드러졌다. 해평길씨 집안에 좌익세력이 많았는데, 그 중심에는 일제시기 부리면장으로 금산군수가 저음 부임하여 행정을 하려면 그에게 와서 인사를 해야 할 정도로 세력가였던 길상목이 있다. 길상목(吉相穆, 1890~1950년 실종)은 일제시기에 부리면 유지들을 중심으로 보통학교 설립, 학년연장운동의 중심에 있었던 인물이고 현내리에 거주하며 양조장을 운영하였던 재산가이자 면내 유지였다. 그는 직접 사회주의사상을 접하고 경도된 것이 아니라 아들 길경섭의 영향과 권유를 받은 것으로 보인다. 길경섭(1905~1950년 실종)은 길상목의 장남으로 휘문고보를 다니다가 중퇴하였으며, 귀향하여 농업에 종사하고 있다가 1928년 4월 취직운동을 위해 경성에 나가 서울청년회에 가입하여 집행위원이 되었으며, 사회운동에 열중하면서 공산주의자가 되었다고 한다. 이후 그는 금산에 돌아와 금산청년동맹에서 집행위원으로 활동하였던 것으로 보인다.

이렇게 당시 부리면 내, 해평길씨 집안 내에서 영향력이 강하였던 길상목 부자의 좌익성향은 부리면 내 해평길씨 젊은이들에게 많은 영향을 주었다. 그리하여 부리면 인민위원회와 치안대 구성에 있어 길상목이 면장을 지내던 시절에 면사무소에서 근무한 적이 있는 길씨가의 젊은이들이 참여하게 되었다.

반면에 부리면의 우익진영은 이승만 정권 초기에 국민회 위원장을 지냈던 양은규와 부회장 길응대, 대한청년단장 양병규와 부단장 박태순 등이 있었다. 해평길씨와 더불어 부리면의 대표적인 양반가문인 남원양씨는 평촌리에 종족마을을 이루고 살아왔고, 두 집안 간 통혼이 많이 이루어져 사돈관계로 맺어져 있었으며 이들은 거의 우익성향이었다. 그리고 해평길씨와 부리면 주도권을 놓고 경쟁을 했던 집안으로 일제강점기 역대 면장 명단을 통해서도 알 수 있다.

한국전쟁 경험

한국전쟁이 발발하자 대한청년단은 인민군이 오기 전에 금산의 중앙국민학교에 모여 전투에 임할 훈련을 받기도 하였다. 그런데 대전이 함락되었다는 소식을 접한 지도부는 사태가 불리하다고 판단하여 해산을 지시하였다고 한다.

한편 금산군에서도 다른 지역에서와 마찬가지로 경찰이 후퇴하면서 보도연맹원 학살이 있었다고 한다. 금산에서는 7월 20일경에 예비검속자와 보도연맹원들을 옵박골(부리면에서 무주로 넘어가는 길의 서당골에서 산쪽으로 들어간 곳, 현재의 용각사 골짜기)로 끌고 와 사살하였다고 한다. 이와 같은 보도연맹 사건과 우익인사에 대한 처형 사건이 있었지만 부리면에서의 희생은 그리 큰 것은 아니었다. 즉 해평길씨와 남원 양씨의 통혼, 상보적 관계로 말미암아 한국전쟁기 좌·우익 양진영의 보복조치에서 큰 피해를 줄일 수 있었다고 한다.

9·28 수복 이후 인민군과 좌익세력은 입산하여 무주 가당리 평당 마을을 근거지로 활동하기 시작하였다. 이에 맞서 부리면의 대한청년단을 중심으로 하는 우익청년들은 무장을 갖추고 향토방위대(구국동지회라고도 함)를 조직하여 자체 방어에 나섰다. 그리고 10월 중순경에 지서장과 경찰 2명이 부리면에 들어왔고, 경찰과 경비대원들은 낮에는 지서를 경비하고, 밤에는 지서를 비우고 휴식을 취하였다고 한다. 산으로 들어간 인민군과 지방 좌익으로 구성된 빨치산은 자주 각 면을 습격하였고 부리면

의 경우, 양곡리 말골 뒷산에 바리게이트 고지가 있었다고 한다. 이즈음에 입산자들은 당시 우익진영의 박석철 씨를 표적의 대상으로 삼았다. 박석철 씨는 일제강점기부터 금융조합을 다녔고 해방 이후에 금융조합장이 된 인물이다. 당시는 사채가 많았고, 금융조합이나 은행에서 대출받기가 상당히 어려웠던 시절이었다. 그렇기 때문에 금산군 내 재정권을 잡고 있는 금융조합장의 권세는 군수보다 더 셌다고 할 정도였다. 그리하여 당시 금융조합이었던 박석철 씨는 피신해 있을 수밖에 없었다. 그러나 입산자들에 의해 그의 아버지가 목숨을 잃었고, 그의 아들은 총알이 빗나가 겨우 목숨을 부지할 수 있었다고 한다.

한국전쟁기에 부리면에 가장 큰 피해를 낸 사건은 일명 '11·2사건'이다. 1950년 11월 1일에 시국대책위원회 위원장 양중엽, 후원회장 양길수, 면장 길문영, 국민회장 양은규 등은 면민들을 결속시키고 기세를 올리기 위해 면민대회를 개최하였다. 이들은 일제강점기와 미군정시기에 경찰과 면장을 지낸 사람들이다. 면민대회 소식을 들은 입산자들은 이에 대한 보복을 감행하였다. 그리하여 2일 새벽에 입산자들은 현내리의 지서 주변을 포위하였고, 이러한 사정을 모르는 경찰과 우익 청년들이 지서에 들어서자 일제히 사격을 가하기 시작했다. 이들은 길거리에 나온 주민들에게도 무차별 사격을 가하였고 면민대회를 개최한 주역들의 집까지 찾아가 보복을 가하였다. 이 사건으로 양민 70여 명이 살해되었고 구국동지회 회원 5명이 전사하였다.

이 사건이 있은 후에는 경찰과 우익청년들은 경비대를 재조직하여 경비대원을 110명까지 증원하고 면내 4곳에 바리게이트를 치고 방어선을 폈다. 이들 가운데 일부 약 20여 명은 6백고지 전투에도 참여하였으며 그 가운데 5명이 전사하였다. 이후 한국전쟁이 끝나고 10여 년 후인 1963년에 '11·2 추념동지회'를 조직하고 11·2 사건을 기리기 위하여 순국의적비를 세웠다.

한편, 뚜렷한 이념이 없던 대다수의 마을 사람들은 한국전쟁을 어떻게 견뎌냈을까? 불이리 사람들에게 한국전쟁은 미군의 폭격으로 시작되었다. 인민군이 들어오기 전에 미군 비행기가 마을의 개울가 주변을 무차별 폭격하여 민가가 타고 3~4명이 죽고 다쳤다. 미군의 폭격이 있은 후 마을 사람들은 비행기가 무서워 산골짜기로 피난을 갔었다고 한다. 이때 도랑가에 모여 지내고 굴을 파기도 하였다. 많은 마을 사람들이 피신을 와서 마을을 이루다시피 하였다고 한다.

이후 7월 22일경에 금산(불이리)에 인민군이 들어 와서 골짜기마다, 집집마다 가득 찼다고 한다. 인민군은 금산읍을 점령한 후 인민위원회, 여성동맹, 청년동맹 등 각종 조직을 만들었다. 이때 해방공간에서 활동하였던 길재철이 군당위원장을 맡았고 얼마 가지 않아 군 인민위원장을 맡았었다. 인민군 8, 13, 15사단 등 3개 사단은 금산읍을 거쳐 무주에서 창녕을 거쳐 남진하여 갔는데 부리면이 그 길목에 있어서 면민들이 많은 노역을 당하였다. 증언에 의하면, 8월 초부터는 면 인민위원회, 민청 등에서 리 단위까지 조직을 확대하였는데 불이리의 인민위원회는 사무실을 청풍사에 두었고 연령별로 훈련을 시켰다고 한다. 또한 이때 마을의 머슴과 산지기들에게 이러저러한 감투를 씌워주고 우익의 색출과 숙청에 그들을 동원하기 시작하였다고 한다.

한국전쟁기 좌우익 갈등으로 부리면 내의 세력 판도는 달라졌다. 일제강점기에는 해평길씨에서 면장을 5명, 남원양씨에서 2명을 배출하여 부리면 내에서 해평길씨의 영향력이 더 컸다고 볼 수 있다. 그런데 한국전쟁 직후에 민선면장으로 남원양씨인 양병규 씨가 선출되었고 1952년 면의권 선거에서는 한국전쟁기에 우익으로 활동한 바 있는 이들, 혹은 그들의 가족들이 선출되었다고 한다. 이후 해평길씨들은 30~40년을 숨죽여 지내야 했다고 한다. 이에 해평길씨 사람들은 당시 많은 젊은이들이 좌익으로 경도되는 데에 영향을 미친 길상목씨에 대한 원망과 그 시절 그의 권세, 영향력에 대한 추억을 가지고 있다.

불이리의 가문숭상·개인선양의 풍조

해평길씨의 가문숭상
일제강점기 청풍사는 마을사람들에게 숭배의 대상이었고 쉬어가는 곳이었다. 마을 사람들은 자전거나 말 타고 비석 앞을 지나가다가 내려서 절을 한 다음 지나다녔다고 한다. 그리고 점심을 먹고 청풍사에서 모여 쉬기도 하였는데 특히 여름철에는 청풍사 비각에 모기장을 치고 자기도 하였다. 이렇듯 불이리의 청풍사 일원은 해평길 씨는 물론이고 마을 사람들에게 불사이군의 충신을 배출한 마을이라는 자부심을 심어주었을 뿐 아니라 마을 사람들의 쉼터이기도 하였던 것이다.

해평길씨 문중은 해방이 되자 문중활동을 재개하였다. 전하는 고문서[28]에 의하면 1946년에 청풍사 유계(儒契)를 다시 조직하였고, 이에 필요한 재원은 불이리와 인근에 사는 유림과 종인들이 출연해 주었다. 그리고 같은 해에 청풍사의 영정을 개모(改摹)하였는데, 이때에도 역시 인근 지역의 유림과 종인들이 필요한 재원을 출연해 주었다. 이 일을 기록한 『청풍영정개모시종중연의록』에 재원을 출연해 준 인사의 명단과 액수가 길성순, 길상목, 길형석 씨 순으로 기록되어 있다.

또한 해평길씨 문중은 계속하여 1948년에 청풍사 유림과 같이 지주중류비를 세웠다. 지주중류비는 백이숙제의 변함없는 굳은 절의가 마치 지주와 같다는 뜻에서 백이숙제의 무덤 앞에 명나라 사람 양청츄안(楊晴川)이 '지주중류' 네 글자를 써서 세웠던 것이다. 우리나라에 처음으로 세워진 지주중류비는 1587년에 유운룡·유성룡 형제가 경북 칠곡 오태동(현재는 구미시 오태동)길재의 묘 앞 낙동강변 언덕에 세운 것이다.

해평길씨 문중과 정풍사 유림은 오태동의 비를 탁본하여 칭풍사 입구 왼쪽에 지주중류비를 세웠다. 이 지주중류비를 세우는 일에 금산군 관내는 물론 인근지역의 유림 116명, 45개 문중, 각급 기관장의 성금 출연이 있었고, 부리면민 수백 명이 동원되었다. 이때 사용한 비석 돌은 평촌 2리의 산에서 채석하여 순전히 인력으로 불이리까지 운반해 와서 정으로 쪼아 만든 것이라고 한다. 이렇게 많은 문중과 사람들의 재물과 인력부조가 가능하였던 것은 아직도 반상관념이 남아 있는 시대적 분위기에서 유림 주도 사업에 참여함으로써 지역사회에서 양반으로 행세 하고자, 양반 대열에 끼고자 하는 열망이 있었기 때문일 것이다.

배정이 밀양박씨이 위선사업

배정이 밀양박씨의 위선사업은 금융조합장과 금산향교 전교를 맡았던 박석철 씨

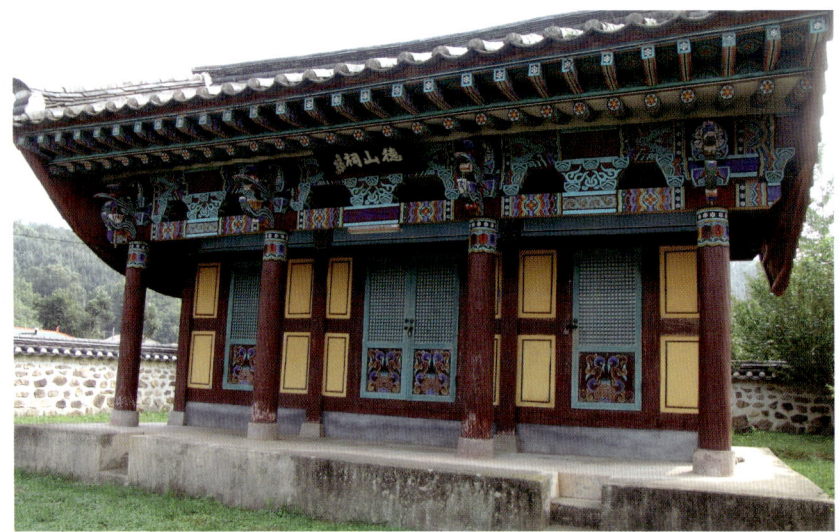

덕산사

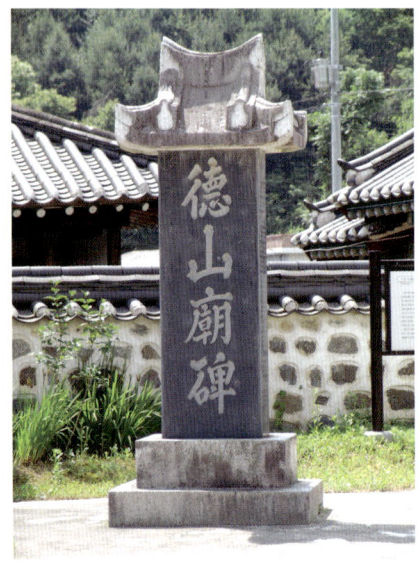

덕산사 묘비

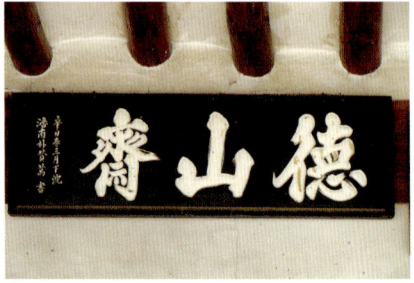

덕산재

의 주도로 이루어졌다. 박석철 씨는 1931년에 설립된 금계금융조합에 다녔고 해방 후에 금융조합장과 금산향교 전교를 맡고 있었다. 이때 박정희 대통령이 칠백의총 성역화 사업을 하였다. 이 사업을 박석철 씨가 주도하면서 부리면 나아가 금산군 내에서의 그의 위상은 대단하였다. 박석철 씨는 자신의 가문의 선양사업에도 힘을 써서 1961년에 덕산사를 건립하고, 1966년에 박정희 대통령과의 친분으로 '덕산사' 친필 글씨를 받았다고 한다.

덕산사는 박증영(朴增榮, 1464~1493)과 박훈(朴薰, 1484~1540), 朴嗣賢(박사현, 1548~1613)을 제향한 사우이다. 박증영은 1483년 식년문과에 병과로 급제하였으며, 1486년 22세의 나이로 사가독서(賜暇讀書)의 영예를 얻었다. 그는 예종과 성종 때의 문신으로 문물과 제도의 정비에 공로가 컸고, 문장으로 당대에 이름을 떨쳐 청주의 국계서원(菊溪書院)에 제향되었다.

박훈은 기묘사화 때 조광조와 함께 화를 입어 3년 유배생활을 하고 마친 다음에 청주에 은거하였다. 청주의 신항서원에 제향되었다. 호는 강수로 강수공파를 이루었다. 박사현은 임진왜란 때 조헌을 따라 청주 전투에 참여하여 청주성 탈환에 공을 세우고 전사하였다.

덕산사는 1961년에 유림과 후손들이 사우를 짓고 매년 봄에 제향(祭享)을 올리고 있다. 건물은 15평에 정면 3칸, 측면 2칸의 기와지붕으로 되어 있다. 사우 앞에는 삼문(三門), 비(碑) 등이 있다. 1966년에 박정희 대통령이 친필로 쓴 '덕산사(德山祠)' 의 액자를 내려주었다. 1985년 문화재자료로 지정되었다.

개인선양 풍조

불이마을과 배정이 마을 주변에는 각양각색의 개인의 공적을 선양하는 기념비, 공적비가 무려 10여 개 정도 된다. 이러한 공적비는 대개 1960년대 이후에 세워진 것들이다. 그 중에는 종사(宗事)에 혁혁한 공을 세워 문중이름으로 세워 준 공적비와 효자비도 있지만, 대다수는 자비로 세운 공적비이다.

이러한 문중 간의 경쟁적 가문 숭상활동과 개인 공적비 건립 활동과 짝하여 배정이 마을의 밀양박씨늘은 대개 '아호' 를 가지고 있다. 이들의 아호는『족보』에서 확인

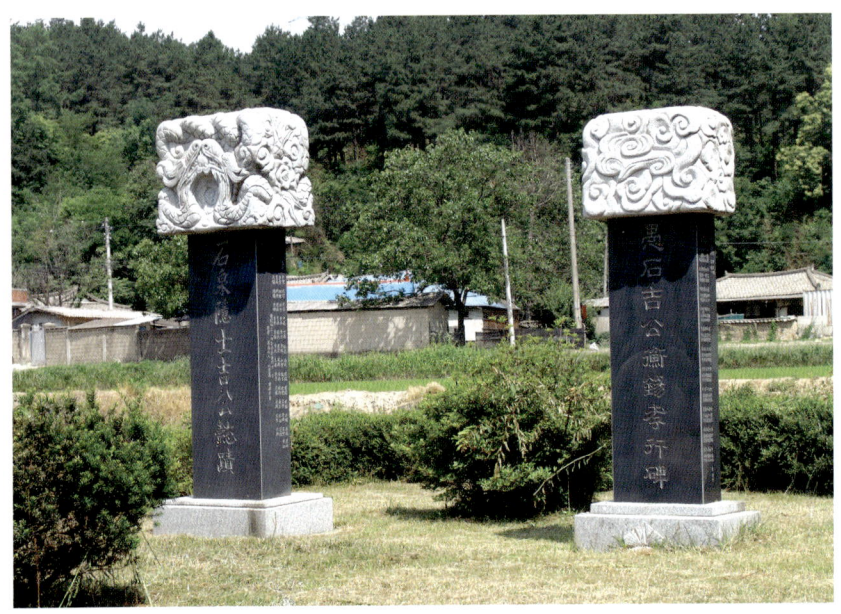

길문기 공의비와 길형석 효행비

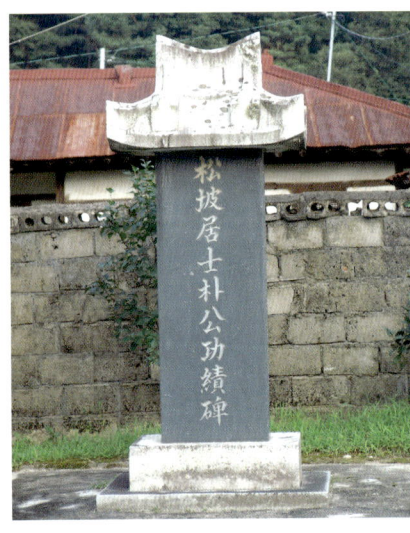

송파(松坡) 박석철 공적비

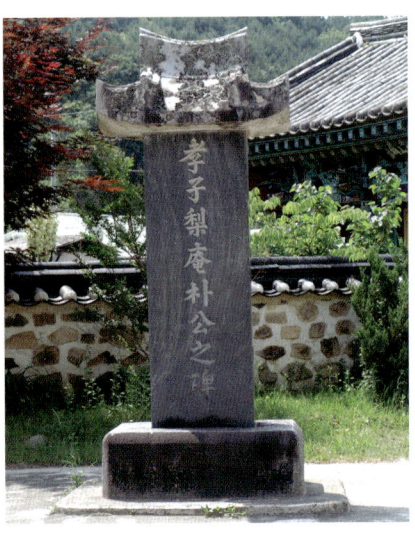

이암(梨庵) 박준영(朴準英)의 효자비(박석철의 고조할아버지)

할 수 있다. 밀양박씨 족보에 일률적으로 기록된 아호가 무엇을 의미하는 걸까? 한번 생각해 봄직하다.

(이 연 숙)

주(註)

1) 부리농업협동조합 편, 『부리향토사』하. 1994.

2) 해평 길씨의 입향과정은 고순영의 논문(「조선후기 금산지역 사족활동의 사회사적 성격—해평길씨를 중심으로」 공주대학교 대학원 석사학위논문, 2005. 2)을 참고하였다.

3) 신우(申祐)는 아주신씨로 길재의 처백부이다. 호는 퇴제(退齊)이고 관직은 고려 충혜왕 때 전라도 안렴사를 지냈다. 신우는 판도판서 윤유(允濡)의 아들로써 아버지 상을 당하여 3년간 여막(廬幕)에서 시묘(侍墓)를 하였다. 그리고 조선의 태조와는 오랜 친구간이 이었으나, 조선개국에는 일체 관여치 아니하고 조카사위 길재와 함께 낙향하여 길재는 금오산에 우거(寓居)하고, 신우는 망경산(望京山)하에 우거 하는 중, 태조가 형조판서를 제수했으나 고려 조정의 신하가 조선 조정의 신하가 될 수 없다고 하여 출사하지 않았다.

4) 고동(姑洞, 할미골)은 현재 부리면 예미리에 있으며 에미리는 해평길씨의 금산지역 종족마을 중에 하나다.

5) 『세종실록』 권 2, 즉위년 12월 29일자.

6) 『연려실기술』 제1권 태조조 고사본말.

7) 임진왜란이 끝난 후 1603년 선조의 명으로 금산 전투에서 순절한 조헌과 700명의 의병을 기리는 순의비(殉義碑)가 건립되었고, 1634년(인조 12년)에 순의단(殉義壇)을 설치, 1647년에는 사당을 건립하여 칠백의사의 위패(位牌)를 모시었다. 1663년에는 현종(顯宗)이 종용사(從容祠)라 사액(賜額)하고 제토(祭土)를 내리었다.
그러나 일제강점기 때 항일유적말살정책의 일환으로 의총이 헐리고, 비석이 파괴되었고, 이곳에 소속된 토지와 재산을 강제 처분하여 폐허로 만들었다. 1952년에 기념사업회를 소식하고 성금을 모아 의총을 보수하고 종용사와 순의비를 재건하였고 1963년에는 정부에서 사적 제105호로 지정 보호하였으며 종용사를 개축하였다.

8) 『승정원일기』

9) 이 표는 고순영, 『조선후기 금산지역 사족활동의 사회사적 성격 – 해평길씨를 중심으로』, 공주대학교 석사학위논문의 표를 참조, 계파를 추가하여 작성한 것이다.

10) 선산의 금오서원은 1570년 금오산에 건립, 1575년 사액, 임진왜란 당시 소실, 1602년 선산에 복원. 인동의 오산서원은 1574년 창건, 1609년 사액. 1868년 훼철
금산의 성곡서원은 1617년 창건, 1663년 사액. 1871년 훼철.

11) 「蒙養齋勸學文」은 『금산의 고문서』(금산문화원 편, 1997.) 참조.

12) 이 표는 고순영의 앞의 논문을 참고로 만든 것이다.

13) 『길씨 세효록』은 국립중앙도서관과 서울대학교 규장각에서 소장하고 있다.

14) 고순영, 앞의 논문 참조.

15) 백세청풍비 비각 기문(1941년 제작)

16) 부리농업협동조합 편, 『부리향토사』 상.

17) 이 소장은 각도·군에서 소장하고 있는 근대정부기록류 『전라남북도각군소장(全羅南北道各郡訴狀)』(奎 19151)으로 1906년에 길문기 등이 수조관에게 보낸 문서이다.

18) 「고 송학운 약사」와 사진은 손자인 송경섭씨(부리면 경당리 거주)가 소장하고 있다.

19) 『부리향토사』

20) 길기순(1868~?) 해평길씨. 그의 부친은 부모에게 효를 행하고 사람들을 사랑하여 은혜를 베풀고 종족간에 화목하며 궁곤한 민에게 의지케 했으므로 그 공덕을 생각하여 비를 세웠다. 그는 가정에서의 가르침을 받들고 또한 부모를 섬김에 孝로써 하였으며 1894년에는 난을 당하여 의병을 일으켰다. 유자들이 논의하여 관직주기를 청했고 官題를 얻었다. 그를 도내의 삼강록에 입록하고 鄕黨이 모범으로 여겼다고 한다.

21) 『고종실록』 1894년 12월 27일조.

22) 朝鮮總督府官報 1934. 2. 20

23) 역대 부리면장은 『부리향토사』(부리농업협동조합, 1994.)와 총독부 관보를 참고로 작성하였다.

24) 『동아일보』 1921년 9월 15일.

25) 『동아일보』 1925년 11월 4일.

26) 『동아일보』 1927년 3월 13일. 4월 19일. 7월 4일.

27) 부리면의 사회주의 운동과 한국전쟁 경험은 마을 주민들의 구술과 『부리향토사』 상·하(부리농업협동조합 편, 1994, 나눔.), 『금산군지』(금산군지편찬위원회, 1987.), 『금산의 6·25』(박병동, 금산문화원, 2003.), 박찬승의 논문(「한국전쟁기 동족마을 주민들의 좌우분화 – 금산군 부리면의 사례」, 『지방사와 지방문화』 제11권 1호, 2008.)을 참고하여 서술하였다.

28) 금산문화원 편, 이해준 해제, 『금산의 고문서』, 1997.

경제 활동

지역 특성과 가구별 경제 활동

'부리면'은 금산군의 다른 지역에 비해 경제적으로 낙후한 편이다. 인구수로 보면 금산군에서 중간 수준이지만 다른 면에 비해 경제적으로 낙후한 것은 이 마을이 중산 간지로 경지가 협소하고 개발이 쉽지 않은 지형인데다 용하댐건설계획의 여파로 오

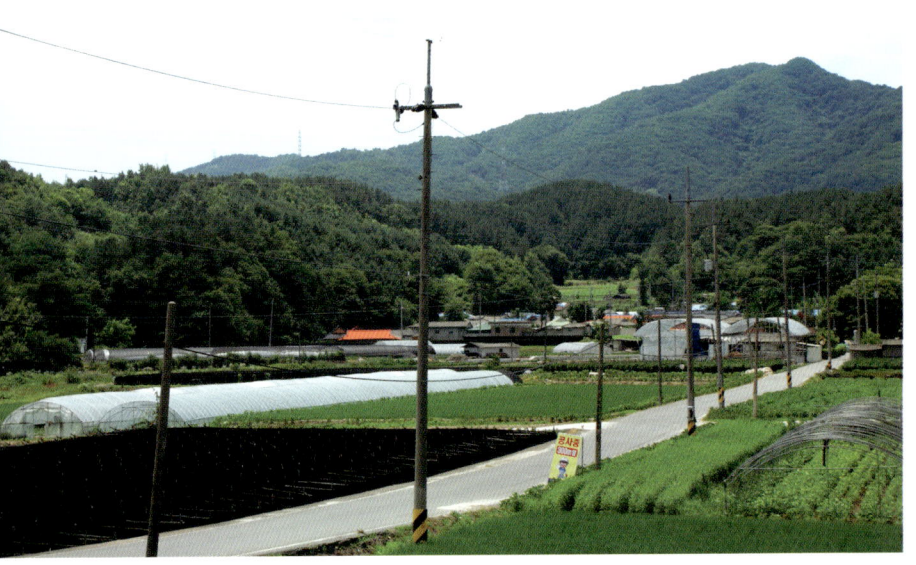

불이리 마을의 전경

늘날까지 개발이 지체되고 있기 때문이다. 금산군에서 '남일면'과 '부리면'의 지가는 특히 낮은 편이다.

불이리에 거주하는 가구수는 현재 114호(1리 : 76호, 2리 : 38호)에 이른다. 공가(空家)수도 점차 증가하여 무려 27호에 이른다고 한다.[1] 이들 공가의 가구주는 사망했거나 일자리를 찾아 타지로 이주한 상태다.

마을 주민들의 연령구성을 보면, 40대 가장이 12호, 50대 가장은 11호에 불과하고 60대 가장이 16호, 나머지는 70~80대에 속한다. 1리에 비하면 2리 주민들의 평균연령이 다소 높다. 따라서 이 마을에서는 70세를 넘긴 노인들 대다수가 농업에 종사하고 있다. 이렇게 시간이 흐름에 따라 마을 인구가 감소하고 주민들의 고령화에 따라 경작규모도 줄고 있다. 묵혀두는 논이 증가하고 있으며 특히 물대기가 어려운 다락 논은 항상적으로 묵히고 있는 상태이다.

한편, 노동 능력을 가진 농가는 대부분 벼농사와 밭농사를 하면서 그밖에 인삼이나 시설농업을 복합적으로 한다. 현재 마을 주민들의 경제활동 상황을 살펴보면 우선 대다수의 가구가 벼농사와 함께 300~1,000평에 이르는 밭농사를 한다. 이러한 농업 외에 인삼을 경작하는 가구가 약 27~28호, 시설농가가 6호에 이르고, 축산 가구가 3호, 그밖에 한시적으로 임금노동을 하는 가구가 약 30~35호에 이른다.

다른 한편, 겸업농가는 약 10호에 달한다. 이들은 다른 직업을 갖고 있으면서 동시에 농업을 하는 가구로 비교적 젊은층에서 많은 편이다. 1리에 7호, 2리에 3호가 겸업을 하는데, 이들은 농업 외 겸업으로 직장근로자, 축협방역 및 수정사, 정미소, 약초 및 인삼판매, 잡화점 등에 종사한다.

비농가도 상당수에 달하고 있다. 이들은 토지가 없거나 고령화되면서 농업을 포기한 가구가 대부분이다. 비농가는 여성가구주 사이에서 많은 편이다. 이들은 건설노동을 하거나 정부의 공공근로사업에 동원되어 임금을 벌거나 인삼농가에서 노동력을 팔아 혹은 자녀들의 도움으로 생계를 유지한다. 11호는 국민기초생활수급자로 정부 지원금으로 생계를 유지한다. 다소 예외적으로 2호는 인삼가공업(홍삼제조)에 종사한다.

인삼의 경제

'금산' 하면 가장 알아주는 것이 인삼이다. 금산 어디를 가도 '인삼의 고장' 이라는 글귀와 쉽게 마주칠 수 있다. 인삼 경작에 적합한 토양을 갖춘 금산군(錦山郡)에서 한때는 전국 인삼의 80% 정도를 생산했다고 하는데,[2] 지금은 10% 안팎에 머물고 있다. 비록 인삼의 생산량은 줄어들었지만 아직도 전국 인삼의 대부분이 금산에서 거래되고 있다. 전국에서 생산된 인삼이 닷새에 한 번 열리는 금산 인삼장에 모이고, 가격이 형성된 다음에 다시 전국으로 나가게 된다.[3]

금산 사람들이 직접 · 간접으로 인삼과 관계를 맺다 보니, 금산 지역경제의 80% 이상을 인삼이 좌우하고 있다고 한다. 해마다 인삼 수확량이 가장 많은 가을이 되면 금산에서는 인삼제가 열려 온통 축제의 분위기에 휩싸인다.

경작의 확대

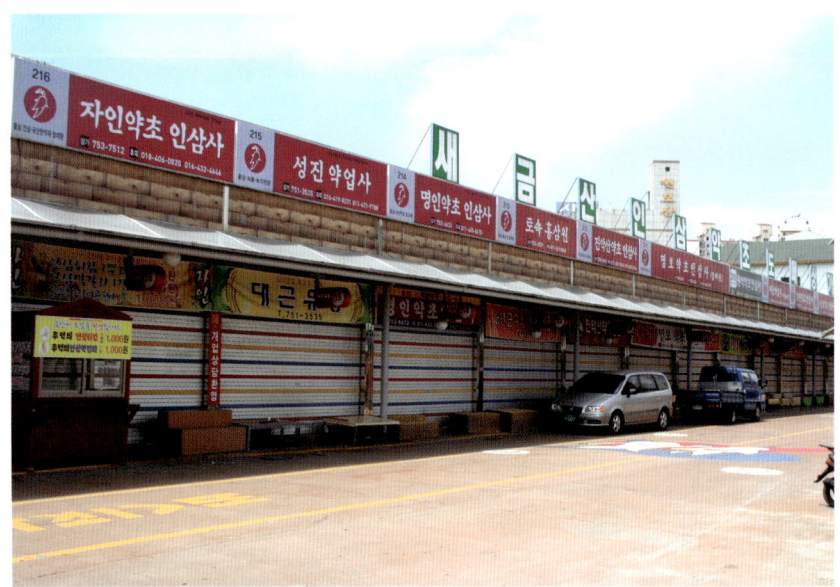

금산읍의 인삼약초 상가들 : 인삼 엑스포 이후 새롭게 단장하였다.

1980년대까지만 해도 인삼 경작은 소수의 부유한 농가에 의해 제한적으로 이루어 졌다. 이는 인삼이 연작피해가 큰 작목으로 한번 경작한 곳에는 약 10년 이상이 지나야 다시 경작할 수 있는 데다 경작과정에 많은 비용과 노동력이 필요하고('지주목'과 '차광막' 시설은 많은 노동력과 비용을 요구), 4~5년에 달하는 긴 경작기간으로 자금 회수 속도가 느려 경제력을 갖추지 못한 농가에서는 경작이 어려웠기 때문이다.

1980년대 후반 이후 금산 지역 전체적으로 인삼농가가 증가하고 경작 규모도 커졌다. 소위, 인삼재배의 대중화가 시작된 것이다. 이는 연작피해를 줄이는 약과 기술, 그리고 차광막과 지주목 등 표준화된 자재들이 보급되면서 경작이 용이해졌기 때문인 것으로 해석된다.[4] 또한 부분적으로는 인삼협동조합에서 농업자금을 지원해주기 때문이다.[5]

인삼의 대중화 추세는 IMF이후 더욱 가속화 되었다. 이는 이 시기를 전후하여 쌀값은 정체 상태에 있었던 반면 인삼 가격은 상승세여서 벼의 대체작목으로 인삼 수요

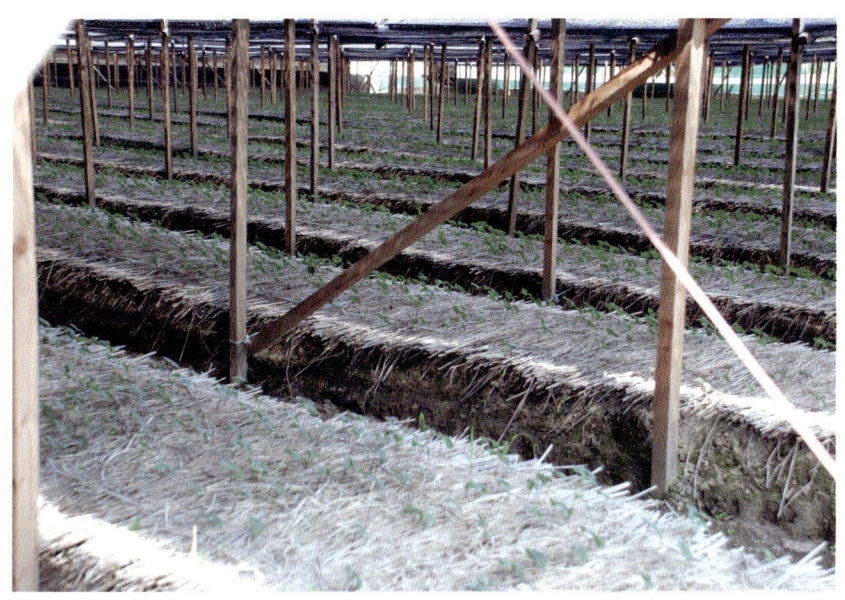

어린 인삼이 자라고 있는 모습 : 지주목을 세우고 짚을 깔아주는 등 일손이 많이 필요하다.

가 증가하였기 때문이다. 또 지역축제의 일환으로 개최되었던 '금산인삼축제'[6]의 효과로 인삼에 대한 홍보와 소비가 증가한 점도 생산자가 증가하는 요인으로 작용하였다. 이 시기에는 금산 전역 뿐 아니라 전국적으로 인삼 경작이 시작되었고 규모도 확대된다.

"인삼농사는 예전에 비하면 많이 쉬워졌다. IMF 이전부터 삼장은 전국적으로 급격히 생겼다. 돈만 있으면 인삼을 대규모로 재배할 수 있게 된 것이다. 1980년대 후반 무렵부터 차광막, 지주목 등 자재들이 보급되었고 8~9년 전부터는 기계화도 이루어졌기 때문이다. 그래서 씨앗도 기계로 넣고, 지주목 시설을 할 때도 기계를 사용한다."(김현기, 45세)

2007년 현재, 불이 1리는 약 16호, 2리는 약 10호가 인삼을 경작하고 있다. 인삼 농가수는 인삼의 경작특성에서 비롯되는 유휴기간 때문에 해마다 일정하지는 않다. 최근에는 마을 주민들의 고령화로 노동능력이 약화되고 경지의 노후화로 인해 경작 농가가 다소 감소하고 있는 추세다.

이 마을 인삼농가의 최대 규모는 5천 평에 달하고(길현근씨) 소수의 가구를 제외하면(2~3천 평) 대부분의 농가는 5~7백 평에 달하는 소규모 경작을 한다. 또한 농가 대부분은 마을과 마을 인근에서 경작하지만, 노동능력과 경제적 능력을 가진 일부의 농가는 외지(外地)에 나가서 경작을 한다. 타지에서 삼장(蔘場)을 하는 대부분의 사람들이 금산지역의 주민인 것으로 알려져 있지만 불이리에서는 3호가 외지에서 경작하고 있다.

"나는 인삼 농사를 40년째 지속하고 있는데 외지에 나가서 경작한 것은 올해로 15년째이다. 인삼농사를 지으면서 가장 어려운 문제는 할 데가 없다는 것이다. 인삼은 연작이 안 되니까 지정된 토지에서 계속 농사지을 수 없고 그래서 외지에 나가게 된 것이다. 외지에 나가 경작을 하는 주민은 우리 마을에 2호 정도 있다. …(중략)… 지금은 충남 온양 '신창' 면에서 토지를 임차하여 인삼을 짓고 있다. 온양 근처로 간 것은 연고가 있었기 때문인데, 처남이 그 동네서 농사를 짓는다.

처음에는 2천 평으로 시작했다가 지금은 1만 평으로 농사 규모를 늘렸다. 해마다 2천 평씩 새로 파종을 하고 4년 간 인삼을 키워 수확한다. 그러니까 매해 2천 평에는 씨를 뿌리고, 다른 2천 평에서는 4년근 인삼을 수확한다. 수확한 대금으로 새로 심는 비용을 조달해야 하기 때문에 2천 평씩 번갈아 경작을 한다.

객지 나가서 삼장을 하려면 경비가 많이 든다. 임차지에 대한 비용도 비용이지만 시간차로 다녀야 하는 경비, 심지어 봄부터 가을까지는 아예 거기서 살아야 하기 때문에 집도 얻어야 한다. … 아산지역 신도시 개발에 따라 최근 임차지 비용도 많이 상승했다. 15년 전에 임차료는 200평당 10만 원이었는데 그것이 16만 원으로 오르고, 최근에는 20만 원으로 올랐다. 최근 몇 년간 인삼 가격은 내렸는데 반대로 땅 금은 오르고 있으니 손해를 볼 수밖에……. 여기에다 차광막과 지주목 등을 설비하는 비용도 매우 부담된다. 1만 평을 소독하는데 드는 소독비용도 약 1천5백만 원에 달한다."(길성대, 68세)

경작과정

첫째, 인삼을 심을 '예정지'를 정해 관리한다. 예정지의 관리는 1~2년 동안 이루어진다. 경작자와 토질에 따라 관리기간은 달라질 수 있다. 이 기간 동안에는 병충해를 예방하기 위한 소독과 토양의 습기를 제거하고 비옥도를 향상시키는 작업을 하는 것이다. 예정지에 호밀이나 수단그라스"를 갈아 넣는 과정을 반복히면서 토양의 습기를 조절하고 거름을 하거나 반복하여 땅을 갈아엎어 주면서 비옥도를 향상시킨다.

둘째, 9~11월에 파종을 한다. 파종을 하는 방법은 2가지 형태가 있다. 1년간 키운 묘삼을 이식하는 '이식재배'와 씨로 직접 파종하는 '직파재배'가 그것이다. 이식재배가 蔘의 품질에는 더 좋은 것으로 알려져 있으나 근자에 와서는(15~20년) 인력과 예산을 절약하기 위해 '직파재배'를 많이 하는 편이다.

셋째, 해가림 장치를 한다. 파종 후 봄이 되어 날씨가 따뜻해지면 '지주목'을 설치하고 '차광막'을 설치해야 한다. 인삼은 햇빛을 가리고 비를 피해주어야 잘 자라기 때문이다. 요즈음은 예전과 달리 차광막은 농자재 상점이나 회사에서 쉽게 구입할 수 있다. 차광막은 겨울철 쌓인 눈에 손상되는 사례가 있기 때문에 겨울철에는 걷었다가 봄이 오면 다시 씌운다.

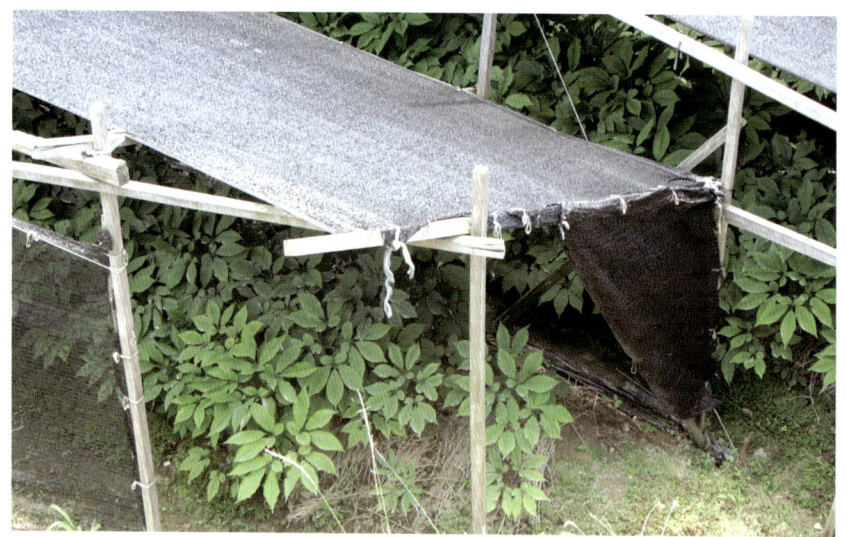

인삼이 자라는 모습

넷째, 관주시설과 소독을 한다. 묘가 크면서부터는 충분히 물을 주고 지속적으로 소독을 실시해야 한다.[8] 소독은 봄부터 시작하여 일주일에서 열흘 간격으로 대공이 떨어지는 가을까지 지속적으로 해 준다. 대개 양력 9월까지 소독을 해준다. 관주시설은 물을 주는 시설로 대규모 경작 시에 일반적으로 설치하지만 소규모의 농가에서는 설치하지 않는 경우가 많다.

다섯째, 수확작업이다. 인삼은 3~4년간 경작과정을 반복하다가 한꺼번에 수확하는데, 그것이 이른바 3~4년 근 인삼이다. 동절기를 제외하고는 연중 어느 때도 수확이 가능하지만 대부분 양력 9~10월경에 수확을 한다. 이때 수확을 해야 인삼의 효능이 좋다고 알려져 있기 때문이다.

전체 경작과정에서 파종, 해가림장치, 수확 시에는 특히 많은 인력이 필요하며 소독을 할 경우에도 보통 인부들이 동원된다. 따라서 봄~가을까지 인력이 필요하며, 전체 경작과정(3~4년) 중 첫해에 가장 많은 인력이 필요하다. 동원되는 인부들은 대개 마을 주민들로 이들의 임금은 2007년 현재 남녀구별 없이 4만 원 수준이고, 잡초제

거를 하는 인부들에게는 3만5천 원이 제공되기도 한다. 그러나 인부에게 제공하는 임금은 경작자에 따라 다소 차이를 보인다.

예나 지금이나 인삼 경작에서 가장 큰 어려움은 연작문제에 따른 경지의 부족현상이다. 한번 인삼을 경작한 토지는 10년 이상이 지나야 재경작을 할 수 있기 때문에 경작을 지속하기 위해서는 새로운 경지를 마련해야 하는 것이다. 이에 일부 농가는 산을 개간하여 경지를 만들거나 외지(外地)의 토지를 임차하여 경작을 지속하고, 그나마 상황이 어려운 농가는 장기간 경작을 중지한다.

연작문제를 줄이기 위해 농가는 경작지를 바꾸는 외에도 다양한 노력을 기울인다. 가령, '밭' 뿐 아니라 '논'에 인삼을 경작하는 것이다. 전통적으로 밭에 인삼을 경작하였지만 1980년대 후반 이후부터는 논 경작이 보편화되고 있는 추세. 인삼농가 대부분은 2~3년 동안 벼농사를 지은 후 윤작으로 인삼을 재배한다. 논에 물을 가두어 벼농사를 2~3년간 지속하면 인삼을 썩게 하는 선충과 균이 죽기 때문에 다시 경작이 가능하다는 것이다.

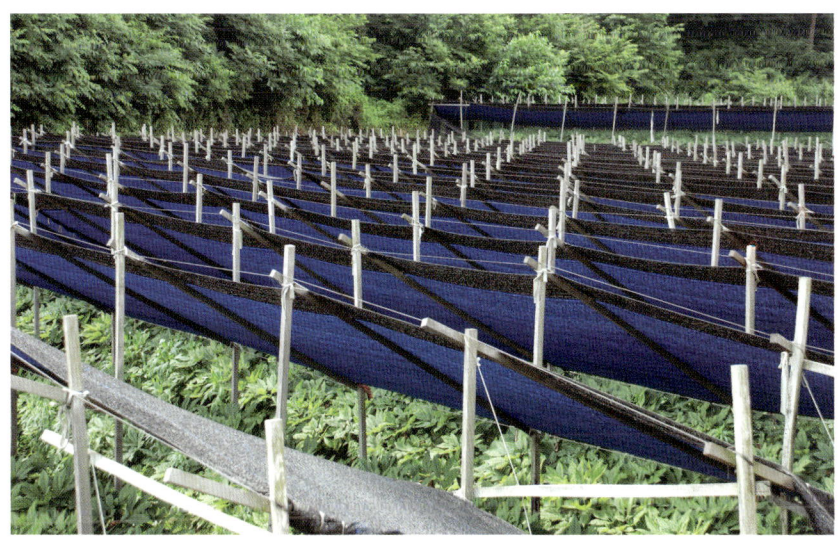

차광막을 씌운 인삼밭 : 햇빛을 가려주는 역할을 한다.

다른 한편, 경지를 수차례에 걸쳐 깊이 갈거나 새 흙을 붓는 객토작업을 한다. 최근에는 경지에 '훈증소독'을 하기도 한다. 이는 경작예정지에 약재처리를 해서 얼마간 비닐을 씌워놓고 땅 속에 있는 병충들을 잡는 방법이다. 이러한 방법은 올해 인삼조합과 농업기술센터의 지원을 받아 마을에서는 처음 시도되었지만 아직 충분한 검증이 이루어진 상태는 아니라고 한다.

그럼에도 불구하고 주민들에 따르면 연작장애를 해결할 획기적 방법이 없는 상태라고 한다. 농부들은 기존에 알려진 방법을 총 동원하여 인삼농사를 지어보지만 경작을 거듭할수록(일명 재걸이)성공적인 수확이 어렵다는 점을 토로하고 있다. 이러한 측면에서 일찍 경작을 시작한 금산지역의 인삼생산은 한계에 달했다는 것이다.

판로와 전망

인삼의 판매에는 개인판매와 칸매방식이 있는데 최근 칸매방식의 판매보다는 개인판매의 비율이 늘고 있다. 이는 수확기에 칸매를 하려는 중간 상인의 수가 줄었기 때문이다. 따라서 대부분의 농가는 인삼을 직접 수확하여 '금산수삼센터'와 '인삼조합'에 낸다. 일정한 판매처가 없거나 직접 수확작업을 하기 어려운 처지에 있는 일부 농가만이 칸매를 한다.

한편, 인삼은 수삼(水蔘)과 건삼(乾蔘)의 형태로 상품화된다. 건삼은 건조방식에 따라 곡삼(曲蔘), 직삼(直蔘), 절삼(絶蔘), 피부백삼 등으로 구분된다. 건삼으로 가공하는 과정은 일정한 노동력과 가공과정을 필요로 하지만 생산자는 수확시기의 인삼시세에 따라, 인삼의 상품성에 따라 수삼 혹은 건삼으로 상품화 비율을 조정한다.

최근에는 건삼보다는 수삼의 형태로 상품화하는 비율이 높고 건삼으로 상품화하는 경우에도 일반농가에서 직접 가공하지 않고 전문적으로 건삼을 가공하는 '백작소'에 위탁한다.[9]

최근 인삼의 가격 변화를 살펴보면 2004년 이후 하향세가 뚜렷하다. IMF 이후부터 2000년까지는 가격이 좋았으나 점차 감소세를 보이다 2004년 이후 매해 가격이 급락하고 있다는 것이다. 인삼 1채(0.75kg)에 3만 원을 상회하던 가격이 2006년에는 2만 원 미만이었다. 이는 IMF 후 경작농가가 확대되고 수입농산물의 유입으로 인삼

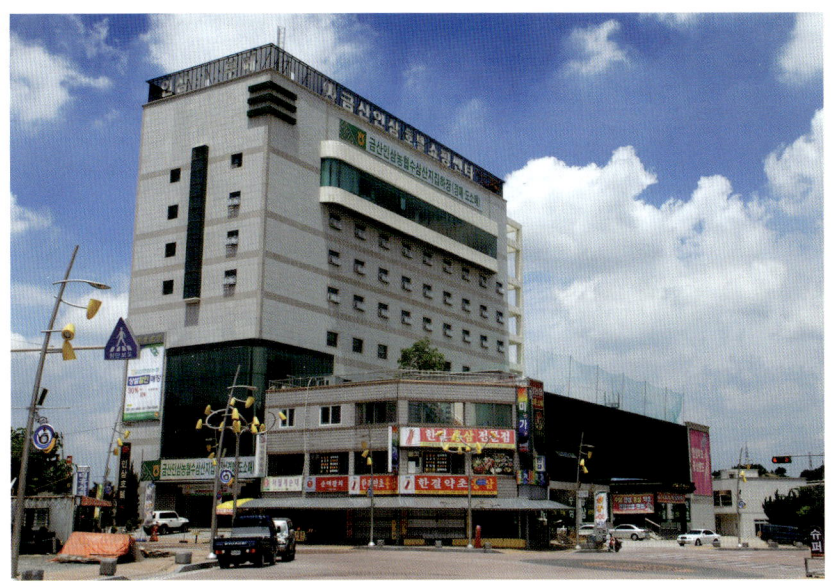

새로 지은 금산읍의 인삼 쇼핑센터(윗층은 호텔로 사용하는 복합건물이다.)

의 공급이 증가하였기 때문인 것으로 짐작된다.

인삼의 경작에 드는 비용으로는 임차지, 소독약, 인건비, 자재비 등이 있는데, 전체 비용은 전체 조수입의 50~70%에 달할 정도로 높은 편이다. 설상가상으로 2004년 이후 인삼 가격은 지속적으로 하향세인 반면 자재, 소독약과 비료 값은 상승해서 총비용은 상승세이다. 더욱 심각한 것은 비용을 들여 인삼을 경작해도 수확 결과가 좋지 않다는 점이다. 제한된 경지에서 경작을 거듭할수록 성공적인 수확 가능성이 낮아지기 때문이다.

이렇듯, 성공적인 수확의 가능성이 낮은데다 비용은 상승한 반면 상품 가격은 지속적으로 하락하고 있어 향후 소규모 농가의 전망이 밝다고 장담할 수 없는 상태이다.

"수확(2천 평)은 인부들을 동원하여 하루에 끝낸다. 관광버스 기사에게 부탁하여 인부들을 동원하고 직접 인삼을 캐서 '금산수삼센터'에 전량을 판다. 예전 이 마을에서 인삼을 지을 때만 해도 '백삼(건조 삼)'으로 가공해서 팔았다. 백삼으로 가공하려면 수확 후 일주일 동안 엄청난 노력을 들여야 했다. '백삼'의 가격이 좀 비싸긴 하지만 가공과정에 드는 인건 비와 노력을 고려하면 수삼으로 파는 게 낫다 싶어 온양에 가서 삼장을 하고부터는 '수삼' 상태로 모두 팔아버린다.

게다가 재작년부터인가 '백삼'은 마음대로 팔 수 없고 정부의 검사를 거쳐야 팔수 있다. 아마 2~3년 전부터 제도화된 것으로 알고 있다. 예전에는 누구나 백삼으로 가공하여 팔 수 있었지만 최근에는 검수기준이 높아졌다. 우선 합격 판정을 받아야 하고, 다음에는 품질에 따라 상품등급을 나눈다. 물론 이러한 등급에 따라 얻는 소득도 달라진다. 검수과정에서 농약 성분을 엄격하게 검사한다. 그러나 '수삼'에 대해서는 검사하는 제도가 마련되어 있지만 아직은 그렇게 엄격하지는 않은 상태다. 하지만 머지않아 '수삼'에 대해서도 검사기준이 강화될 것이다.

정부에서는 친환경농법을 요구한다. 그래서 시중에 나오는 농약의 강도가 점점 약해지고 있어 날씨가 따뜻해지면 소독을 매우 자주해야 한다. 과거에는 열흘에 한 번 하던 소독을 일 주일에 한번 씩 해야 한다. …그동안 농촌에서는 다른 작목보다 인삼 금이 좋아서 자식들 대 학 가르치고 했지만 최근 몇 년간 인삼 가격은 내리고 비용은 늘고 있어서 적자를 보고 있 다. 하지만 기존에 쓰던 자재, 기계 등이 있으니까 당분간은 경작을 지속할 생각이다."(길성 대, 68세)

삼장(蔘場)의 임금노동

오래 전부터 인삼 경작에 숙련되어 있는 이 지역 농가의 여성들은 인삼 경작이 이 루어지는 봄~가을 동안 마을이나 다른 지역의 삼장(蔘場)에서 노동력을 제공하고 임 금을 번다. 이들 중 상당수는 자신의 농사가 있지만 매우 빈번하게 임금노동에 참여 한다. 비교적 자주 임금노동에 참여하는 마을 여성의 수는 약 30명(1리 : 20여 명, 2 리 : 10여 명)을 상회하며 이들의 연령층은 60~70대 층이다. 이들은 주로 인삼의 수 확작업에 동원된다.

마을 농가에 수확작업이 있는 날을 제외하고는 이들은 강원도, 서울, 전라북도, 경 상도 등 전국으로 동원된다. 이들은 일터까지 대형버스를 타고 가는데, 이 버스는 금산지역의 여러 마을을 돌며 수많은 여성인부들을 함께 싣고 간다. 작업현장이 전국적이기 때문에 이들은 보통 새벽 3~4시에 마을을 출발하는 버스를 타고 오후 3~5시에 일을 마치고 귀가하는데, 귀가하면 오후 8~9시가 된다고 한다.

전국 각지에서 인삼을 대규모로 경작하는 사람들은 대개 '금산' 지역과 일정한 관련을 맺고 있는데[10] 이들은 금산지역의 관광버스 기사와 연계하여 필요한 인력을 조달받는 것이다. 금산지역의 마을마다 필요한 인력을 동원해주는 책임자가 있다. 이들과 버스기사가 연계되어 전국적 삼장에 인력을 공급하는 역할을 하고 있는 것이다.

이렇게 마을 주민들이 다른 지역의 삼장에 가서 대대적으로 노동력을 파는 현상은 약 10년 전부터 시작되었다고 한다. 이러한 사실은 최근 10여 년 동안 전국적으로 인삼 경작이 증가했다는 사실을 대변해 주고 있다. 전국적으로 인삼농가가 확대되면서 금산지역의 주민들은 직접 경작을 하는데서 나아가 경작기술을 바탕으로 전국을 누비며 삼장에서 임노동자로 일할 기회를 얻게 된 것이다. 이러한 현상은 부분적으로 인삼으로 유명세를 떨쳤던 금산 지역주민들의 특별한 프리미엄으로 보인다. 이들이 얻는 하루 임금은 2007년 현재 4~5만 원에 달하는데, 이들이 받는 임금은 가구경제에 상당한 보탬이 되고 있다.

농업과 축산

벼농사

경지가 없거나 고령화되어 노동능력을 상실한 일부 가구를 제외하면 주민 대다수는(80~90%) 벼농사에 종사하고 있다. 2006년 현재 불이 1리에서는 약 40호, 2리에서 약 20호가 벼를 경작하고 있다. 예전과 비교하면 벼를 경작하는 농가수와 규모는 감소한 것이지만 여전히 상당수의 가구는 벼농사를 하여 양식을 자급한다.

이 마을의 지형은 중산간지로 가구 수에 비해 전체적인 경지면적이 협소하고 가구별 소유규모도 협소하다. 마을에서 가장 크게 벼농사를 하는 농가의 경작규모는 1리에서 7천 평, 2리에서 4천 평에 불과하다. 가구별 평균 경작규모는 8백~1천 평 수준이고 2천 평 이상을 경작하는 농가는 소수에 불과하다. 따라서 평균적인 농촌마을과 비교하면 이 마을농가의 미작규모는 뚜렷이 작은 편이다.

이는 마을 전체적으로 경지가 협소하기 때문이기도 하지만 상당수의 가구가 논 전체에 벼를 경작하기보다는 일부에 인삼을 경작하거나 삼장(蔘場)으로 임대하고 있기 때문이다.[11] 주민들은 벼농사의 소득이 감소하면서, 논 전체에 벼를 심는 대신 일부에 인삼을 경작하거나 아예 벼를 경작하지 않는 가구도 있다.

토지를 소유하지 못했거나 영세한 규모로 토지를 소유하고 있는 가구 중 일부는 부재지주의 경지나 종중토를 임대하여 경작을 한다. 농가 대다수가 일정한 규모의 임차지를 경작하고 있다. 이 마을에서는 노동능력과 의지만 있으면 누구나 경작을 할수 있을 정도로 임차할 수 있는 전답이 많은 편이다. 이는 주민들이 고령화되면서 묵히거나 임대를 주는 전답이 많기 때문이다.

임차료도 다른 마을에 비하면 싼 편이다. 논을 임차할 경우 경작자와 지주 간에 7:3의 비율로 소출을 나누는 방식이 보편적이고, 밭의 임차료는 지주와 경작자간 협의 하에 결정된다. 종중토의 임차료는 개인토지에 비해 저렴한 편이며 200평당 약 5만 원 수준이다. 다만 인삼밭의 임차료는 예외적으로 높은데, 연간 200평당 쌀 80kg 수준이다. 이 지역의 임차료가 낮은 이유는 부분적으로 산간지형의 경지 특성상 농사짓기가 수월하지 않고 기계 임대료 등 농업 비용이 높기 때문이다.

다른 농촌마을에서와 마찬가지로 이 마을의 대농은 비교적 노동능력이 왕성한 젊은 층이고 이들 대다수는 다양한 고가(高價)의 농기계 - 트랙터, 콤바인, 이앙기 - 를 소유하고 있다. 트랙터와 콤바인 등 대형의 농기계를 소유하고 있는 주민은 1리에 김현기, 조종철, 길연근 씨, 2리에는 박상은, 박공순, 박상준 씨 등이다.

반면, 소규모로 벼농사를 짓는 대다수의 농가는 농기계를 소유하지 않고 기계를 소유한 농가에 위탁하여 경작한다. 위탁영농을 하는 데는 다른 지역과 마찬가지로 비용이 고정되어 있다. 트랙터를 임대하는 데는 평당 100원, 못자리를 만들어 모를 심어 주는 데는 200평당 7~8만 원(모심기만 위탁하는 경우 200평당 3만5천 원), 수확작업을 위탁하는 데는 200평당 3만5천~4만 원이다. 따라서 위탁영농으로 경작을 할

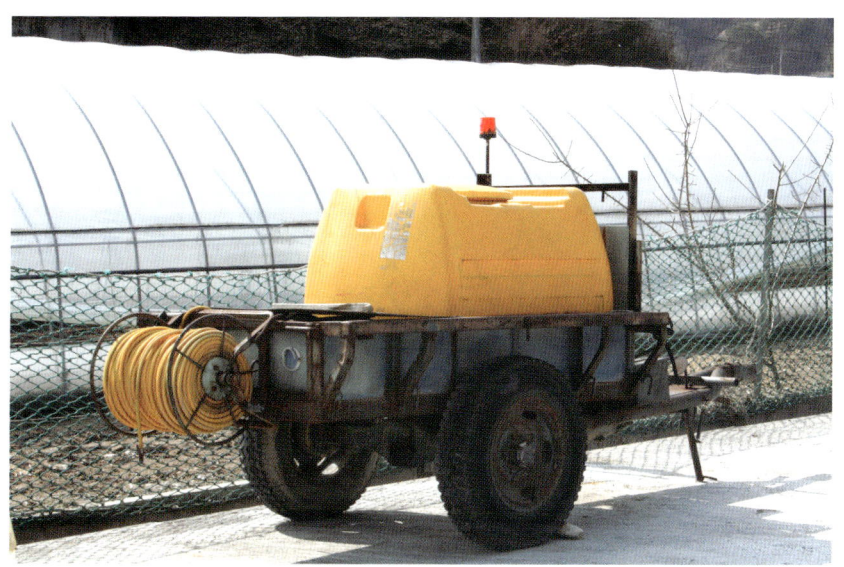

농약을 치기 위한 농기계

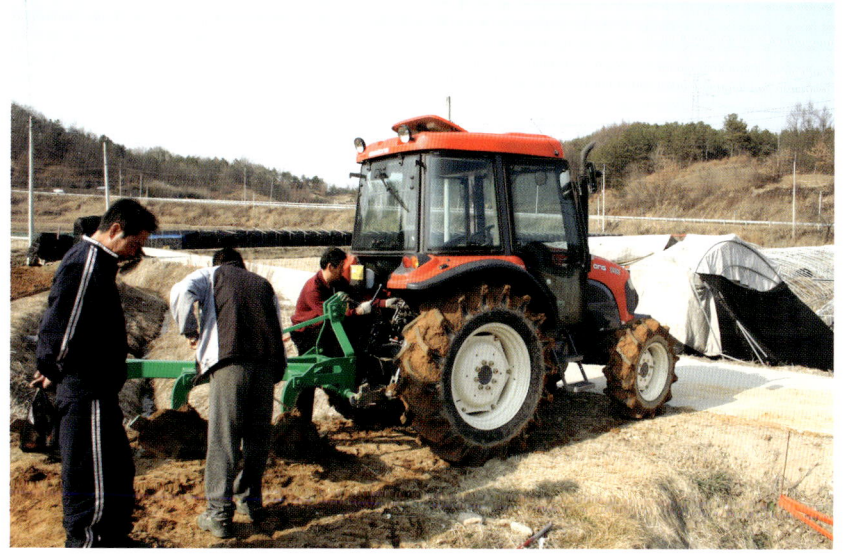

트랙터로 밭을 갈고 있다.

경우 기계비용만 200평당 15~16만 원이 소요되며 그밖에 농약과 비료를 포함하면 총 비용은 200평당 20만 원을 상회하는 셈이다.

쌀의 소출량은 평야지대에 비하면 다소 낮은 편으로 평균 200평당 2~3가마를 소출한다. 대다수의 농가는 자급할 수준의 쌀을 소출하며 이를 매상하는 가구는 많지 않은데, 그나마 매상은 정부(공공비축미)와 개인정미소에 하고 있다.

상기한 것처럼, 중산간지인 이 마을에서 위탁영농의 비용은 높은데 비해 쌀 소출량은 적고 농가별 경작규모도 협소한 편이다. 이는 마을의 전체적인 경지면적이 좁기 때문이기도 하지만 이 지역특상품인 인삼이 '논'에서 재배되고 있기 때문이다. 상당수의 농가는 소득을 극대화하기 위해 벼 대신 인삼특작을 선택하고 있는 것이다.

밭농사

대다수의 농가는 벼농사와 함께 3백~1천 평에 이르는 밭농사를 한다. 밭에서는 주로 약초, 고추, 깨 등이 재배되는데, 생산된 고추와 콩, 깨 등은 대부분 자급하고 일

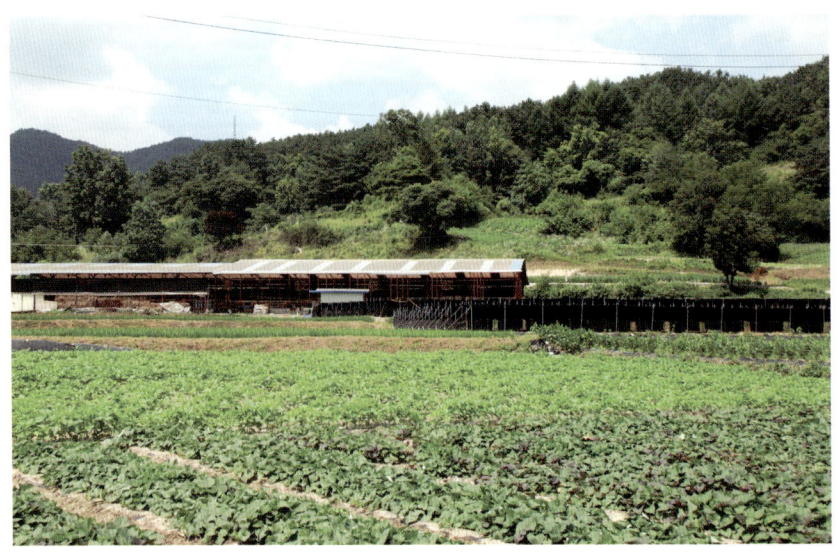

불이리 마을의 밭

부만 매상한다. 약초는 예외적으로 대부분 매상한다고 한다.

이 마을의 밭농사에서 특징적인 것은 상당수의 가구에서 약초를 재배하고 있다는 점이다. 재배되는 약초로는 도라지, 더덕, 당귀 등이 있고 시설에서는 '생지황'도 재배된다.[12]

약초는 대개 봄철에 파종하여 작목에 따라 1~3년간 재배한다. 당귀는 매년 수확하며 도라지와 더덕은 2~3년 후에 수확한다. 약초는 경작하기 전 농지에 퇴비와 비료를 주고 제초작업과 해충방제 등을 해야 한다. 제초작업은 연간 7~8회, 해충방제는 연간 1~2회 시행한다. 제초작업과 수확을 할 때는 약간의 인부들을 동원하기도 한다. 인부의 조달은 주로 마을에서 이루어지며 2007년 현재 여성은 3만5천 원, 남성은 4만 원 수준의 임금이 제공된다.

약초는 대개 '씨'와 '생물' 형태로 수확하여 판매하는데 생산자가 금산시장에 직접 낸다. 약초의 판매가는 해마다 다르고 가격등락도 심한 편이라고 한다.

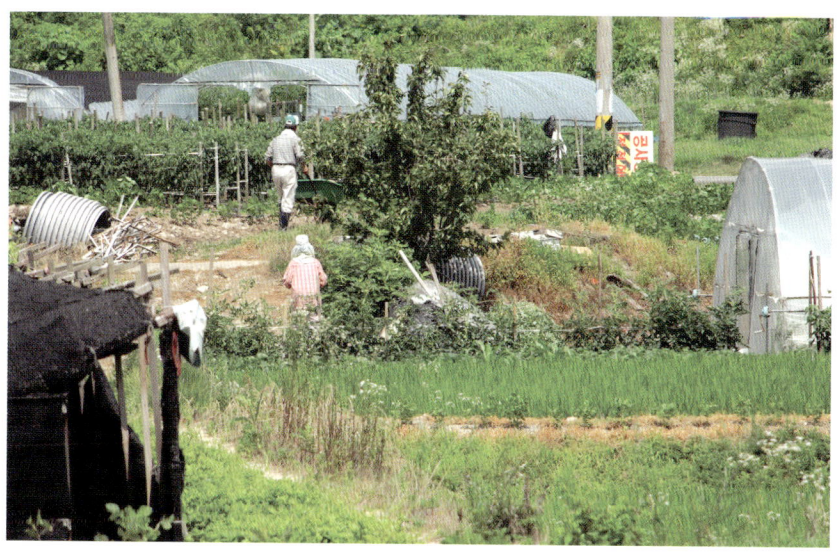

일하는 주민들 : 인구 고령화로 대다수가 노인층이다.

시설농가 : 깻잎과 기타 작물

마을 전체에서 시설농업을 하는 가구는 6호에 달한다. 1리와 2리의 시설농가 간에는 시설규모뿐 아니라 재배작목에서도 차이를 보이고 있다. 1리에서는 길호권, 길호형, 길경근, 길유석 씨가 시설농업을 하는데 1~4동에 이르는 비닐하우스에서 깻잎을 경작한다. 길호권 씨는 약 10년 전 귀농을 하면서 이 마을에서 가장 먼저 시설농업을 시작하였다고 한다.

깻잎은 노지(露地)와 하우스에서 재배가 가능하다. 각각의 방법은 장·단점을 가지고 있으나 비닐하우스의 재배가 일찍 수확을 시작하여 겨울철까지 수확할 수 있기 때문에 소득이 높은 편이다. 따라서 대부분 시설에서 깻잎을 경작하고 있다.

시설에서의 깻잎 경작과정을 보면 3월에 파종하고 5월부터는 수확을 시작하여 12월까지 수확한다. 연간 2회의 파종이 가능한데, 2회 차 파종은 6월에 하고 8월부터 수확을 시작한다. 2회 차에 파종한 깻잎은 겨울철에 집중적으로 수확을 할 수 있고 여름까지 수확할 수 있다. 그런데 연간 1회만 파종하여 수확하는 농가가 많은 편이다. 겨울철에는 깻잎이 얼지 않도록 보온을 해 주어야 하기 때문에 비용이 많이 들기 때문이다. 겨울철 하우스 보온을 하는 방법으로는 수막을 치거나[9] 난로를 설치한다.

이렇게 깻잎의 경작과정은 다른 작목에 비해 간단한 편이다. 하지만 진디물, 응애, 곰팡이 병에 주의해야 한다고 한다. 그리고 수확량이 많은 7~8월에는 상황에 따라 인부들을 고용해야 한다. 여름철에는 매일 매일 깻잎을 수확해야 하고 이를 포장까지 해서 판매하고 있기 때문에 특히 분주하다.[10]

포장작업이 끝난 깻잎은 부리면 농협에 위탁 판매된다. 농협차량이 매일 농가에 들어와 상품화된 깻잎상자를 수거해 간다. 깻잎의 가격은 해에 따라 등락이 심한 편이지만 여름 휴가철과 설 명절에 가장 높은 편이다. 2005년에는 한 상자에 1만8천 원의 가격대가 형성되었으나 2006년 이후 점차 가격이 내려 2004년에는 3천 원까지 폭락하였다. 최근에는 다행히 가격이 상승세를 타고 있고 2007년 8월 현재 상자 당 1만3천~1만4천 원의 가격대를 형성하고 있다.

깻잎경작에 드는 비용은 그리 크지 않은 편으로, 겨울철 보온에 드는 전기 및 수도세, 비닐(3년 간격으로 교체), 농약 및 비료구입 등의 비용이 든다. 반면 가격의 등락

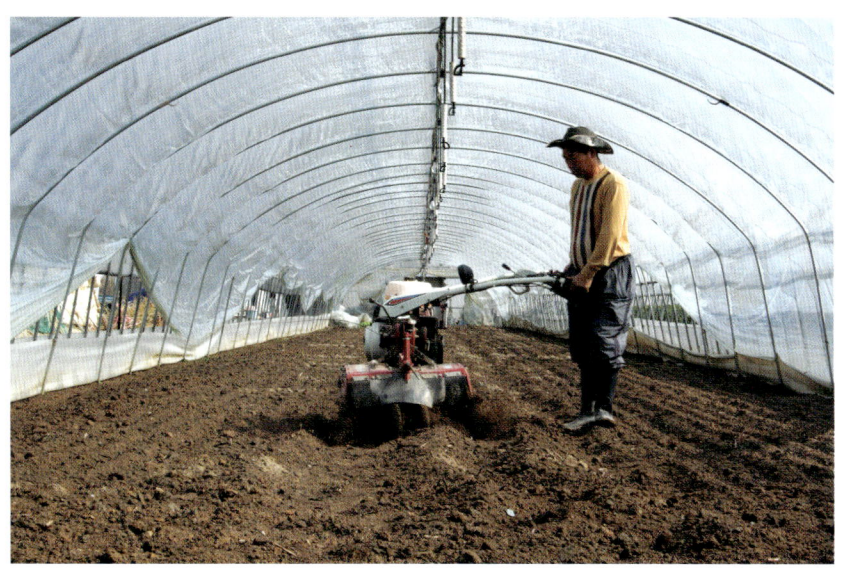

깻잎 경작을 위해 경지를 정리하고 있다.

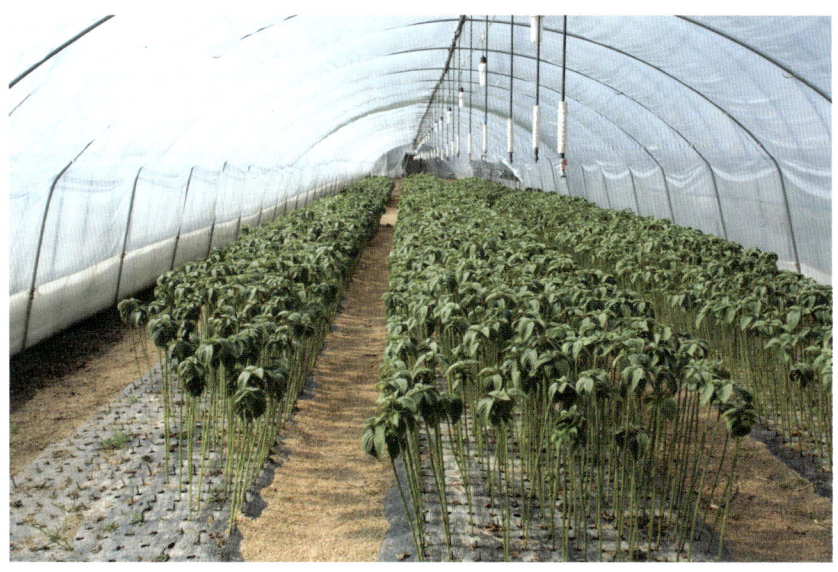

겨울철 하우스 안에서 자라고 있는 깻잎.

이 있긴 하지만 현재 깻잎의 가격은 높은 편으로 깻잎농가의 전망은 비교적 좋은 편이다. 이에 따라 최근 금산 지역 전체적으로 깻잎농가는 증가추세에 있다.

> "깻잎 밭은 보통 50m나 100m를 한 동으로 하는데, 밭의 모양에 따라 하우스 한 동의 크기는 달라질 수 있다. 나는 120m의 길이 하우스 한 동에서 깻잎을 키운다. 4년 간 깻잎을 키웠는데, 깻잎의 수확량은 해마다 날씨 조건에 따라 변동이 큰 편이다. …지난 3년 동안은 비닐하우스를 지어 깻잎을 키웠지만 올해부터는 그냥 노지에다가 깻잎농사를 해볼 생각이다. 하우스 안에서 일을 하는 것이 너무 힘들어서이다. 비닐하우스 안에는 습기도 많고 산소도 부족해 어지럽고 몸이 여간 힘들다. …지금은 다른 농사보다는 깻잎농사가 그나마 돈이 된다. 깻잎은 여름 휴가철, 설 명절 때 가장 비싼 값으로 팔린다."(길유석, 52세)

한편, 2리에서는 박인만, 박인국 씨가 시설농업을 하는데 각각 7~8동의 규모에서 딸기, 수박, 꽈리고추, 생지황(약초의 일종)을 재배한다. 이들은 마을과 마을 인근에 위치해 있는 '평촌'과 '관촌' 지역에서 시설농업을 한다.

이 마을에 시설농업이 시작된 것은 약 10년 전부터이나 마을 주민의 고령화로 시설농업이 주민사이에서 크게 확대되지 못하였고 비교적 젊은 층을 중심으로 이루어지고 있다. 이들은 보통 경지를 임차하여 시설을 짓고 비교적 다양한 작목을 하고 있는데 공통적으로 인력조달의 어려움을 호소하며 바쁜 일상을 보내고 있다. 그러한 덕택으로 이들은 다른 농가에 비해 상대적으로 윤택한 생활을 한다.

> "나는 30년 동안 시설농업을 했고 지금은 7동의 시설에서 딸기(3동)와 수박을 재배한다. 딸기를 수확한 후 후작으로 수박을 재배하고 그외 4동 시설에서도 수박을 재배한다. 수박은 보통 연간 2번을 수확할 수 있지만 나는 한번만 수확한다. …4동의 수박은 4월에 정식(파종)하여 7월 말에 출하하고, 딸기 후작으로 넣는 수박은 5월 말에 정식(파종)하여 8월 중순에 출하한다. 수박은 딸기에 비해 일손이 적고 단기작물(3개월)이라서 수박재배가 간편하다. 수박을 재배하는 일은 인부를 동원하지 않고 부부가 한다. 수박의 수확량은 작황 상태에 따라 다소 차이가 있지만 동당 평균 400개의 수확을 한다. 수확은 7월과 8월 두 번에 걸쳐

하는데, 7월에 비해 8월 중순 이후에 출하하는 수박의 가격이 싸다. 판매는 포전매매와 개별판매를 병행하고 있는데, 일손이 적어서 80%를 포전매매로 하고 남는 것은 직접 수확하여 시장과 대전에 있는 공판장에 낸다. 수박재배에 드는 비용으로는 묘 값, 농약, 퇴비, 비닐 자재 등이 있고 이는 전체 조수입의 30% 수준에 달한다.

딸기는 경작기간이 총 14개월에 달한다. 9월 말 경에 묘를 정식하고 수확은 3월 중순~4월 말까지 한다. 이처럼 딸기는 경작기간이 길고 그에 따른 비용과 일손이 많이 필요한 작목이다. 비용으로는 딸기 묘, 비닐 값, 인건비, 영양제, 전기 및 유류비, 임차료 등인데, 이는 전체 조수입의 50% 이상을 상회한다. 수확한 딸기는 2kg의 상자에 균일하게 포장을 하여 농협에 위탁 판매한다. 부리면 전체적으로 딸기농가는 27호에 불과하다. …딸기는 올해 (2007년) 시세가 좋은 편이었다. 딸기를 재배하는데 무엇보다도 어려운 점은 인력조달의 문제이다. 겨울부터 5동으로 딸기경작을 늘려보고 싶은데 인력 때문에 고민하고 있다. 전체적으로 인건비가 많기도 하지만 마을에 있는 노동력은 고령화된 노동력뿐이어서 일의 능률이 오르지 않는다. 2007년 현재 마을의 임금수준은 여성 3만 원, 남성 4만 원 수준이다. … 시설농업을 하는데 필요한 비용도 최근 많이 상승했다. 1동당 필요한 비닐 값은 연간 30~40만 원에 달한다. 유류비가 상승하면서 비닐 값도 계속 상승세이다. 2006년과 비교해 보면 비닐 값은 배가 올랐다. 게다가 인력조달의 어려움이 커지고 있다."(박인만, 59세)

축산

마을에서 축산을 하는 농가는 상당수에 이르지만 전문적으로 축산을 하는 농가는 3호에 불과하다. 예전부터 각 농가에서 1~2두의 소를 키우는 것은 아주 일상적인 모습이었는데 오늘날은 12~13호의 농가에서 소규모로 소를 키우고 있다.

전문적으로 축산을 하는 농가의 규모는 각각 30두, 70두, 150두 수준이다. 이들 농가의 특징은 이들이 평균적 주민에 비해 상당히 젊은 층이라는 것과[5] 겸업을 하고 있다는 점이다. 박모씨는 현재 금산군에서 소를 방역하는 일을, 이모씨는 군내에서 수정사로 일하고 있다. 아울러 이들은 축산 외에 벼농사, 인삼과 시설농업을 하면서 매우 바쁜 일상을 보내고 있다.

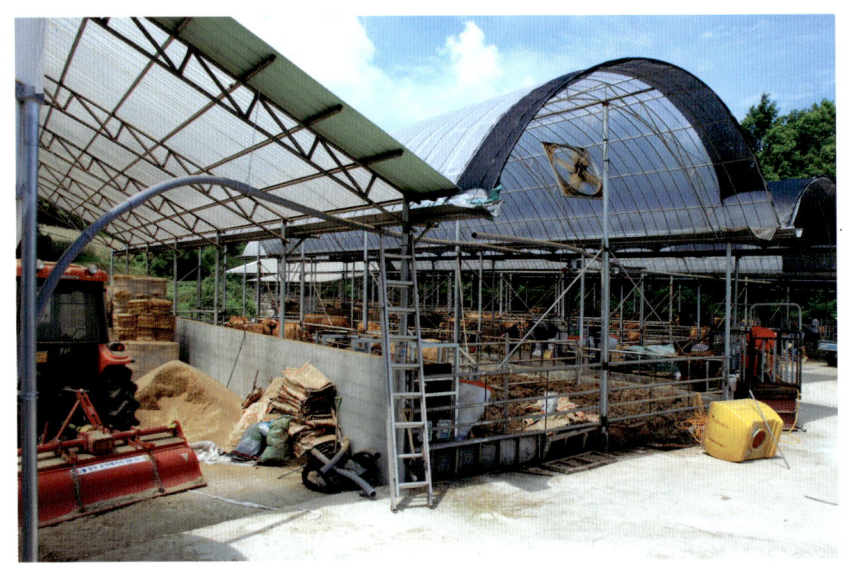

불이리의 대형 축사 : 한우 150두 규모를 수용하고 있다.

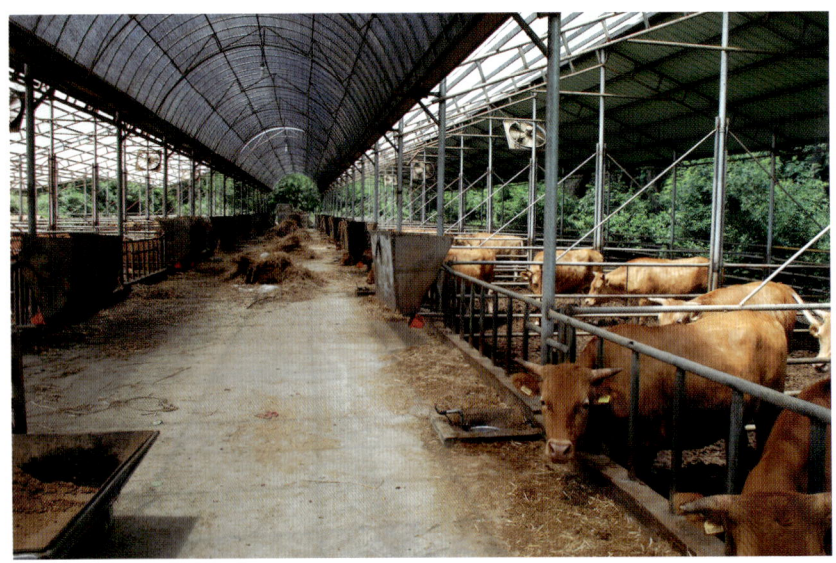

축사 내부의 모습

축산농가는 대부분 송아지를 생산하고 얼마동안 송아지를 키운 후에 이를 팔아서 소득을 얻는다. 송아지의 생산과정을 보면 봄과 가을철에 수정시켜 1년 동안의 임신 기간을 거친 다음 출산한다. 생산된 송아지는 암·수별로 달리 양육되는데 황소는 대개 비육우(육류용)로 양육한다. 황소는 7개월이 지나면 거세를 시켜 육질을 좋게 하고 살찌우는데 주력하며 비교적 단기간에 판다. 반면, 암소는 좀더 오랫동안 양육한다.

IMF시기만 해도 황소 송아지 1두에 120~130만 원, 암소는 150만 원에 거래되었다고 한다. 그후 소 값은 지속적인 상승세를 타다가 최근 2006년부터 하락세로 돌아섰다. 2007년 현재, 5~6개월간 자란 황소는 180~200만원, 6~7년 키운 암소는 300~400만 원의 시세를 유지하고 있다. 2008년 현재 미국산 소고기 수입이라는 정책의 여파로 소 값은 지속적인 하락세를 보이는 반면 '수정'과 '사료' 구입에 따른 비용은 증가하여 축산농가의 시름이 커져가고 있다. 따라서 전업적 축산농가를 제외한 대다수의 농가는 점차 축산을 포기할 것으로 보인다.

경세적 전망

다른 농촌마을에서와 마찬가지로 불이리서도 전형적인 농업과 함께 인삼과 약초 등의 특작이 이루어지고 있다. 마을 사람들은 향후 마을경제가 인삼에 달려 있다고 입을 모은다. 그만큼 마을 주민 상당수가 여전히 인삼 경작에 기대를 걸고 있거나 인삼과 밀접한 관련을 가지고 있기 때문일 것이다.

IMF 이후 이 마을에서도 인삼농가 수와 경작 규모가 확대되고 있다. 동시에 이 시기는 전국적으로 인삼농가가 증가하는 시기로 마을 여성을 포함하는 금산지역의 여성들 상당수가 타 지역의 인삼농가에서 대대적으로 노동력을 파는 현상이 나타나게 되었다. 오래 전부터 인삼 경작에 잔뼈가 굵은 이 지역의 여성들에게 대대적인 임노동의 기회가 수어지게 된 것이다.

이미 전국적으로 인삼 경작이 확대되면서 기계화가 이루어지고 외지인의 경작율도 높아지고 있어 인삼의 경작과 관련한 금산지역의 우선성이 언제까지 유지될 지는 의문이다. 더욱이 전국적으로 인삼농가는 대형화되는 경향이 뚜렷한데 비해 대부분 소규모 경작체계를 유지하고 있는 금산지역의 인삼농가는 가격 경쟁력이 약한데다, 거듭된 재 경작으로 경지까지 노후화되어 성공적인 수확을 전망하기 어렵기 때문이다.

2004년 인삼 가격의 지속적인 하락세 이후 어떤 농가는 경작을 포기하거나 규모를 줄이고 있다. 반면 어떤 농가는 총 경작기간 4~5년 동안 시세가 반전될 수 있다는 기대를 하고 있으며 노동능력이 따르는 한 경작을 지속하고자 한다. 아무튼 협소한 경지에 인삼을 대체할 수 있는 뚜렷한 특수작물이 있는 것이 아니어서 경작을 줄이기는 해도 경작자체를 포기하는 농가가 많은 것은 아니다.

아쉬운 점은 마을의 농가들이 단순히 인삼 경작에만 머물러 있다는 사실이다. 마을 주민들은 여전히 인삼을 소재로 한 가공이나 다양한 상품화 방법에는 덜 관심을 두고 있다. 최근 들어 인삼가공(홍삼제조)으로 전업한 가구는 마을 전체에서 기껏해야 2호에 불과할 뿐이다. 이는 물론 인삼가공에는 많은 자금이 필요하기 때문이기도 하다. 가령, 인삼가공을 하기위해서는 허가를 내야하고 이를 위해서는 상당한 규모의 부지와 자금이 필요하다. 그러나 영세한 농가에서 이러한 기준을 충족시키기는 쉽지 않다는 것이다.

향후 금산 지역에서는 인삼의 생산에만 집중할 것이 아니라 인삼의 소비증대를 유도할 수 있는 다양한 상품화를 통한 인삼경제의 전환이 요구된다. 다시 말해서 단순히 경작에서 한걸음 나아가 상품의 가공 등에 주력해야 할 것이다.

(유 보 경)

주(註)

1) 이 추세대로 나간다면 향후 10년 내에는 2리(배정이)에는 약 15호 정도만 남아 있을 전망이다.

2) 인삼 경작에는 물빠짐이 좋은 '마사토'가 적합하다고 하는데, 금산 지역의 토양은 점토, 마사토, 사질토가 병존하고 있다고 한다.

3) 약초 시장도 그렇다. 1980년대 초부터 인삼장과 함께 서기 시작한 금산의 약초 시장은 해를 거듭할수록 규모가 커져 이제는 서울 경동시장, 대구 약령시장과 함께 전국 3대 약초 시장을 형성하게 되었다.

4) 차광망이 보급되기 이전에는 호밀짚을 재료로 차광망을 만들어 써야 했기 때문에 호밀을 재배해야 했고 겨울철에는 쉴 새 없이 새끼를 꼬아야 했다. 지주목을 세우기 위해서 직접 벌목을 하거나, 중간상인에게 지주목을 사는 경우에도 일정하게 가공을 해서 써야했다. 이렇게 재래식으로 자재를 공급해야만 했던 시기에는 대량으로는 인삼을 경작하기가 곤란했다.

5) 최근 금산지역 인삼협동조합에서는 인삼농가에게 농업자금을 대출해주는데 2007년 현재 700평당 100만 원을 대출해 준다. 인삼조합의 회원이면 누구나 지원받을 수 있고, 인삼을 수확한 후에 대출금을 상환하는데 이자율은 약 3% 수준이다.

6) 금산인삼축제는 1981년에 처음 시작하여 2007년 현재 27번째를 맞이하고 있다. 이 축제는 지역축제 부문 중 최우수축제로 5번 연속 선정되는 영광을 안기도 하였는데, 이 과정에서 금산인삼에 대한 홍보가 상당히 이루어졌다.

7) <식물> 볏과의 흰해살이풀. 5월에 파종하여 9월에 거두고, 생으로 또는 말려서 가축의 사료로 쓴다. 열매는 연한 누런색이다. 아프리카가 원산지이다. (Sorghum vulgare var. sudanense)

8) 백작소는 인삼건조를 전문으로 하는 곳으로 약 20년 전 무렵부터 현재에 이르기까지 금산지역에 많이 들어서 있다. 이렇게 백작소의 형성에 따라 최근 농가에서는 직접 건삼을 가공하지 않고 있다.

9) 전국적으로 크게 삼장을 하는 사람들 중 금산 출신이 많고 금산 출신이 아니라도 수확한 인삼의 유통을 통해서 금산 사람과 특별한 관련을 갖는 것이 일반적이다. 금산 인삼이 타 지역 인삼에 비해 유명하고 가격도 높기 때문에 대규모의 생산자들은 금산 지역에서 상품을 유통한다.

10) 박모씨는 4,000평의 경지를 경작하는데 그 중 2,000평은 미작을, 나머지 2,000여 평엔 인삼을 경작한다.

11) 생지황은 열을 내리는 약재로 사용되는데 9~10월에 파종해서 다음해 2~3월까지 수확하고 그 후에는 종자(씨)를 얻는다.

12) 수막재배는 이중으로 비닐하우스를 하고 그 비닐사이로 항시 따뜻한 물이 흐르게 하는 것이다.

13) 포장작업은 깻잎 1,200장(12장×100묶음)을 세어 상자에 넣는다.

14) 이 마을에서 전문적인 축산농가의 가구주는 모두 40대로 가장 젊은 층이다.

사회생활과 문화

인구와 가족구성

인구구성과 변화

통계자료에 따르면 1966년도의 불이리의 인구는 1리와 2리를 합하여 1,048명이 거주하는 마을이었다. 그러나 우리나라 농촌인구가 산업화의 진행과 더불어 점차 감소하듯이 불이리의 인구도 꾸준히 감소해 왔다. 1970년도만 해도 불이리는 1000명을 웃도는 마을로 성별인구는 남자가 508명이고 여자가 495명으로 남자가 여자를 상회하는 전형적인 농촌인구 구조를 나타냈다.

그러나 1977년부터 불이리의 인구는 감소하기 시작하여 2006년까지 매 통계년도마다 평균 71명씩 감소하게 된다. 2007년이 되면 불이리의 인구는 132세대에 280명이 거주하고 있는 것으로 나타나는데, 행정리별로는 불이1리가 89세대 187명이, 불이2리는 43세대 95명으로 집계되고 있다. <표1>은 불이리의 인구 변화를 나타낸 것이다. 표를 살펴볼 때 전체 인구의 57.3%가 1970년대 말부터 1980년대에 걸쳐 감소하고 1982년부터 1989년 사이의 인구 감소도 현저하다. 2000년대에 들어서도 이러한 상황은 마찬가지이다. 이러한 인구감소에 착안할 때 1970년부터 2006년 사이에 불이리의 인구는 723명이 감소한 셈이며 전체 인구의 약 72%가 마을을 떠난 것이다. 그런데 이상의 분석은 주민등록대장에 근거한 것이고 실제로 마을에 거주하는 인구와 주민등록상에는 상당한 차이가 있다.

2007년도 주민등록상으로는 132세대 280명이 거주하는 것으로 기록하고 있지만

〈표1〉 불이리의 인구 변화

년 도	가구수 (호)	인구 (명)	인구수			
			불이1리		불이2리	
			남자	여자	남자	여자
1970	167	1,003	306	310	202	185
1972	165	963	288	294	214	181
1974	165	988	305	299	210	174
1977	168	943	306	279	205	153
1979	167	864	259	247	202	156
1982	161	745	248	210	161	126
1987	153	624	187	179	149	109
1989	151	546	176	159	116	95
1994	128	460	144	142	98	76
1998	138	403	114	143	77	69
2000	140	373	107	133	60	56
2004	135	320	99	108	55	58
2006	134	304	89	104	55	56

* 금산의 통계(해당 연도분)

실제 조사에 의한 불이리 인구는 107가구 239명이다. 25세대가 줄어들고 41명의 인구차이가 발생하는 것이다. 이러한 차이는 실제로 거주하는 사람과 주민등록상에만 불이리에 거주하는 것으로 기재되어 있는 부재자 사이에서 발생한다. 즉 도회지의 자녀들을 따라가 거주하는 노인들이나, 토지거래를 위하여 주민등록을 이전한 부재지주(不在地主)들에 의한 전출입의 불분명에서 초래되는 현상으로 이들에 대한 명확한 규명없이 불이리 인구를 가늠하기란 용이하지 않다.

아무튼 불이리의 인구 감소에 대하여 마을 주민들은 이구동성으로 마을의 농지가 협소하고 토질이 양호하지 못하여 빈곤을 피해 마을을 떠난 사람들이 많다고 한다. 또 젊은 자녀들이 상급학교 진학을 위하여 대전등 도회지로 떠난 뒤에 그대로 대도시에 정착한 사회 구조적인 점도 인구감소의 원인으로 지적하고 있다.

녹두밭 웃머리란 말 알어. 원래 녹두밭 웃머리가 아주 메마른디여. 여기 불이리의 토지가 그려. 그만큼 메마른 땅이니께 농사도 잘 안 돼. 안그라면 독새밭이고 그런데서 어떻게 먹고 살어. 먹을 것이 없으니께 도회지로 떠나능겨. 옛날에 서너집만 잘 살았지. 다들 배 고파서 고구마나 쪄 먹고 그랬지(길병석).

이러한 인구의 변화는 농촌마을의 노동력의 구조에 변화를 초래할 뿐만 아니라, 독거노인세대의 증가에 따른 사회복지문제, 사회안전망 문제를 야기시킨다. 다음으로는 불이리의 연령별 주민구성인데, 2007년 7월 현재 불이리의 연령별 주민구성을 나타낸 <표2>에서 보는 바와 같이 불이리의 전체 주민 가운데 60세 이상이 129명으로 전체 인구의 45.7%를 차지하며 50대(50~59세)가 14.5%, 40대(40~49세)가 10.7%를 차지한다. 게다가 30대가 6.0%로 30대에서 50대까지의 인구가 전체 인구구성에서 차지하는 비율이 31.4%에 불과하다. 대부분 학생층을 형성하는 19세 이하

〈표2〉 불이리의 연령별 주민구성(2007, 7월 현재)

연령별	불이1리		불이2리		합계(%)	전국 (2007,%)
	남(%)	여	남(%)	여		
80세 이상	5(2.7)	9(4.9)	6(6.3)	7(7.4)	73(26.1)	5.3
70~79세	9(4.9)	18(9.7)	4(4.2)	15(15.8)		
60~69	17(9.2)	24(12.9)	9(9.5)	6(6.3)	56(20.0)	7.5
50~59	17(9.2)	14(7.6)	6(6.3)	4(4.2)	41(14.6)	10.9
40~49	11(6.0)	6(3.2)	8(8.4)	5(5.3)	30(10.7)	17.0
30~39	8(4.3)	4(2.2)	3(3.2)	2(2.1)	17(6.0)	17.4
20~29	14(7.6)	10(5.4)	7(7.4)	3(3.1)	34(12.1)	15.6
10~19	8(4.3)	7(3.8)	3(3.1)	4(4.2)	22(7.9)	14.9
10세 미만	1(0.5)	3(1.6)	1(1.1)	2(2.1)	7(2.5)	11.8
합계(%)	90(48.7)	95(51.3)	47(49.5)	48(50.5)	280(99.5)	100

* 불이면사무소 : 불이면 주민등록대장(2007년 7월 현재)
* 통계청 2007년도 성별연령별 인구통계(http://www.mso.go.kr/)

(학생층)의 인구도 겨우 10%를 상회할 뿐, 불이리의 연령별 주민구성은 역종형으로 상당히 불안정한 구조이며 우리나라 전국 규모의 인구구성과도 배치된다.

실제로 우리나라 전체 인구 가운데 60세 이상이 차지하는 비율은 12.8%에 지나지 않지만 불이리의 경우 45%를 상회하고 있어 전국 규모에 비해 32.2%가 높아 고령화현상이 상당한 정도로 진행되었음을 보여준다. 또 사회의 중추적인 역할을 감당하는 40~50대 인구가 전국 규모에서 27.9%를 차지하는데 반해 불이리는 25.3%이며, 전국 규모에서 30대에 해당하는 인구의 경우 17.4%이지만 불이리는 겨우 6.0%에 불과하다는 점이 이를 증명한다. 한편, 남녀의 성별 인구구성을 보면, 불이1리의 경우 60대 이상에서 남성이 차지하는 비율이 16.8%이고 여성이 27.5%로 여성의 비율이 10% 이상 높은 반면, 50대에서는 남성의 비율이 9.2%, 여성의 비율이 7.6%로 남성이 많다. 또 40대의 경우에나 30대는 남성이 월등히 높다. 그리고 불이2리에서는 60대 이상에서 남성이 20%이고 여성이 29.5%로 마찬가지로 여성의 비율이 현저하게 높다. 50대의 경우 남성이 6.3%, 여성이 4.2%로 남성의 비율이 높고 40대, 30대의 경우도 남성의 비율이 높다. 이러한 현상은 우리나라 농촌사회의 현실을 그대로 반영하는 것이다. 여성들의 농촌기피현상이나 이탈현상이 바로 농촌 남성들의 결

〈표3〉 불이리의 가구 유형별 구성비(2007년 12월 말 현재)

분 류	불이1리(%)	불이2리(%)	계(%)	면 부 (2005년 %)	전 국 (2005년 %)
1인 가구	20(27.8)	10(28.6)	30(28.0)	26.2	17.0
부부가구	26(36.1)	16(45.7)	42(39.3)	28.0	13.8
부부 + 자녀	5(6.94)	3(8.6)	8(7.47)	22.5	47.1
편부 + 자녀	1(1.4)	–	1(0.93)	1.1	1.5
편모 + 자녀	13(18.1)	2(5.7)	15(14.0)	4.1	6.4
3세대이상	7(9.7)	3(8.6)	10(9.34)	8.2	7.3
기 타	–	1(2.8)	1(0.93)	9.8	6.9
합 계	72(100)	35(100)	107(100)	99.9	100

* 실제조사에 의해 저자 작성
* 통계청 : 가구구성 / 가구원수별 추계가구(http://www.mso.go.kr/)

혼 문제로 직결되어 나타나는 것이다. 열악한 교육, 주거환경, 문화시설의 미비, 복지공간의 부족에 따른 자연 발생적인 현실인 것이다.

가족규모와 구성

좌의 <표3>은 실제조사에 의한 것으로 앞에서 본 주민등록상 인구와 다소 차이가 있다. 불이리의 가구 유형에서 노인 혼자 사는 독거(獨居)세대가 30가구이며 부부가구가 42가구이다. 여기서 부부가구는 대부분 연로하신 노인 두 분이 살고 있는 경우인 점을 고려할 때, 전체 107가구 중 67.3%가 노인 가구인 셈이 된다. 특히, 노인 단독으로만 구성되는 1인 가구의 경우 여러가지 사회문제의 발생원이 되고 있다. 식사문제, 질병치료, 세탁 등을 단독으로 해결해야 하는 문제로부터 시작해서 다양한 위험에 노출되어 있는 것이다. 아무튼 이 노인가구의 수치는 우리나라 면부의 1세대 가구중 1인 가구 수와 부부가구수보다 높은 비율을 차지한다. 한편 2세대 가구로서 부부 + 자녀가구에서는 불이리의 경우 7.47%로 면부의 22.5%에 비해 현저히 낮다. 또한 편부 + 자녀로 구성되는 가구의 비율은 현저히 낮은 0.93%인데 비해, 편모 + 자녀의 비율은 14%이다. 이것은 자녀들이 아버지 혼자만을 모시는 것을 기피하고 일정정도 살림을 맡아 히기나 집안일을 돌봐줄 어머니와의 동거를 선호하는 것으로 판단된다.

한편, 3세대 가구는 조부모와 부부 + 자녀가구를 나타내는데 여기서는 조부모중 한 분만 살아계신 경우도 포함되었다. 불이리의 경우 3세대 가구는 9.34%인 10가구가 3세대가 동거하고 있는 것으로 확인된다. 이 비율은 2005년도 면부의 3세대 비율 8.2%나 전국의 7.3%보다 높다.

친족관계와 문중조직

친족관계

불이리의 성씨별 세대구성을 보면, 불이리는 해평길씨의 집성촌적 성격을 나타내고 있으나 과거에 비해 그 정도는 상당히 약화된 것을 알 수 있다. 실제조사에 의한

2007년 말 불이1리의 경우 72세대 가운데 김씨 6가구, 박씨가 4가구, 양씨가 3가구, 이씨 6가구, 조씨가 2가구에 불과하고 나머지의 성씨가 해평길씨로 전체의 70%를 차지한다. 불이2리의 경우는 전체 35가구 가운데 밀양 박씨가 전체 구성의 약 69%를 차지하고 있으며, 김씨4가구, 길씨가 2가구, 강씨 1가구, 이씨 2가구, 정씨1가구, 주씨 1가구에 불과하다. 이러한 마을구조로 인해 불이1리의 해평길씨들은 긴밀한 친족 관계로 조밀히 얽혀져 있으며 항렬에 따라 아저씨, 아주머니, 조카라고 부르고 문중 행사를 유인한다. 이러한 현상은 불이2리도 마찬가지이다. 늙수그레한 영감님에게 젊은이가 형님이라고 부르되 흉잡힐 일도 아니고 서로가 자연스럽게 응수한다. 이들 문중조직들은 문중에 따라 종규(宗規)나 종약(宗約)을 제정하여 종중 간의 유대를 강화하며 친목을 도모하고 선조에 대한 봉향을 추진한다.

불이리의 경우 다양한 성씨들이 모여 살며 각자의 집안에 따라 문중사업을 전개하지만 여기서는 불이1리의 해평길씨와 불이2리의 밀양박씨들을 중심으로 그들의 문중사업을 살펴보기로 한다.

해평길씨와 청풍사

불이1리가 해평길씨 세거지라는 관점에서 볼 때, 불이1리의 특성은 길재 (야은)의 학문과 기개를 기리는 청풍서원(淸風書院)과 후손들인 해평길씨 문중의 행사에서 찾아 볼 수 있다.

해평길씨의 문중의 제반 활동은 문중의 규칙으로서 종약(宗約)에 근거한다. 종약의 대상은 야은 선생의 자손들로 구성되며 선조들을 위한 문중사업의 원활한 수행을 위하여 제정되었다. 해평길씨 문중사업은 문중의 재산으로 치러지는데 문중 재산은 옛날부터 전해오는 부동산과 동산, 그리고 특정한 개인의 기부금과 문중 자손들의 일반 갹출로 충당한다고 종약에 기록되어 있다. 또 문중사업의 원활한 추진을 위하여 문중 내에서 임원을 선출한다. 임원은 1년에 한 번씩 개최하는 문중 총회에서 순번제로 추천하여 선출하고 임기는 3년이다. 도유사(都有司)와 당재(堂財)를 관리하는 유사2인(상임유사, 총무유사)그리고 15인의 상무위원, 지방유사 약간 명과 감사와 고문이 임원에 해당한다. 그 가운데 도유사는 종약업무를 총괄하며 상임유사는 종약업

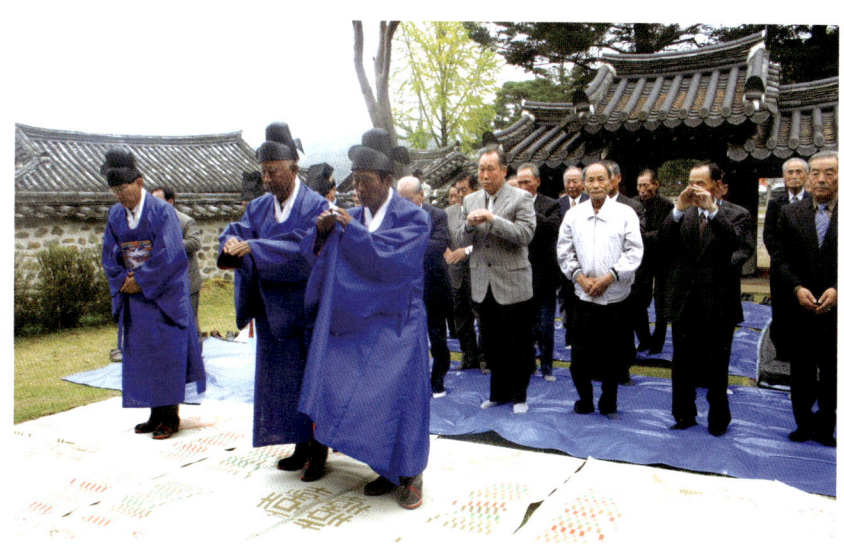

청풍사의 유림제를 지내는 광경

무를 집행하고 또는 하급유사를 지휘·감독하며, 총무유사는 재신의 관리 그리고 시향 등에 소요된 경비의 회계업무를 행한다고 규정하고 있다.

종약의 상벌규정에서 충과 효 그리고 남편과 부모 섬기기에 정성을 다하는 사람에 대하여 총회의 결의를 거쳐 이를 표창할 수 있다고 규정하고 있는데, 이것은 단순히 길씨문중의 사업에 국한된 것이 아니라 마을 전체로 확대하여 실천해 왔음을 의미한다. 아울러 불이리에서 해평길씨 문중이 상당한 영향력을 행사했음을 증명하는 것이라고 볼 수 있다.

해평길씨 문중의 연례행사중 하나로 청풍사의 유림제가 있다. 음력 9월 15일에 금산 인근의 유림들이 청풍사에 모여 야은 길재 선생의 위업을 기리고 그의 학문적 업적을 칭송하는 유림제를 드리는 것이다. 유림제에 즈음하여 해평길씨들은 음력 9월 초하루에 문중 총회를 개최하여 재물이나 사당, 문중 재산의 관리를 포함한 예결산을 점검하고 유림제의 준비를 논의한다.

청풍사 유림제 열흘 전인 9월 5일이면 유림제를 진행할 제관을 망정(望定)한다.

제관으로는 초헌관(初獻官), 아헌관(亞獻官), 종헌관(終獻官), 장찬(掌饌), 집례 (集禮) 등인데, 제관의 선출은 서원원장의 주도하에 유림의 장의(掌議 : 향교에 머물러 공부하던 유생의 임원 가운데 으뜸인 자)가 선출하는데 이때 본손의 의견을 반영한다. 초헌관은 주로 금산군수를 임명하되 군수가 유고시에는 청풍서원이 교육기관임을 감안하여 금산군 교육장이나 향교의 전교를 초헌관으로 정하고 아헌관이나 종헌관은 유림에서 선발한다.

유림제에 진설되는 제물과 음식준비는 해평길씨 문중이 담당한다. 유림제가 있기 며칠 전부터 문중의 부인들이 소집되어 보관하고 있던 그릇을 꺼내 손질하고 술을 빚고 음식을 준비한다. 제물로서는 4변 4두를 준비하는데 4변은 밤, 대추, 소금, 마른음식, 쇠고기육포 4가지를 일컬으며 4두는 돼지고기 대용의 생고기, 조기, 무, 미나리 등의 젖은 음식 4가지를 말한다. 제를 지내는 순서는 먼저 사당의 문 밖에서 헌관, 집사, 유생들이 서면 집례의 창홀(唱笏 : 홀기를 읽는 일)에 따라 다음과 같은 순서로 제를 지낸다.

1. 전폐례(奠幣禮) ; 폐백을 올리는 의식으로 향불을 피운다.
2. 초헌례(初獻禮) ; 초헌관이 술을 올리고 축을 읽는 절차로 축관이 축문을 읽는다.
   후학 ○○○ 감소고우 문절공 야은 길선생 복이 이제지절 증민지효 부아민이 만고사표 자치추계 근이청작 결생 식진사사 상향.
3. 아헌례(亞獻禮) ; 아헌관이 두번째 술을 올리는 의식.
4. 종헌례(終獻禮) ; 종헌관이 마지막 술을 올리는 의식
5. 음복례(飮福禮) ; 제사한 술을 마시는 절차
6. 상헌관례
7. 철변두(徹籩豆) ; 음식을 걷는 절차
8. 망요례(望燎禮) ; 축문과 폐백을 태워 땅에 묻는 절차

마지막의 망요례를 마치면 하루의 모든 제사 일정이 끝난다. 이 유림제는 예전에

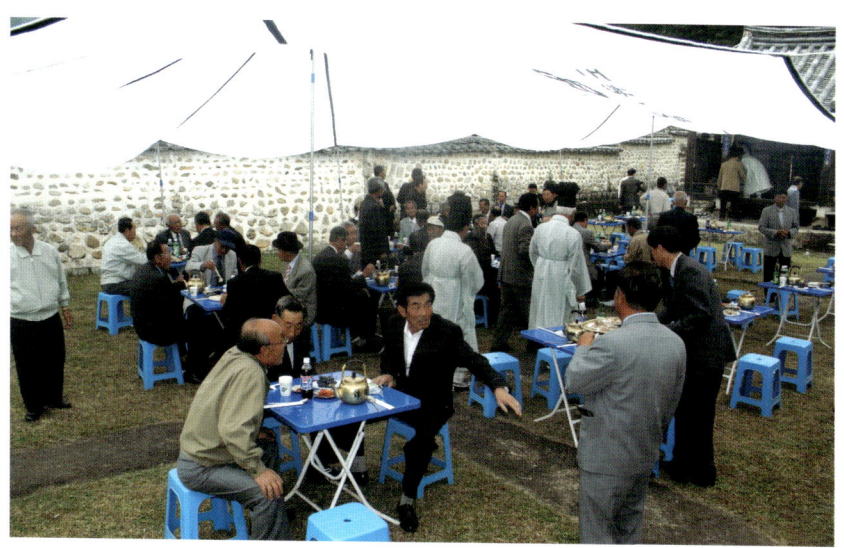

청풍사의 유림제를 지내고 음식을 나누는 광경

는 봄, 가을로 1년에 두 차례를 지냈지만 생활이 바빠지면서 일 년에 한 번만 지내고 있다. 야은 선생의 위패를 봉안하고 제향하는 유림제는 청풍사만이 아니라 전국적으로 진행된다. 공주 동학사옆 삼은각(三隱閣), 선산의 금오서원(金烏書院), 거창의 일원정(一源亭), 구미의 율리영당(栗里影堂), 장흥의 양강영당(陽岡影堂), 경기도 파주시의 고려통일대전(高麗統一大殿)등이 길재 선생의 유림제를 지내는 곳이다. 이중 구미시 율리의 율리영당의 유림제(음 4월 12일과 5월 16일)는 자손들이 지내는 제사인데, 여기서는 지역의 유생들도 참제한다.

청풍서원의 유림제는 불이리에 거주하는 문중의 도유사(길형근 18대손)의 총괄적인 지휘아래 길준근(19대손), 길영섭(18대손) 유사의 준비로 진행한다. 부인들은 식재로 여러 가지 음식을 만들고 젊은 남자들은 상을 나르며 식탁과 의자를 정돈하는 등 문중 사람들의 역할도 다양하다.

돌아와 금오산에 누워버리니 맑은 바람 엄능을 견줄 만 하이.

성주께서 그 뜻을 받아들임은 사람들에게 절의를 권함이로세.

유림제를 지내고 서로 음식을 나누고 조선 숙종임금이 노래했다는 시를 읊으며 자신들의 조상 야은 선생을 기리는 것이다.

이 유림제를 지내기 위한 과정이나 문중의 대소사를 논의하기 위하여 길씨문중은 경통(敬通)을 통하여 정보를 공유하였다. 사안의 내용을 한지에 바르게 적어 문중에게 설명하고 이를 회람하였다는 사실을 사인을 하여 확인하였던 것이다. 그러나 통신기술의 발달에 따라 경통의 역할은 사라져버리고 전화가 임무를 대신하고 있다. 이와같은 산업사회의 과학기술의 발달과 더불어 문중조직을 지탱해왔던 다양한 기제들이나 조직의 구성도 변화해 왔다.

1970~80년대 초만 해도 문중의 자손이 150여 명씩 참여하여 문중의 대소사에 협력하며 가문의 기세를 떨쳤다고 하나 최근 들어 문중의 가치나 씨족 개념이 희박해지면서 문중조직 역시 약화되었다는 사실에서 그 변모를 엿볼 수 있다.

밀양박씨의 덕산사

배정이는 고려시대에 평산신씨가 정착하면서 마을을 형성하고 그후 해주최씨, 밀양박씨가 이곳을 경유하여 금산의 성씨를 이루었다고 전승되고 있지만 현재 이 마을을 대표하는 성씨는 밀양박씨들로 입향조 세춘(世春)의 자손들이다. 밀양박씨들이 이곳 배정이에 정착하고 터전을 이루며 오늘에 이르고 있음을 각인시켜주는 것이 조선시대 예·성종조의 박증영과 연산군조와 중종조의 동부승지 박훈, 그리고 임진란기에 청주성 싸움에 참여했던 퇴우당 박사현등 3인의 위패를 모신 덕산사이다. 이 덕산사는 1961년에 지방의 유림들과 밀양박씨 후손들이 건립하였고 1966년 박정희 대통령이 친필의 액자를 내렸다고 한다.

이들은 문중의 중시조인 박증영과 박훈, 박사현 등에 대한 제향을 받들고 덕산사를 중심으로 하는 선조의 위선 사업을 목적으로 하는 문중사업을 펼치고 있는데, 문중사업의 총괄이나 운영은 대종회가 담당하고 있다. 아쉽게도 밀양박씨의 문중 사업이나 활동을 가늠할 수 있는 종약이나 대종회 규약이 배정이 마을에는 남아 있지 않

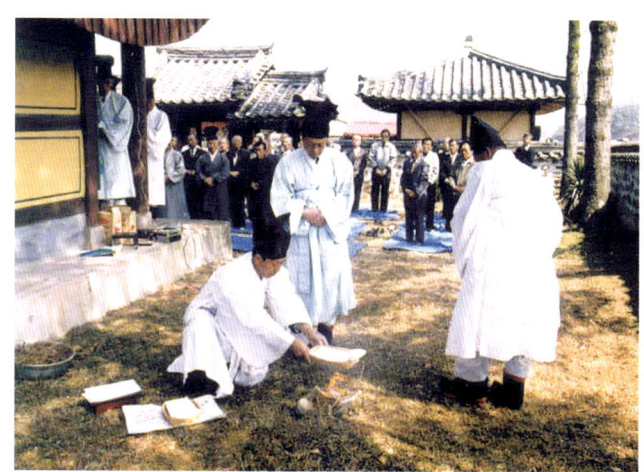

덕산사 제를 모시고
소지하는 광경(박전
영 씨 소장)

아 밀양박씨의 세세한 문중사업을 가늠할 수는 없다. 다만 음력 2월 중정에 지내는
덕산사의 유림제와 음력 10월 15일경의 덕모제를 중심으로 종중들 간의 우의를 다지
고 문중의 결속을 도모한다.

2월 중정의 덕산사 제향은 제향을 위해 조직된 유사회가 진행한다. 유사회는 도유
사(박종영)와 2년을 임기로 하는 사림유사(신순교, 양무환)그리고 본 손으로서 박전
영 씨가 총괄하는데 중정 10일 전에 제관을 망정하고 제물을 협의하기 위한 모임을
개최한다. 여기서도 마찬가지로 초헌관과 아헌관, 종헌관을 비롯하여 장찬, 진설, 집
례(홀기 부르는 사람)등을 선출한다. 유림제가 거의 비슷하듯이 초헌관은 현역 금산
군수가 맡거나 향교의 진교가 대행한다. 나머지 아헌관이나 종헌관은 대체로 유림에
서 선발한다.

유사회에서는 제주와 헌관, 집례 등을 선발하여 마을에 통보하면 종중 땅에서 고
지를 받아 보관하는 돈으로 제물과 제사 후에 나누는 음식을 장만하는데 제물의 준비
와 제사 절차는 향교의 의식과 절차에 따라 진행된다. 여기서도 전폐례(奠幣禮) →
초헌례(初獻禮) → 아헌례(亞獻禮) → 종헌례(終獻禮) → 음복례(飮福禮) → 헌관례
→ 철변두(徹籩豆) → 망요례(望燎禮)의 순으로 진행되며 축문과 폐백을 지정된 장소

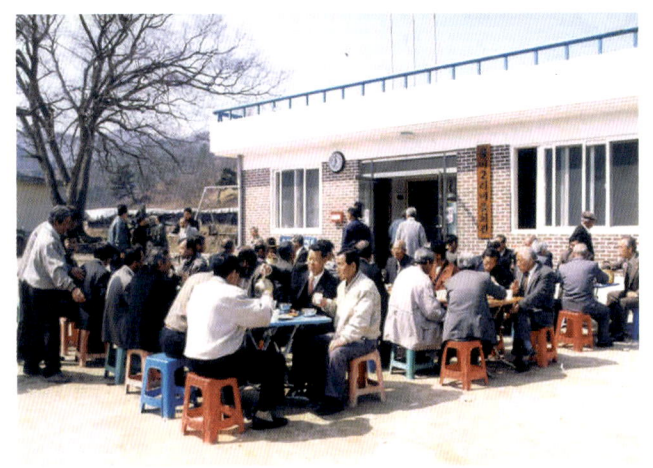

제를 지내고 문중들이 모여 음식을 나누는 전경

에서 태워 땅에 묻는 망요례로 제를 마치게 된다. 덕산사 제사에 쓰이는 제물은 아주 간소화하여 돼지고기 머리를 올리고 쇠고기와 조기, 명태, 미나리 무 등을 준비하여 지내고 망요례를 마치면 마을회관 앞이나 덕모제 앞에 상을 차리고 음식을 나눈다.

한편, 밀양박씨 문중은 음력 10월 첫째주일날 시향을 지내는데 산에 가서 묘제를 지내는 대신, 시향을 간소화하기 위하여 덕모제에서 합동으로 55분의 위패를 모시고 제를 지낸다. 물론 시향을 간소화한다는 의미도 있지만 최근 들어 시간적 여유도 없고 참석하여 제를 준비하는 젊은이들이 없기 때문에 덕모제를 건립하고 여기서 제를 지내는 것이다. 이때 덕모제의 시향을 준비하기 위하여 문중은 덕모제 제향준비위원회를 구성하고 회장과 총무, 재무, 간사를 위임한다. 2008년 현재 회장은 박전영, 총무 박인수, 재무 박상준, 간사 박흠근, 박혜영, 감사는 박태순 씨가 맡아보고 있다. 이들 임원들은 1년에 한 번 제사 준비를 위해 제사 지내기 1주일 전에 정기적인 모임을 갖는다.

덕모제 안에는 위패를 모시는 제단이 있고 왼쪽 벽에는 입향조로부터 시향을 모시는 55분의 위패가 조감도처럼 그려져 있다. 특히 밀양박씨 가문에 들어온 부인들의 함자가 빼곡하게 적혀져 있다. 입향조 세춘(世春)의 부인 하남정씨부터, 진주강씨, 김해김씨, 달성서씨, 장수황씨, 경주최씨, 동래정씨, 밀양손씨, 청주한씨, 남평문씨,

백청백씨, 상산김씨, 반남박씨, 전주최씨, 순천허씨, 은진송씨, 안동권씨들이 밀양박씨 문중에 들어온 주요 성씨들임을 엿볼 수 있다.

그러나 이러한 조상의 제사도 예전 같지 않다고 한다. 예전에는 매년 제사 때 문중의 구성원 100여 명이 모여 성황을 이루었지만 요즘은 세상이 바쁘고 할 일들이 많다 보니 참석율도 낮다고 한다. 아무튼 이들은 제를 마치고 나서 마을회관 앞에 상을 차리고 준비한 음식을 나누며 문중간의 친목을 다지고 교제를 나눈다.

마을의 공적 조직

마을은 다양한 성씨는 물론 상이한 생활환경을 바탕으로 구성원 간에 서로 돕고 협력하면서 살아가는 생활공동체이다. 따라서 일상생활에서 발생하는 대소사를 사이에 두고 서로 갈등하면서 문제를 해결하는 사회문화적 장치들을 고안하고 그 틀 안에서 삶을 영위해 왔다. 불이리도 다양한 사회조직들을 의식적으로 구축하고 그것을 통하여 목적을 달성하여 왔다. 마을의 자치를 달성하고 주민들의 자발적인 참여를 통하여 상호협력을 도모하는 마을회의, 노인회, 부녀회, 청년회 등이 그것이다.

마을회와 마을임원

우리나라의 농촌의 행정리동에는 행정의 말단 조직으로 이장이 있으며 이장을 중심으로 마을회의를 조직한다. 마을회의는 주민들의 의견을 종합하여 원활한 마을 운영을 도모하는 의결기구로 마을에 따라 마을총회, 마을회라고 명명하기도 하고, 동회혹은 대동회라고 호명되는 조직이 이를 대신하기도 한다. 마을 주민들이 하나로 모여 마을의 크고 작은 일을 논하고 갈무리를 짓는다는 의미로 붙여진 명칭으로 마을의 운영을 결정짓는 명실상부한 최고 의결기구인 셈이다.

불이리는 자치조직으로서 주민전체의 집회를 마을회라고 부른다. 마을회의 유래나 기원에 대해서는 정확히 확인되지 않지만, 사람들이 모여 일동(一洞)을 이루며 마을회가 존재해 왔을 것으로 추측하고 있다. 불이리가 불이1리와 2리로 나누어져 있기 때문에 마을회도 두 개로 나누어져 각각의 행사를 주도하고 마을의 번영을 꾀하고 있다. 이 마을회는 마을 전 주민의 가입을 원칙으로 하며 주민이라면 누구나 마을회에 참석하여 마을의 대소사를 논할 수 있는 것이다.

마을회는 매년 연말에 마을회관에서 개최된다. 마을에서 진행된 사업의 평가 및 보고, 향후 사업을 협의하거나 마을 운영에 대한 결산보고를 수리하고 때로는 마을이장을 비롯한 임원을 선출한다. 마을회에서 의결된 사항은 때로는 강제성을 띠는 규정이 있으며 이 규정을 위반할 때는 마을 내의 의견수렴을 통한 제재를 취하기도 한다. 제재는 마을 내의 대소사나 당면한 애경사시에 이루어지는 협력관계의 상실을 의미한다. 일단 마을회의에서 결정된 사안에 대해서는 이를 수렴하고 실행해야 된다는 것이다. 이러한 제재대상이 된다는 것은 당사자에 대한 불명예를 의미하며 공동생활에서 배제되는 것이다.

불이2리의 마을회는 옛날에는 대동회라고 불렸다가 최근에서야 마을총회라고 부르고 있다. 매년 12월 말경에 마을이장이 총회일시를 공지하면 전 주민은 당일에 총회에 참석하여 이장의 사업보고를 경청한다. 총회는 마을회관에서 개최되며 마을 이장이 개회를 선언하면 총무는 마을의 연간 운영결과와 재산 상태를 보고한다. 주로 예 결산에 대하여 심도 있는 논의를 마치면 다시 이장은 현재 진행 중인 마을사업, 향후 계획 등을 주민들에게 보고한다. 회의과정은 특별한 점검사항이 없으면 간단하게 끝이 난다. 그리고 나면 마을회는 음식과 술을 나누면서 지난 한해를 돌이키고 서운하고 아쉬움을 풀어내는 교류의 장으로 변한다.

이장

마을을 어떤 목표를 가지고 어떤 방향으로 이끌어 갈 것인지, 그 진로를 유인하는 지도자로 이장이 있다. 이장은 마을에 대한 지도력을 발휘하고 마을의 향방을 결정하는 마을 지도자의 중심에 위치하는 실질적 지도자이자 책임자이다. 또 상급기관인 면사무소나 군청의 행정을 대행하며 전달사항의 고지·열람·홍보 및 주민 계도를 담당하기도 했다. 과거 새마을운동을 전개했던 1970년대에 마을의 새마을 지도자와 더불어 마을의 숙원사업을 추진하면서 지붕개량이나 마을 진입로 확장, 마을 앞 소하천

뚝 보수 및 관리, 마을 청소 등을 추진한 것도 이장의 역할이었다. 한편 이장은 마을의 영농회장을 겸한다. 영농회장은 농협협동조합의 사업을 대행하는데 모든 사업을 원활하고 신속하게 처리하기 위해 마을에 정통한 이장이 이를 겸하는 것이다. 따라서 영농회장은 농협에서 임명장을 수여하고 월 10만 원 정도의 수당을 지급받는다. 그 대신 농협의 사업을 홍보하거나, 조합원 관리, 농협주도의 사업신청 및 영농자재 구입을 담당하고 자재대금 등을 대리 수납하여 농협에 제출하기도 한다.

이러한 이장은 학식이나 덕망이 높은 사람 혹은 오랫동안 마을을 위하여 봉사한 사람이나 마을의 발전에 관심이 많은 사람이 맡는 것이 관행이었다. 관공서로부터 정식으로 임명되어 그 권한도 상당했던 것으로 전해진다. 그러나 산업사회로 진입하면서 일상생활이 분주해지고 다양한 농법의 개량으로 농사일에 매달리는 시간이 많아지면서 이장직을 고사하는 경우가 많아졌다. 최근에는 이장에 대한 행정기관의 처우가 달라지고 지방자치제의 도입과 더불어 다양한 사업이 추진되면서 이장의 역할도 매우 중요해졌다. 군(郡)의 사업을 유치하는 일이나 복지 수혜자 선정 등 그 임무가 다양해지고 여러 정보를 접하고 인적관계를 넓힐 수 있는 회합이 증가하면서 이장을 선호하는 경향이 높아지고 있다.

이장의 선출방식은 다양하다. 과거에는 마을 유지의 권유나 마을 주민들의 추천에 의해서 이장을 역임하는 경우가 빈번했는데, 최근에는 마을 주민들의 투표에 의한 민주적인 절차에 의하여 선출되는 것이 관례화 되어가고 있다. 이장선출에서 경쟁논리가 개입하고 주민들의 의사를 최대한 반영하고자 하는 의도로 비추어진다. 역대로 불이리의 이장을 역임한 사람들을 살펴보면 <표4>와 같다.

불이리 마을회에는 1리, 2리 각각 이장을 중심으로 하는 임원진이 있다. 불이1리의 임원은 마을 내 다섯 개 반의 반장들과 반별 개발위원, 새마을 지도자, 부녀회장, 운영위원, 감사, 노인회장으로 구성되며, 불이2리는 이장과 새마을 지도자, 부녀회장, 재무와 그 외 5명의 반장을 포함하여 9명이 마을의 운영위원회를 구성한다.

반장은 이장의 보조역에 해당된다. 이장의 지침이나 전달사항을 각 반원들에게 전달하거나 마을의 대청소, 하천 정비 등에 반원들을 독려하여 인력동원을 담당한다. 한편, 새마을 지도자는 1970년만 해도 새마을 운동을 실질적으로 주도하고 사업의

연 도	불이1리	연 도	불이2리
1967~1968	길수석	1967~1972	박정순
1969~1972	길중기	1972~1975	김권형
1973~1975	길범석	1976~1978	박흠영
1976~1978	길달석	1978~1982	김권형
1979~1983	길형근	1982~1983	박현종
1984~1985	길호영	1984~1995	박전영
1988~1993	길형근	1995~2007	박전영
1996~1997	김현기	2008~현재	박인창
1998~현재	길판석		
1998~현재	길육석		

전반적인 내용을 결정하거나 주민동원을 담당하는 마을의 지도자였다. 그러나 새마을운동이 퇴조하면서 그 역할이 축소되어 명목상의 마을 지도자일뿐 실질적인 권한을 갖지 못한 유명무실한 존재가 되었다.

노인회

노인회는 1980년대 행정기관의 장려에 의해 각 마을마다 뿌리를 내리면서 대한노인회의 산하에 속하게 되었다. 대한노인회 강령에 규정하고 있듯이 도의상권(道義相勸)과 전통문화의 유지 발전, 친목도모, 경로효친사상의 보급, 청소년 계도 등이 노인회의 주요 활동으로 되어 있다. 최근 들어 젊은이들이 마을을 떠나면서 노인들의 위치가 대단히 모호해진 실정이다. 젊은이들의 몫이어야 할 토지를 경작하는 일이 노인들의 몫이 되었고, 마을의 대소사를 주관하거나 안팍을 청소하고 논두렁을 깎는 일들도 노인들이 치러야 할 일들이다.

아 장사집에 가봐. 젊은이들이 있어야지. 상여나 안매면 다행이여 그만큼 젊이들이 없어. 있으면 뭐하 다들 아침이면 직장 가고 일하러 다니께. 중늙은이들이 일해야 햐. (박전영)

이러한 마을 내의 노인회는 과거의 경로회 혹은 노인당을 근간으로 유지되어 오다가 14~5년 전인 1980년대 말부터 현재의 노인회로 정착되어 오고 있다.

불이1리의 노인회관이 실제로 건립된 것은 1988년이다. 마을 건너편에 지금도 그 흔적만이 남아 있다. 현재의 마을 앞 하천건너에 신축된 마을회관 경로당은 2005년 도로 마을 주민들과 출향인들이 십시일반으로 기금을 조성하고 군사업비로 건립된 것이다. 평상시는 마을회관으로 이용되고 노인회의 활동이 재개되는 11월이나 되어야 개방된다.

젊은 사람들이 별로 마을에 남아 있지를 않아. 도저히 농사일을 바라만 보고 있을 수가 없어. 그래서 농사철에는 마을회관을 잠가 걸어두고 출입을 삼가고 농사일이 대충 끝나는 11월부터 문을 개방햐.(길성석)

노인회는 원래 남자노인들로만 조직되었다가 2007년 정월부터 여자 노인들과 합쳐 합동 노인회를 구성하고 있다. 현재 회원은 남자가 21명, 여자가 39명이다. 여기에 준회원을 각각 10명씩 두고 있다. 마을에 고령화가 급속도로 진행되면서 상노인, 중노인으로 분류되듯이 준회원은 마을에 거주하는 사람으로 65세 미만인 중노인들이

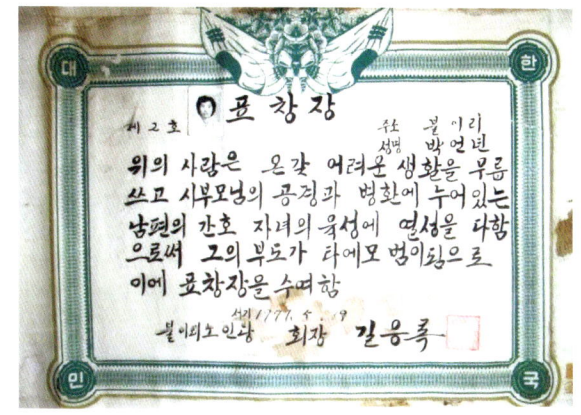

불이1리 노인회에서 수여한 표창장(1977년)

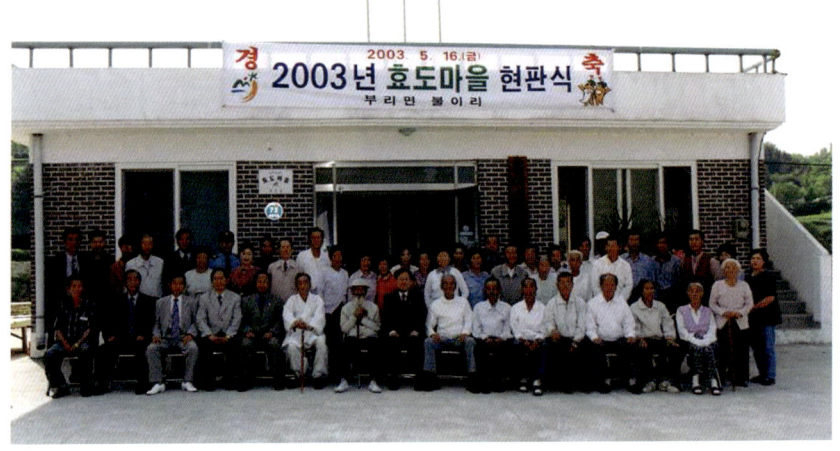

불이2리 효도마을 현판식(박전영 씨 소장)

다. 또 주민등록이 아직 정리되지 않은 노인 4명이 회원으로 등록되어 있다. 이들은 타지에서 이사 오신 분이 신입으로 가입했거나, 타지로 떠났다가 귀향한 분들이다.

> 다들 병각들이여. 뭐 일이나 제대로 하나. 단체로 마을 청소를 한다거나 마을 도로 풀깎 기에나 나서지. 동네일에 관여는 안 할라구 햐 다들. 젊은 사람들 하는 일 지켜만 보고 뭐 얼 른 잘못한다 싶으면 한마디 거들거나 하지.(길성석)

불이1리 노인회의 임원은 회장(길성석 77) 이하 부회장, 사무장, 남자 유사, 여자 유사로 구성되는데 사무장의 역할은 군이나 면의 요청으로 서류를 작성하여 보내는 일등 행정적인 일을 담당한다. 남녀 유사는 재정적으로 갹출할 일이 발생했을 때를 대비하여 분리·선출하여 각각의 일처리를 돕도록 하고 있다.

노인회의 경비는 대체로 갹출한다. 봄철에 관광을 가거나 철렵을 할 때면 회원당 일정액을 갹출하고 노인회비는 따로 내지 않는다. 다만 길씨 문중의 종토 가운데 묵 은땅 200평을 무료로 빌려 메밀을 심었다가 추수하여 겨울철 노인 회관에서 묵을 해

먹는 정도가 고작이다. 겨울철에는 할 일도 없고 회관에 모여 윷놀이, 바둑, 백 원짜리 화투치기로 소일을 하는데 마을회관의 난방비는 군에서 지원한다.

대개 월 18만 원이 회장명의의 통장으로 들어와 군에서. 그러면 연료는 이장이 넣어주고 영수증을 가져오면 통장에서 돈을 꺼내 주면 되어. 여자들이랑 노인회를 같이 하니께 여자분들이 먹을 것을 많이 준비해와. 고맙지 뭐. 11월부터는 글 못 읽는 사람들을 대상으로 한 글교실을 한다고 하데. 글 못 읽는 양반들 더러 있어요.(길성석)

불이2리의 경우도 대부분 유사하다. 노인회의 가입은 65세 이상을 원칙으로 하며 남자가 20여 명, 여자가 28명으로 구성되어 있다. 현재 불이 2리의 노인회장은 박서영 씨가 맡아보고 있으며 회장 아래에 총무가 있어 노인회의 재무나 행정적인 절차를 담당하고 있다.

봄, 여름에 누가 와 안 와. 노인회관이라야 텅 비어 있지. 아 젊은 사람들 들에 나가 일 하는데 누가 여기와 있어. 여기 와야 뜨거운디 술 밖에 더 먹어. 가서 거들어야지. 그론디 겨울에는 더러 모여서 잡담도 하고 술도 마시고 하지. 그냥 돈 있는 사람도 시오고 해서 먹어.(박수혁)

여름철의 노인들은 부족한 일손을 돕기 위하여 분주하다. 지친 몸을 이끌고 얼마 안 되는 농사일을 거드는 것이다. 그러다보니 자연스럽게 노인들끼리도 좀처럼 만나기 어려우며 겨울철에나 회관에 모여 잡담이라도 하고 술이라도 한잔 나누는 것이다. 불이2리의 노인회관은 박정순 회장이 맡아보던 1976년에 건립되고 2003년에는 효도마을로 지정되었다.

부녀회

부녀회는 1970년대 새마을 사업을 추진하면서 조직된 마을의 조직이다. 부녀회장은 마을의 가정주부들을 상대로 새마을 사업을 추신하고 생활개선 사업이나 절약 절미운동, 마을 상점 운영을 통하여 생활자립을 꾀하였다. 그러나 새마을운동의 열기가 식고 마을의 젊은이들이 삶의 터전을 찾아 마을을 떠나면서 부녀회의 역할도 그만큼 축소되었고 그 활동도 상당히 위축되어 부녀회의 명맥만을 유지해 오다가 마을일의 성질상 부녀회의 중요성이 대두되면서 근년에 다시 활동을 재개한 것이다. 새마을운동 당시를 회고하는 마을의 할머니의 이야기에서 부녀회의 활약상을 들을 수 있었다.

새마을운동을 할 때는 마을의 주부들을 모아서 부녀회를 만들고 절약운동을 하기도 했지. 아침마다 밥을 지을 때면 한주먹씩 쌀을 떠서 단지에 모아두는 절미운동을 했더랬는데 뭐 그것이 그렇게 크게 살림에 보탬이 됐겠어. 그냥 위에서 하라니까 한 거지. 그때는 무슨 회의도 참 많았지.(김OO)

부녀회는 원칙적으로 60세 미만의 부녀자들에게 그 입회자격이 주어졌다. 그러나 1980년 이후 마을 내에 젊은 층의 부녀들이 크게 감소하면서 마을 내에 거주하는 70세 이하의 여성들에게 그 입회를 허용하고 있다. 그러나 그들이 나이가 들어 노인회

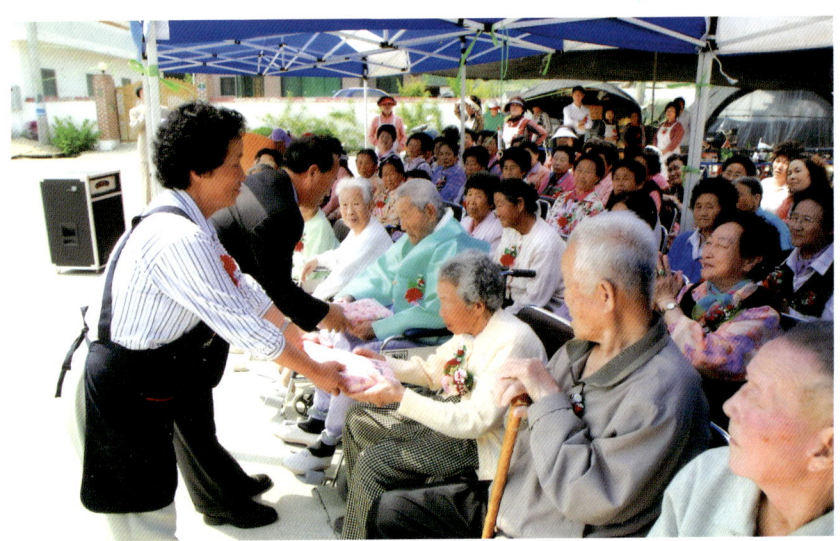

부녀회에서 개최한 어버이날 행사

에 가입하게 되면 회원의 자격은 자동적으로 상실된다. 타지에서 불이리로 이사를 와서 부녀회에 가입을 요청하면 별 절차 없이 가입을 승인한다. 불이리의 부녀회는 초창기부터 불이1리와 불이2리에 각각 별도의 부녀회가 존속되는데 같이 모여서 마을 행사를 도모하는 일도 없다.

불이1리의 부녀회에는 박언년(66세) 회장이, 불이2리에는 양월임(53)회장이 각 부녀회의 활동을 주도한다. 마을의 젊은이를 대신하여 60세가 넘어서도 부녀회원들은 마을의 궂은일을 싫다는 내색도 없이 묵묵히 수행하고 있다. 실제로 마을 총회 때나 대소사에서 부녀회는 빼 놓을 수 없는 중요한 조직이다.

부녀회는 부녀회장과 부회장, 총무로 조직된다. 부녀회장은 대내외적인 행사에 마을의 여성을 대표하여 참석하기도 하며 중요한 마을의 임원이 된다. 부회장은 회장을 보좌하고 회장의 유고시에 회장을 대신하기도 하며 총무는 부녀회의 운영기금의 관리 및 회원들에 대한 각종 연락을 도맡아 한다. 마을 부녀회의 중요한 소임은 어버이날을 맞이하여 경로잔치를 준비하거나 면민 체육대회가 개최되면 부락을 대표하는 선수들에게 음식을 마련하여 대접하는 일이다. 이러한 행사를 치를 때면 이장을 중심으로 하는 마을회에서 재원을 마련한다. 노인들에게 대접할 음식이나 마을 주민들을 위한 먹거리 비용을 마을회에서 제공하면 부녀회는 재빠른 손놀림으로 요리를 하여 접대를 담당하는 것이다. 겨울철에 마을회관에 모여 지나온 삶을 이야기하거나 남은 생을 계획하고 건강을 유고자하는 노인들에게 국수를 삶아 대접하거나 식사를 제공하는 일도 부녀회의 몫이다. 그러다 보니 요즘의 부녀회의 역할은 새마을 운동기의 부녀회의 역할이나 별반 다름없이 상당히 많은 편이다.

바쁜 농번기에는 아무것도 못해요. 내 일 할려 마을일 할려 몸이 둘이라도 모자라. 나를 만날려거든 밤에 와야 해요. 아니믄 비오는 날 오던지. 내 일만도 힘들어 낮에는 집에도 없어. 우리 동네 부녀회는 많이들 나와. 다들 나를 잘 따라주고. 우덜 비용? 우리 부녀회가 정월에 풍물을 쳐. 그럼 한 150만 원쯤 들어와. 그걸로 노인잔치 하는 겨. 100만 원 들어서 잔치하고 나면 찬조금이 더 들어와.(박언년)

불이 1리의 부녀회장을 맡고 있는 박언년 여사의 이야기에는 부녀회의 일이나 개인적인 농사일의 피로가 물씬 풍겨난다. 그러나 어른들로부터 받은 사랑이나 노인들의 애정으로 일군 마을 일을 마다않고 치러내는 성의도 잃지 않고 있다. 부녀회의 재정은 회비를 추렴하여 기금으로 비축하고 노인 경로잔치 때 받은 찬조금을 절약하여 충당하고 연말에 자체적인 결산을 갖는다.

공동의 목적을 도모하는 계

불이리에는 위에서 살펴본 조직 이외에도 마을 주민들 사이에 친목을 도모하고 애경사시의 상호 부조를 목적으로 조직된 다양한 형태의 모임들이 존재한다. 이들은 주로 계라는 명칭으로 성별, 연령별, 혹은 다양한 목적을 중심으로 조직되는데, 그 가운데 부모의 상을 당했을 때의 위친이나 자녀들의 혼례에서 부조, 마을 구성원들 간의 친목을 위주로 조직되는 목적계가 일반적이다. 그러나 마을 주민들의 공동의 목적을 달성하기 위한 송계와 스승에 대한 예를 갖추고 기리기 위한 사은계는 불이리의 전통을 후세에게 전하고 마을 공동체를 유지하기 위한 삶의 장치들이다. 이것이 불이리의 오늘을 있게 한 동력이다.

불이리의 송계

불이리의 송계는 양동송계(兩洞松稧)와 삼동송계(三洞松稧), 단독송계(單獨松稧), 사동송계(四洞松稧)로 나누어 존재해 왔다. 그 기원에 대해서는 명확히 확인되지 않는다. 다만 송계는 산을 공동으로 구입하여 송계산으로 정하고 그 산으로부터 화목과 목재를 확보하기 때문에 자신들의 자원을 획득하기 위하여 산림과 자원의 관리를 중심에 두는 자치조직인 셈이다.

양동송계는 불이리와 옆마을 두곡리를 중심으로 조직된 계이다. 신입자는 별도의 입계절차를 거쳐 송계에 가입하므로써 구성원으로 인정을 받는다. 원래 이 송계를 관할하는 조직을 대동회라고 하는데 대동회가 현재의 마을회란 점을 감안하면 송계를 운영하는 대동에 가입한다는 것은 마을회의 회원이 된다는 것을 의미하며 송계산의 이용권을 인정받는다는 논리가 성립한다. 그러나 현재 대동회라는 명칭은 잘 사용하지 않는다. 송계를 관할하는 조직도 대동회보다는 마을회라고 부른다. 이 마을회는 이장을 중심으로 마을의 대소사를 논의하는 의결기관으로서의 마을회와는 달리, 산림을 육성하고 이를 채취하여 퇴비를 증산하고 경제림을 육성하여 마을 공동의 이익을 추구하는 송계의 전체조직이다.

> 송계라고 했지. 송계산이 있었어. 마을사람들이 화목을 하거나 아무튼 산에서 나는 것들을 먹고 살아잖아. 그러다가 연탄이 나오고 하면서 시들해 졌어. 땅 일궈서 먹고 사는 사람도 있었지. 그러다가 없어졌지 뭐.(길병석)

대체연료의 도입에 따라 송계의 필요성이 줄어들고 산전을 재배하는 사람들이 감소하면서 송계의 운영이 어려워지고 군의 개발사업에 편입되어 송계산에 대한 보상이 이루어지면서 실질적으로 송계의 미풍양속은 사라졌다. 대신 최근에 마을회는 마을의 재산으로서 마을회관이나 저수지를 관리하기도 한다. 이러한 마을의 공유재산을 운용하여 발생하는 수입과 신규가입자의 기부금이나 출향인들의 희사금으로 마을의 운영경비를 충낭한다.

불이리를 중심으로 인근마을을 포함하여 과거에는 네 개의 송계가 존재했다고 하나 지금은 양동송계(불이리, 두곡리)와 단독송계(불이리)가 그 명맥을 유지하고 있다. 불이리 인근에 존재했던 송계의 양상을 보면 다음과 같다.

4동(洞)송계 : 불이리, 두곡리, 배정이, 관천리
3동송계 : 불이리, 두곡리, 배정이
양동송계 : 불이리, 두곡리
단독송계 : 불이리

이중 단독송계는 이징이 유사를 겸하여 계의 업무를 관장하고 있으나 양동송계는 총회에서 계의 유사를 정하여 업무를 관장토록 하고 있다.

양동송계의 경우 불이리와 두곡리 양(兩) 마을(洞)을 중심으로 활동하기 때문에 회원의 자격은 불이, 두곡에 거주하는 세대주로 제한하고 있으며 각 회원의 공동출자에 의한 재정으로 운영된다. 계의 상세한 규정은 1959년에 제정된 정관에 잘 나타나 있다. 계의 목적은 마을 주민이 공동으로 조성한 마을 재산을 효율적으로 관리하여 재산의 증식과 생산적인 활용을 도모하도록 한다고 규정되어 있다. 여기서 마을의 재산은 마을 주민이 공동으로 조성한 재산, 독지가 등으로부터 마을에 기증된 재산, 마을공동재산으로 전해 내려온 재산, 개인소유재산으로 마을 주민이 공동으로 계약에 의하여 취득, 관리하는 재산, 기타마을 소유의 재산을 말한다.

이러한 마을의 재산에 관하여 주민들은 다음과 같은 권리와 의무를 갖는다. 먼저, 마을 주민은 누구나 마을공동재산을 공동 수익하는 권리와 재산의 조성과 관리에 필요한 부담을 함께하며 마을에 새로 이사를 오거나 이사를 갈 때는 전출입과 동시에 마을재산에 관한 권리와 의무를 새로이 획득하고 상실하는 것으로 한다.

이러한 업무를 원활히 수행하기 위하여 부리면 불이리 228번지에 사무소를 두며 임원회를 구성하여 총회의 의결사항을 집행하고 각종안을 심의·승인·처리하며 마을재산의 보존·관리방법을 심의 의결하도록 한다. 임원회의 임원은 회장(1인), 부회장(2인), 총무(1인), 감사(2인), 고문(3인)으로 구성되며 각 임원의 임기는 3년 연임제로 한다.

회장은 마을회를 대표하고 마을직무 전반사항을 관장하고 회의의 의장이 되며, 부회장은 회장을 보좌하며 회장유고시에 업무를 대행한다. 총무는 회장, 부회장을 보좌하며 회의 운영에 대한 방침, 예산수립, 재정상황 등을 총회에 제출·보고해야 한다고 규정하고 있다. 결원이나 탈퇴 등의 이유로 임원을 개선할 경우에는 총회에서 임원을 선출하고 결의한 후에 이 내용을 고지한다.

이러한 마을회는 정기총회와 임시총회로 나누어 실시한다. 정기총회는 12월 20일에 실시하고 정기총회 개회 5일 전에 전 회원에게 통보해야 한다. 한편 임시총회는 필요에 따라 회장에 의해 소집되는데, 정기총회나 임시총회에서 제안된 의결사항은 재적회원 과반수의 찬성과 참석회원 과반수 이상의 찬성으로 의결되며 불참시 의견 개진을 타 회원에게 위임할 수 있다. 총회는 마을의 목적을 수행하기 위한 기본사항

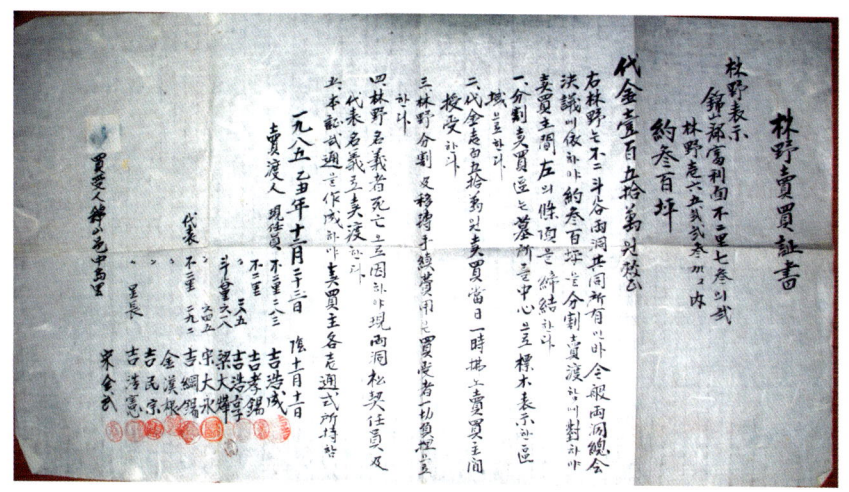

송계의 임야 매매문서

의 수립과 사업계획 및 추진방안의 의결은 물론, 마을의 임원을 선출하고 해당년도의 예산 및 결산보고를 확인하고 재산의 처분 및 취득을 감시하는 역할을 한다.

또 사업상 수익에 관한 규정을 살펴보면, 마을양묘육성 등과 같이 사업비 조성관리에 있어 별도의 규정을 정하고 있을 경우, 새로 이주해 오는 사람 중 그 사업에 의사가 있는 사람은 가입금을 부담하고, 이주 가는 사람에게는 그 의사에 따라 권리 해당액을 환부해 주거나 권리를 유지하게 한다. 이러한 가입금과 권리금액의 결정은 마을의 개발위원회에서 따로 정한다고 한다. 그러나 마을재산의 관리에 있어서 마을 사람들이 공동으로 사용하기 곤란하거나 오히려 비효율적일 때에는 관리를 위탁하거나 임대하여 사용하도록 규정하고 있다. 특히 주목할 것은, 사업비 수익에 관한 권리관계에서 보여 지듯이 신입회원이 가입할 때에는 일정액의 가입금을 부담하고 이주에 따른 탈퇴자에 대한 권리 해당액의 환부를 결정하는 것은 마을회의 진출입을 허용하는 개방성의 면모를 엿 볼 수 있어, 송계의 특성이 조직의 이익만을 추구하거나 개인의 사욕을 제한하는 공공성의 논리에 기초하고 있음을 알 수 있다. 이러한 송계의 정관은 각 마을에 거주하는 계원들의 약속으로, 채택된 내용을 기초로 규약서를 작성하

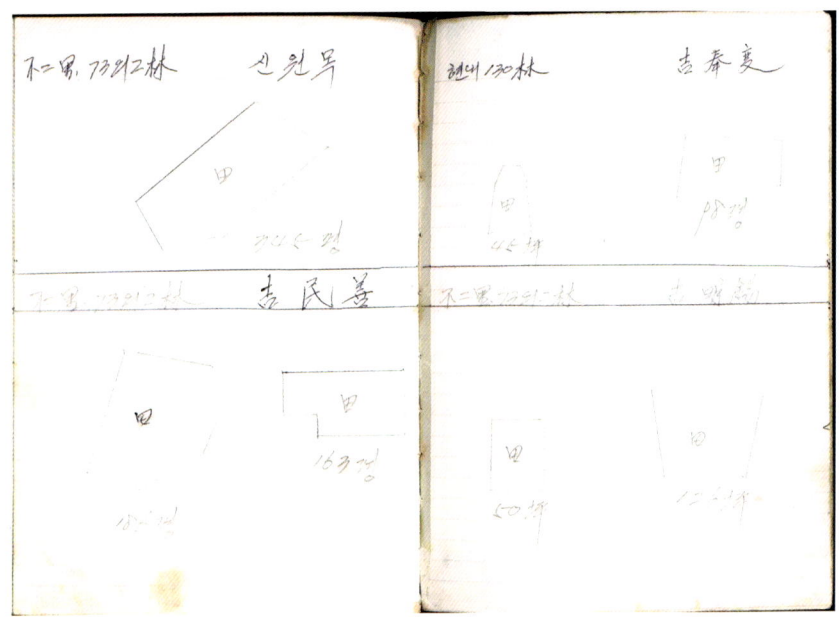

섶밭골 송계장부

고 날인한 것으로 그 효력을 발휘한다. 송계 재산의 일부를 처리함에 있어서도 명확성과 투명성을 기하기 위하여 매매증서의 작성과 보관은 불가결한 일이다.

한편, 송계의 임야 및 토지재산 관리대장을 보면, 먼저 경작인 성명, 필수, 평수를 자세히 기록하고 있으며 경작지의 구분(전, 답), 경작지 주소, 경작인에 따른 경작면적의 증감상황 등이 낱낱이 기록되고 있다. 특이한 것은 경작을 임대한 경작지의 형태가 수작업으로 그려져 기록되어 있다는 것이다.

그림을 통해 관찰되듯이 먼저 경작지 주소로 불이리OO림, 경작인OOO, 전답의 구분을 명확히 하였고 결작지의 규모를 총 평수로 나타내고 있다. 그리고 그림은 밭의 형태를 그대로 묘사한 것이다. 밭의 경작을 포기할 경우 이를 사선으로 삭제하거나 경작지의 증감을 수자로 표기하고 있다. 또 새로운 결의사항에 대해서는 결의내용을 별도로 작성하여 그 내용과 실시일, 결의자, 결의 일을 기록하여 공지하고 있다.

현재 불이리의 양동송계의 유사는 길병석 씨가 맡고 있다. 계의 장부나 계칙, 금전출납부 등을 보관하고 있으며 계원들에 대한 연락을 담당한다. 현재 삼동송계와 4동송계는 사라지고 없는데 양동송계도 송계의 토지를 이용하려는 사람들이 줄고 송계에 대한 인식이 약화되어 언제까지 그 명맥을 유지할 것인지 알 수 없다. 그러나 불이리 송계는 마을 주민들을 연대시키고 공동체의 기능을 유지시켜온 힘이었음을 부정할 수는 없다.

한학의 전통을 이어온 사은계

배정이의 사은계는 용은 박태규(朴太圭)선생의 은덕을 기리고 그의 가르침을 유지·전파하기 위한 목적으로 인근의 제자들에 의해 조직된 계이다. 그 유서와 더불어 자신들의 은사에 대한 은혜를 잊지 않고 스승을 기리는 사업을 유지하고 있어 선생의 입지가 좁아지고 선생을 일반인화 하는 오늘날의 세태를 꾸짖고 있는 것이다. 계첩을 통해서 추측할 수 있는 것은 사은계가 1960년 11월 16일부터 기록되고 있어 계의 형성이 그다지 오래된 것으로는 간주할 수 없을 것 같다.

용은 박태규 선생은 1847년 배정이에서 출생하여 일찍이 한학을 수학하여 그 문장이 수려했다고 전해진다. 자는 주보, 호는 용은(龍隱)으로 배성이를 중심으로 인근의 젊은이들에게 학문의 깊이와 심오함을 가르쳤다고 한다.

사은계칙에도 잘 나타나 있는 것처럼 사은계는 용은 선생 문하생으로 조직하되 상호간 친목을 도모·향상하고 미풍도덕과 예의를 조장하며 선생의 영구 숭고한 뜻을 기리는 것을 목적으로 하고 있다. 계의 조직목적, 회원의 자격이나 재원, 계의 임원 규정 등은 사은계칙을 통하여 엿볼 수 있다.

제1장 계칙

제1조 본 계는 용은 선생 사은계라 칭함

제2조 본 계는 용은 선생 문하생으로 조직하되 상호간 친목을 도모향상하고 미풍도덕과 예의를 조장하며 선생의 영구 숭막지의를 좌기목적으로 함

제3조 본 계 회의 장소는 배정으로 함

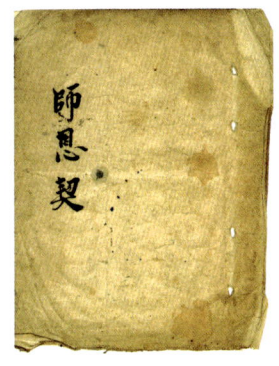
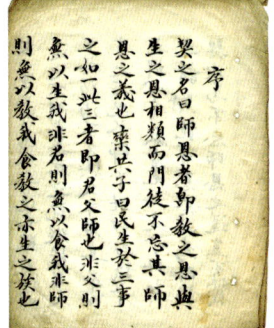
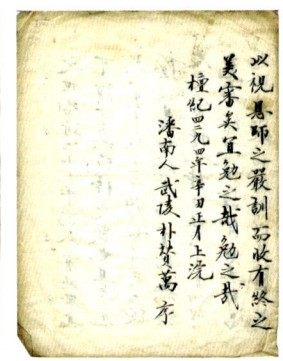

사은계의 서문

제4조 본 계는 본 계 취지를 찬동하고 출자금을 갹출한 자로서 조직함

제2장 출자 및 회원

제5조 본 계의 출자금은 계원 1인당 금 3백 원 이상으로 하고 --는 총회 결의로써 정함

제6조 본 계 출자금 및 회비를 지정기일까지 완결치 못할 시는 6부의 이자를 가산 징수함

기일(정월 2일)

제3장 기관

제7조 본 계는 다음과 같이 역원을 둠

계장 1인, 부계장 2인, 이사 7인, 총무 1인, 재무 1인, 감사 3인

제8조 본 계의 역원은 명예직으로 하고 총회에서 계원 중 이를 결정함

제9조 계장은 본 계를 대표하고 총회 및 역원회의 의장이 됨

제10조 이사는 본 계 운영의 의결권이 있음

제11조 총무는 계장의 지시 감독을 받아 본 총무를 총괄 집행함

제12조 재무는 본 계의 재산을 보관하며 계장 총무의 결재에 의하여 회계를 담당함

제13조 감사는 매년 2회 이상 정기적으로 감사하여 본 총회에 보고함

제14조 본 계의 임원은 매년 총회에서 결정 함

제15조 이사회는 필요에 의하여 계장이 이를 소집함

제16조 본계의 좌기업무는 이사회의 결의로서 집행함

1. 경비수지관계

2. 사업계획 및 집행

3. 기타 주요사항

제17조 본 계의 총회는 정기총회, 임시총회 2종으로 함

정기총회는 매년 2월 8일에 소집하고 임시총회는 10월 20일로 정함

제18조 이자는 매월 매 원두에 육전씩 정함

이하 계첩에는 신축년(辛丑年)계원 명단과 계의 임원명단이 기록되고 있다. 아울러 계원명단에는 회원의 이름과 생년, 납부한 회비의 액수가 기록되어 있는데 회비가 일정치 않고 5백 원과 삼백 원, 일천 원으로 기록되어 있어 초창기의 계의 활성화를 위하여 자의적인 회비 납부를 원칙으로 한 것으로 추측된다. 초기 계가 조직될 당시에 89명의 회원을 보유하고 있어 계의 규모가 상당했음을 알 수 있다. 초기의 계원 가

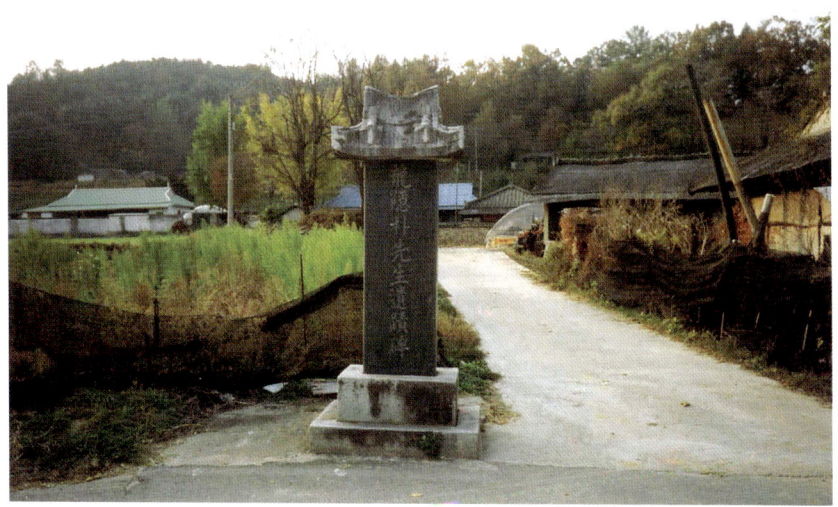

용은 선생의 비

운데 최씨가 14명이고 강씨는 2명, 김씨가 4명, 곽씨와 길씨, 신씨가 각각 1인, 박씨는 66명을 구성되어 있어 박씨문중의 어른에 대한 공경심과 스승의 은혜를 기리기 위한 목적이 복합적으로 함축되어 있음을 알 수 있다.

또 계첩에는 전(前) 유사에게서 인계받은 계금의 기록이 상세히 이루어지고 있는데, 계금은 계의 경비와 잔액으로 구성되며 경비의 내용이 기록되어 있고 신입회원으로부터 가입금의 명목으로 받은 회비의 액수, 이자의 액수, 신 유사에게 인계되는 금액이 적혀 있다. 특히 계의 운영을 관장하는 유사의 명단이 해마다 바뀌고 있다는 점으로 미루어 보아 계의 유사의 임기는 1년으로 하고 있음을 알 수 있다. 계원들은 선생을 기념하고 선생의 덕을 후세에 전하기 위하여 배정이 마을 입구에 공덕비를 세워 선생의 유의를 남기고 있다. 아울러 공덕비에서 제를 지내 선생을 기리어 왔는데 이를 용은선생 비석제라고 하고 있다.

비석제는 학문과 덕행이 귀감이 될 만한 향선생을 추모하는 제향으로 서당이나 사숙에서 동문수학한 문생들이 해마다 특정한 기일에 스승의 비석 앞에 공경히 제수를 차려놓고 제사하는 것이다. 이러한 비석제가 부리면 불이2리(배정이 마을)에서 진행되고 있음은 흥미로운 일이다. 배정이의 비석제는 박태규 선생의 제자들이 사은계를 조직하여 비석을 건립하고 음력 10월 20일에 제를 지낸다.

사은계 序[1]

契의 이름을 師恩이라고 한 것은 즉 가르친 은혜와 태어나게 해준 은혜는 서로 같아서 문도들이 스승의 은혜를 잊지 않도록 하기 위한 뜻이다. 난공자(樊共子)는 '백성이 태어나서 세 가지 섬김을 하나와 같이 하라고 했다.' 이 세 가지 일은 군사부(君師父)이다. 아버지가 아니면 나를 태어나게 하지 못했고, 임금이 아니면 나를 먹여 살리지 못했으며, 스승이 아니면 나를 가르치지 못했다고 하니 먹고 가르치는 것 또한 삶의 같은 부류이다. 그러한 이유로 인해 한 가지로 섬김이 사람의 道가 되는 것이다. 비록 그러나 근래에 이르러 도가 밝지 못하고 이단의 설이 종횡하여 천하를 더러운 데에 빠뜨리고 아버지를 아버지 대우하지 않고 임금을 임금 대우하지 않는 것이 있거늘 하물며 스승에게서랴! 절박하여 식자들의 痛歎함이 여기에 있다.

이 계의 여러 선비들과 능력 있는 자들은 여기에 뜻을 두어 스승을 섬기는 것으로 계를 만드니 師恩을 잊지 않기 위함이다. 어찌 쉴 수 있겠는가 위에 말한 '섬김을 하나와 같이 하라'란 말을 여기에서 볼 수 있다. 그렇다면 스승은 누구를 말함인가 龍隱 朴太圭선생이다. 선생은 밀양인이고 중종 때의 충신으로 기묘명현이시며 文度公 江叟(이름 : 薰)의 15세손이다. 태어나셔서 하늘에서 받은 기품이 크고 행동과 용모가 단정하셨다. 부모를 섬김에 효로써 하여 부엌에 들어가면 맛있는 음식을 준비하였고 상당에서는 부모의 기거를 문안하였다. 또한 높은 학문으로써 위엄 있어 공경하고, 언행을 믿을 수 있었으며 가르치는데 근면하셨다. 많은 학자들이 온지 30여 년이고 훌륭한 선비들도 멀리서부터 와서 당사가 수용하지 못하였다. 나 또한 다행이 선생과 同姓인 친척이나 서로 同居함이 짧아 비록 수업을 받지 못하였으나 그 마음에는 私淑함이 있었다. 선생의 기풍은 '산이 높고 물의 흐름이 긴 것 같다'고 말할 수 있으니 오호라 슬프다!. 지금 선생이 돌아가신지 거의 20여 년인데 지금에 이르러서야 이와 같은 舉動이 있으니 때가 늦음을 한탄하지 않을 수 없다.

무릇 많은 일에서 創立은 하늘을 오르는 것만큼이나 어렵고 거꾸로 추락하는 것은 솜털을 태우는 것만큼이나 쉽다고 하였으니 시작은 있으나 끝이 없는 것은 인지상정이다. 시경에 이르기를 '처음에는 선(善)하지 않은 이가 없으나 선으로 마치는 사람이 적다'고 하셨으니 여러 현인을 본받고 쉽고 어려움의 분별함을 생각하매 끝을 삼가 하는 것을 시작과 같이 해서 契를 契로써 보지 말고, 계를 스승의 엄한 교훈으로 보아서 살피라. 마땅히 힘써야 할 것이다.

반남인 무릉 박찬만 서

이 사은계의 계보는 만송 강대민(1890~1939)의 연원계(淵源契 1967)로 나누어지고 이웃하는 관천리의 남애 박흥규(1891~1959)로부터 시작하여 신재 박종근의 師恩契(1985)로 이어지며, 봉은 최흠엽(1898~1960)의 學業契(1958)가 다시 박종근의 師恩契(1985)로 이어져 그 명맥을 유지 한다.[2]

계의 서문에 나타나듯이, 사은계는 생삼사일지도(生三事一之道), 즉 사람으로 태어나서 부모와 임금과 스승을 동일하게 섬기는 이른바 군사부일체의 도를 강조하며 특히 스승에 대한 추모와 은혜를 기리기 위하여 조직되었음을 알 수 있다. 용은 선생의 생전의 삶의 일관된 모습과 부모에 대한 효가 잘 묘사되어 있으며 스승으로서의 품행이 그려져 있어 후세의 귀감을 이루고 있다.

현재 용은 선생으로부터 수학한 제자들은 모두 망인이 되고 배정이에는 손자인 박서영, 박수복 등이 생존해 있으면서 마지막 사은계원으로 상실해 가는 스승에 대한 미풍을 간직하고 있다. 아울러 비석제 대신에 박서영옹 댁에서 조촐하게 제를 지내며 조부의 위업을 기리고 있다.

사라져 가는 노동조직

우리나라 농촌은 전통적으로 농업생산을 위한 노동력의 협력관행을 발전 · 유지시켜왔다. 그 가운데서도 두레와 품앗이를 대표적인 노동력의 협력을 위한 조직이라고 할 수 있다. 두레는 주로 벼농사에 활용된 대표적인 노동력 동원조직으로 마을의 규칙에 따라 의무적으로 노동력을 동원시켜야 하는 조직이다. 이 두레에는 좌상(座上) 또는 영좌(領座)라고 하는 두레의 책임자를 두며 총무격인 공원(公員)이 간사로서 두레집단의 사무를 맡았다. 두레가 개시되면 대체로 농악과 농기가 부수적으로 따르는데 두레를 통하여 마을사람들이 연대를 이루고 성원 간의 결속을 다져 왔다.

불이리에도 마을 공동 작업을 위한 주민 조직으로 두레가 존재했다. 불이리 두레의 발생기원에 대해서는 명확히 전해지지 않고 있지만 이미 일제강점기 훨씬 이전부터 존재했다가 30여 년 전에 사라지고 없다고 전한다. 불이리의 두레는 주로 모내기와 제초작업을 중심으로 결성되는데 이러한 두레활동도 불이리가 소유하는 농지의 협소함으로 그다지 활발하지는 않았다. 다소의 농지를 소유하는 대가(大家)를 위하여 두레를 결성하는 경우가 전부였다. 물론 대부분의 농작은 소작에 불과하여 통상 10~20여 명 정도의 두레패를 결성하는 것이 고작이었으나 두레가 불이리의 공동 작업을 유인하는 중요한 협력양식이었던 것은 사실이다.

두레에 의한 공동 작업을 할 때에도 양반마을로서 반상의 구별를 명확히 한다고 하여 풍물패는 결성하지 않았으나 5.16 군사 쿠데타 이후에 더러 풍물패를 조직하기도 했다. 두레패의 총책임자는 이장인데 5.16 군사 쿠데타 이후부터 두레패를 이끄는 풍물패가 등장하고 상쇠, 중쇠, 장구 등으로 구성되었다고 한다. 두레패는 논에서 일하는 모내기패와 모내기철이 지나면 제초작업패가 따로 있어 마을단위로 김을 매거나 모내기에 동원되는 조직이었던 것이다.

한편 품앗이는 농촌지역에서 대중적으로 유행하는 노동력의 교환양식으로 불이리에서도 폭넓게 이용되어온 농사관행으로 농사의 근간을 이루었다. 이는 단기간에 집중적으로 노동력이 필요한 만큼 품을 얻어 쓰고 품으로 되갚는 관행으로 주로 여성들이 담당하는 밭농사에 이용되었다. 한나절의 품을 얻으면 다음에 한나절의 품으로 되갚고 하루의 품을 얻으면 다시 하루의 품으로 되돌려 주는 방식이다. 전혀 강제적인 규정이 없이 자신의 농사일을 가늠하여 품을 얻거나 품을 팔게 되는 자유로운 집단인 셈이다. 성원규모가 적고 현금지불의 곤란을 피할 수 있다는 장점 때문에 여성들에게 많이 활용된다.

상여계

상여계는 일종의 위친계로 부모의 유고시 상여를 메고 개토를 하는데 필요한 노동력을 부조하는 조직이다. 회원이 상을 당하게 되면 회원들은 초염부터 발인까지 참석하여 장례를 거들고 음식을 나누며 망인의 명복을 빌고 상주를 위로하기 위하여 마을 사람들을 중심으로 조직하는데, 마을을 떠나 타지에 나가 있는 사람도 그 기간에는 마을로 돌아와 회원들과 상례를 논의하고 상여를 맨다. 이때 상주는 회원들에게 수건과 장갑, 추리닝, 운동화 등을 마련해 준다.

불이리 상여계는 두 파가 있었슈. 타성 받이가 10%나 될까하고 나머지가 다 일가 친척인께. 상주는 츄리닝, 운동화, 장갑 같은 것만 줬슈. 상여 맬 때 상주들이 노자 돈 걸잖유. 그건 한 푼도 안 빼고 다 돌려줘요. 그라니께 자기 일처럼 봐주는 겨. 지금은 많이 변했슈. 이기적이지 사람들이.

그러나 세월이 차츰 변해가면서 그리고 회원들의 부모가 세상을 뜨면서 이러한 상여계의 의미나 중요성도 차츰 희석되고 있다.

불이2리에는 특별한 상여계가 존재하지 않았고 상사가 발생하면 삽짝지기로 돌아가면서 장례를 치른다. 마을의 이장은 상여꾼 명단을 작성하는데 망자의 재종까지는 상여를 메지 못하도록 하고 재종이 상여를 메야 되는 상황에서는 다른 마을 주민으로 대체한다. 마을 내에는 상여문서가 있어 언제 누가 상여를 멨는지를 기록하여 상여꾼을 분배하고 상여를 메지 않는 사람들로 하여금 산소 조성하는 일을 담당하도록 했다. 최근 들어서는 주민들이 대부분 노인들이어서 3~4만 원의 품삯을 주고 일군을 사서 일을 대신하게도 한다.

> 요즘이야 사람이 일을 하나요. 포클레인이 있어서 다들 포-크레인 불러서 하지. 사람들은 놀아도 산에 가서 놀지. 술상 마련되어 있겠다. 산에 가서 이래라 저래라 하면서 장례를 같이 하는 거여.(박전영)

친목계

친목계는 다소 연령대를 극복하고 조직되는 경우도 있는데, 붙이리에서 만난 한 친목계(회장 길갑임)는 대개가 50대, 60대, 70대의 여성들로 구성된다. 1998년에 창립하여 현재의 참석 인원은 45명에 이르고 있다. 회비는 일 년에 1만 원씩 3번을 추렴하는데 이 회비는 주로 관광비용으로 사용한다. 모자라는 경우 다시 일정금액을 추렴하며 그 일부로 간단하게 시장보아 음식을 해서 먹으며 회원들 간의 친목을 도모한다. 회의 유사는 회원들 간에 순번으로 돌아가면서 맡는다.

또 다른 친목계(유사 곽순례)의 경우도 마찬가지로 유사는 돌아가면서 맡으며, 계일은 구정지낸 후에 회장이 임의로 정하여 모임을 갖는데 이때 각 회원은 1만 원의 회비를 납부해야 한다. 이곳에 살다가 대전으로 이사 간 부인들도 3명이나 참석하고 있다. 그 외에도 부리초등학교나 부리중학교 졸업생들로 구성되는 동창회가 있어 회원들 간의 친목을 도모하여 동갑계나 형제계 등도 회원 간의 친목을 도모하는 목적계이다.

작목반

90년대를 전후하여 마을에는 다양한 작목반이 조직되는데 이들은 관, 군의 기술센터의 지원에 의존하며 생산물을 농협의 지원에 의하여 계통출하를 원칙으로 하며 자기사업의 이해관계에 따라 조직되고 이해관계를 상실하면 곧바로 와해된다.

이러한 조직을 구성하는 사람들 가운데 더러는 정부보조 사업을 중심으로 하는 조직되어 정부의 지원을 받자마자 조직으로부터 탈퇴하여 보조금의 빚만 떠안은 경우도 있다. 이 시기의 불이리의 주민들도 작목반을 중심으로 생산물의 출하지에 따른 판매비에 대한 정보, 농산물에 대한 심사의 규정, 생산기구의 구매처, 정부의 자금지원, 기술지원등에 대한 다양한 정보를 교환한다.

불이리의 교육

농촌지역의 교육은 초등교육이 보급되기 이전에 지역의 지식인층에 의하여 전개된 문맹퇴치사업, 계몽사업 등을 통하여 전개 되었거나 혹은 종교단체에 의하여 전도, 봉사, 계몽활동의 일환으로 추진된 것이 일반적이다. 물론 일제강점기에 있어서 일본제국주의의 문화정책의 일환으로 1910년대를 전후하여 초등교육을 담당하는 교육기관의 설립도 상당히 가시적으로 전개되었음은 틀림없는 사실이다.

초등교육

부리면의 경우 부리면 양곡리에 초등학교가 설립되기 전에 1909년에 평촌리에 설립된 명성학교까지 거슬러 올라간다. 이 학교는 뚜렷한 재원이 없이 학생들의 수업료로 학교를 운영하기 위해 설립된 사립학교였으나 재정문제로 개교 이후 2년 만에 폐교하고 말았지만 금산에서 네 번째로 탄생한 학교로 부리면민들의 향학열을 짐작케 한다. 부리면의 교육을 담당한 정식적인 교육기관 역시 지역유지들의 노력에 의해 조직된 권학회(勸學會)를 그 모태로 하고 있어 그 향학열을 가늠케 한다. 권학회는 1920년에 지역 젊은이들의 배움을 위해 조직되어 야간으로 개학하였는데 당시에 모여든 학생 수만 160여 명에 이르렀다고 한다. 이 권학회는 그후 1922년에 사립국민학교로 설립인가를 받았고 1924년 3월에는 공립보통학교로 설립인가를 받았다가

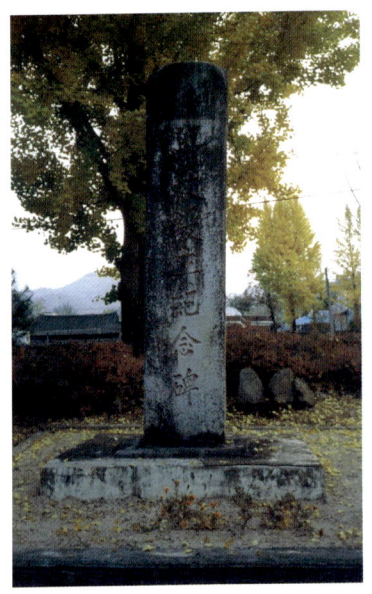

부리초등학교 교정에 세워진 기념비

1924년 3월에 4년제 부리공립보통학교로 승격하면서 2학급으로 편성된다. 그리고 일제의 강점정책에 극에 달했던 1930년 6월에 6년제 부리공립보통학교로 개편된다.

1938년 4월에는 소학교 설치령에 따라 부리 공립심상 소학교로 개칭되고 이 시기까지 학교의 면모를 갖추는 약 760여 평의 토지를 매입하고 두 동의 교사가 건축되고 6학급이 편성된다. 부리공립보통학교 제1회 졸업생으로 15명이 배출되었으며 최초의 졸업식이 거행된 것은 1926년인데, 이때 불이리 출신으로 제1회 졸업생이 된 것은 1912년생인 길도민 씨이다.

그후, 일본의 식민지 교육정책은 내선일체

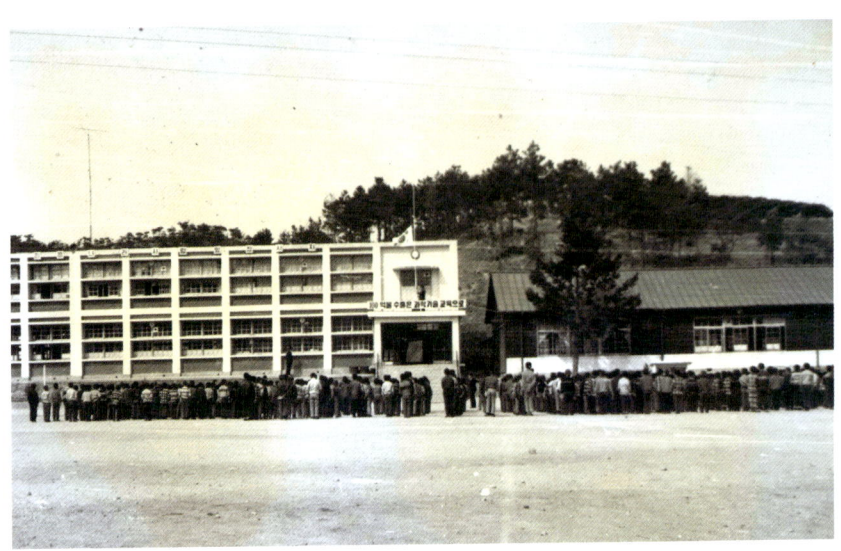

1960년대 부리초등학교의 조회광경(부리초등학교 소장)

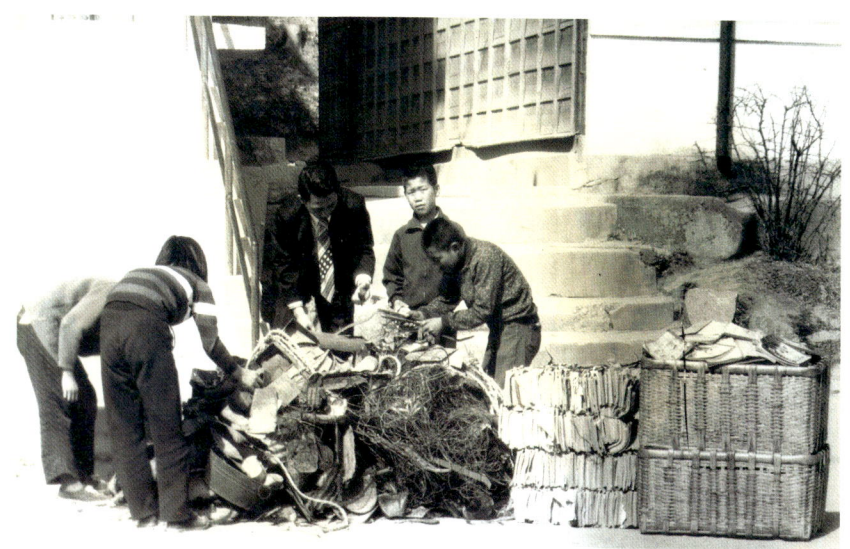

학교에서 고철이나 폐휴지를 모아 정리하는 모습(부리초등학교 소장)

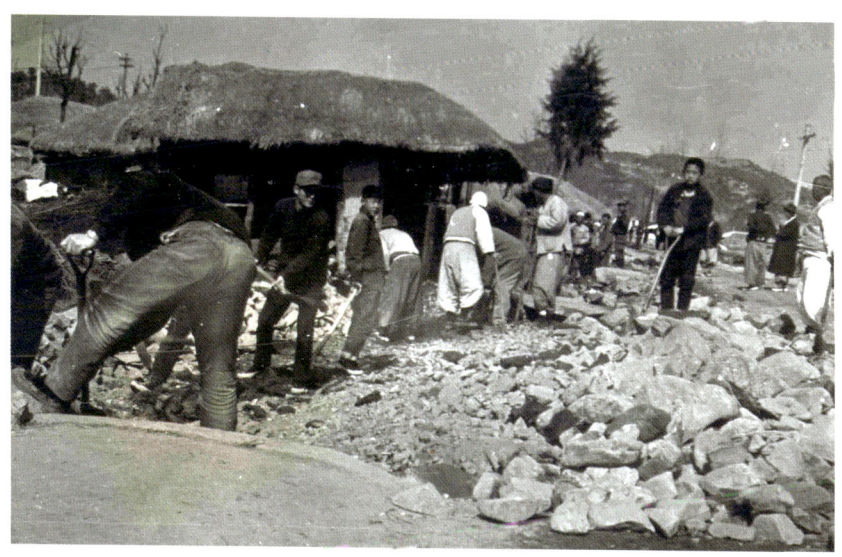

새마을운동이 현장에 어린 학생들이 일손을 거들고 있는 모습(부리초등학교 소장)

와 황국식민화라는 허울 아래 강화되면서 1941년 4월 1일부터 國民學校(초등학교)로 부르는 공고령에 의해 부리공립국민학교로 개명하게 되어 1945년 4월에는 9학급에 10명의 교사가 수업을 담당했다. 총학생 수는 638명에 이르렀다. 지금도 교정에는 학교건립을 기념하기 위하여 세워진 기념비가 오랜 세월을 감당하며 운동장 한편에 서 있다. 마을 주민들의 증언에 따르면, 부리초등학교의 건립을 축하하기 위하여 세워진 이 기념비는 양곡리 마을 안쪽에 세워졌던 것이라고 한다. 그러나 그 비가 어떤 연유로 학교로 옮겨졌는지는 확실치 않지만 1960년대에 학교교정으로 옮겨졌다고 한다.

한국전쟁의 발발로 학교의 교육이 중단되었다가 1951년에야 학교 수업이 정상화된다. 이 당시에 졸업하는 학생들 대부분은 금산읍 내에 위치하는 금산공립농업실수학교(후에 금산농고, 현재의 금산 산업고등학교)에 진학하거나 전주의 상급학교로 진학하는 것이 보통이었다. 1967년의 부리초등학교 학생 수는 18학급에 1,083명에 달했을 만큼 큰 규모를 이루었다.

부리초등학교는 이 지역의 초등교육을 담당하는 교육기관으로서의 명색을 유지하였음은 물론, 새마을 운동기에 정부의 정책을 지지하고 실천하는 기관으로서 자매마을의 새마을운동에도 명실상부한 기여를 했다고 한다. 이러한 지적은 당시의 사진자료를 통해서도 살펴 볼 수 있다.

1981년만 해도 17학급에 730명의 학생 수를 보유하여 명실공히 부리면 초등교육의 요람이라고 할 수 있었지만, 1986년에는 434명으로 크게 감소하고 1991년에는 8학급에 287명으로 다시 급감한다. 그러다가 2001년이 되면 학급 수는 6학급으로 줄어들고 학생 수는 겨우 89명으로 줄어든다.

따라서 2000년대에 들어서 부리 초등교육을 담당했던 부동초등학교, 금동초등학교 등이 부리초등학교로 재차 통합되고 창평초등학교만이 금산읍의 동(東)초등학교에 편입된다. 급격히 줄어든 인구와 더불어 부리초등학교의 위세도 급격히 위축되어 2008년이 되면 1학년부터 6학년까지 총 40명의 학생이 재적하고 그 명맥을 유지하고 있을 뿐이다.

부리중학교

부리초등학교를 졸업하는 학생들은 주로 양곡리의 부리중학교에 진학하는데, 부리중학교는 1969년에 설립되어 부리면 연동의 부리초등학교, 금동초등학교, 부동초등학교, 창평초등학교의 일부의 졸업생들이 진학할 수 있는 상급학교이다. 1968년 11월에 부리중학교 설립인가를 받았을 당시에는 6학급으로 편성되었으나 1973년에는 학칙 변경에 따라 12학급으로, 그리고 1976년에는 15학급편성 인가를 받아 면소재지의 중학교로서는 상당한 규모를 자랑하게 된다.

그러나 1990년대에 이르러 부리중학교의 교세가 급격하게 감소하게 되는데 1992년 2월에 학칙 변경에 따라 9학급으로 편성되면서 90년대 8년 동안에 다섯 학급이 줄어들게 되고 급기야 2002년에는 3학급으로 줄어든다. 2007년 부리중학교는 제36회 졸업식을 거행하면서 그간 총 졸업생수 5,336명을 배출하면서 부리면 일대의 인재양성에 매진해 왔으나 같은 해의 입학생은 고작 12명에 지나지 않는 초라한 모습을 나타냈다. 현재 3개 반에 44명이 재학 중이며 행정실을 포함한 13명의 교사가 이들의 마지막 교육에 안간힘을 쓰고 있다.

주민들의 종교생활

불이리 주민들의 종교생활은 다양하게 전개된다. 유교적 전통이 강한 불이리에서 기독교나 불교의 신심에 의해서 생활하고 있는 사람들의 모습을 바라보면서 불이리에 언제 기독교가 전파되었는지, 불교적 신앙생활이 이루어진 것은 언제인지 늘 궁금했다. 불이리 사람들의 종교는 다양하다. 인근의 용각사나 백인사, 보석사 등을 중심으로 하는 불교를 찾는 사람들과 금산의 천주교를 찾는 사람들도 있다.

그러나 불이리의 종교생활에 관심을 가지면서 약 90여 년의 전통과 그 맥을 잇고 있는 경당교회의 입지는 묘한 관심을 자아내기에 충분하다. 부리면 양곡리에 위치하는 예수교 장로회 경당교회는 금산이 기독교사의 산 증인으로 자리 잡고 있다.

경당교회는 1910년에 건립되어 부리면민들의 신앙생활의 터전을 이루고 있다. 당

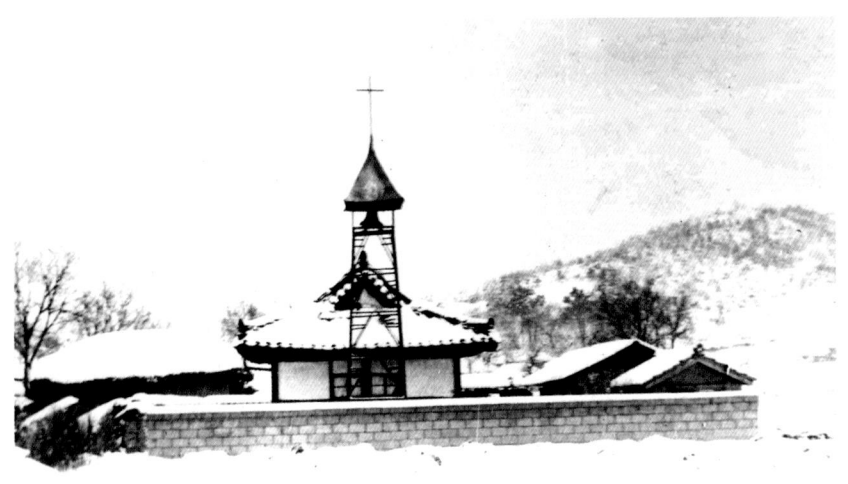

제2차로 지은 경당교회의 전경(송경섭 씨 소장)

시의 금산 기독교의 중추적 인물이었던 송학운에 의해서 경당리에 설립되었고 그 아들 송철이 그 교회의 중요한 인물로 활동했던 것으로 전해지고 있다. 송학운의 손자로 여전히 마을을 지키고 경당교회의 원로장로로 재직하고 있는 송경섭 씨가 역사의 증인으로 존재하고 있는 것이다. 송학운은 1846년 11월 25일 생으로 금산군 부리면에서 출생하고 동학농민 혁명군으로 전주지역의 전투에 참여하였던 인물이다. 1910년 3월에 부리면의 주민 약 30여 명을 모아 경당리 초가집 3칸을 구입하여 장로교 경당교회를 창립하고 종각을 설치하여 교회의 면모를 갖추었으나 일제의 기독교 탄압을 겪게 된다. 이때 마을의 신도들은 서로의 집을 돌아가며 예배를 보면서 신앙에 대한 구원을 포기하지 않았던 것이다.

8.15로 일제해방을 맞이하여 마을 건너편에 건평 28평의 기와집 교회를 건립하였는데 최근에 이를 헐고 당시에 사용했던 교회의 기둥으로 만든 십자가 교회 본당의 정면에 상징적으로 걸려 있고 주춧돌을 모아서 보존하고 있다. 두번째 교회 역시 송경섭옹의 아버지와 숙부인 송철 씨가 미국으로부터 돈을 보내와 교회를 지어 헌당하

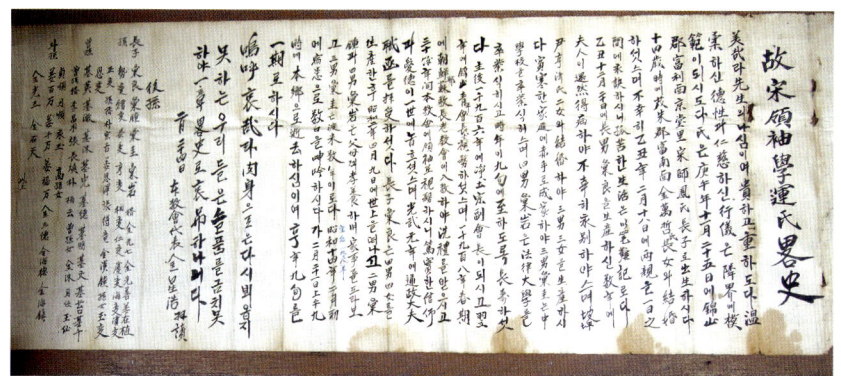

송학운 약사 원본

게 되었다. 현 교회 역시 송옹의 형제에 의해서 마련되었다고 하니 한 마을에서 삼대가 교회에 헌신하고 그 역사적 명맥을 유지하고 있는 것이다.

　현재는 부리면 양곡리에 건평 130평의 현대식 건물의 교회를 건립하게 되었다. 불이리의 주민들 가운데 이 경당교회를 무체로 신앙생활을 영위하고 있는 사람들은 그리 많지 않은 편이나. 신동성 목사(48세)와 정일순 사모, 그들의 아들 신새벽과 신요셉이 마을을 위해 봉사하고 있다.

　조사자 : 부임하신지는 얼마나 되셨는지요.

　목　사 : 저는 옥천이 고향으로 대전에서 신학교를 마치고 부교역자로 활동하다가 93년
　　　　　에 처음 이곳으로 오게 됐습니다.

　조사자 : 현재 교인수는 얼마나 됩니까.

　목　사 : 현재 교회에 출석하는 사람은 100명에서 120여 명정도가 됩니다. 안타까운 것
　　　　　은 처음 부임할 때 7~80명에 달했던 학생들이 다 떠나고 현재는 몇 명 남아 있
　　　　　지 않다는 것이지요.

　조사자 : 그 가운데 불이리 주민들은 얼마나 됩니까.

　목　사 : 몇 명안 되지요. 그렇지만 이곳으로 결혼해 온 분이 한분 계신데 그분의 노력으

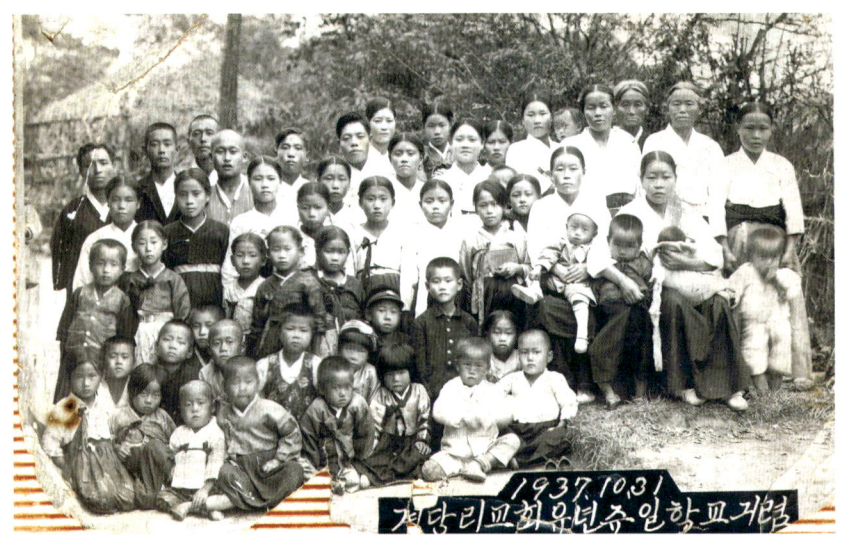

1930년대 경당교회 신자들(송경섭 씨 소장)

로 현재는 12~3가구가 교회에 출석하고 있어요.

조사자 : 농촌목회의 어려움은 없는지요.

목　사 : 농촌이란 말을 들으면 마음이 편안해집니다. 단지 교회와 지역사회와의 연계를 통한 활동이 미비해서 그것이 안타깝고요. 답답한 것이라면 어른들의 인식이 잘 바뀌지 않는 것 이구요. 예배당 내에 화장실을 만드는 데도 13번의 회의를 거쳐서 이루어졌어요.

조사자 : 농촌사람들의 신앙심도 약해지고 있지 않는지요.

목　사 : 물론 그렇지요. 점점 사람들도 마을을 떠나 줄어들고 있구요.

조사자 : 교회가 지역사회에서 하는 역할은 무엇이 있을까요.

목　사 : 우리 교회는 농촌교회치고는 자립하고 있는 상태로 지역에 대해서 무슨 역할을 할 수 있을까 고민을 합니다. 지난 20여 년 동안 학교 장학금을 지속적으로 지급하고 있어요. 초등학교와 중학교에 년 간 40만 원씩 장학금을 지급하고 있지요. 부족합니다만.

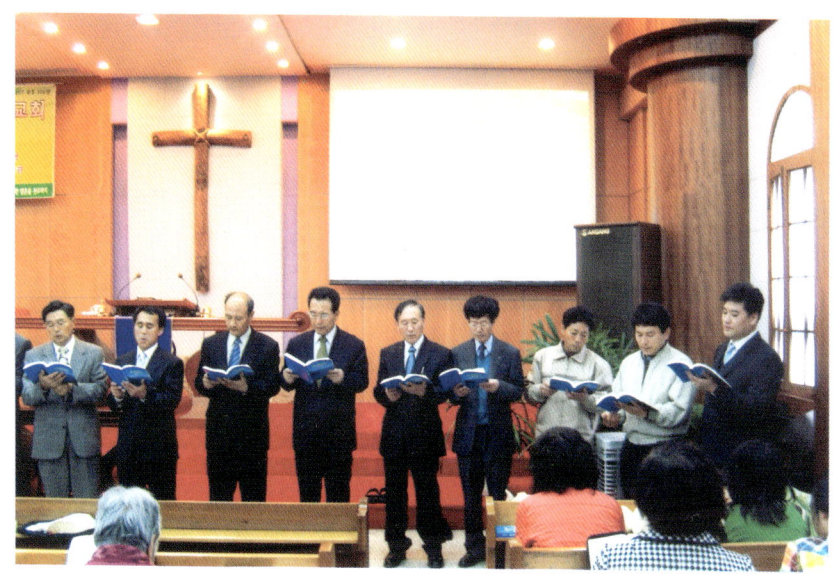

경당교회 특별찬양(신동성목사 소장)

조사자 : 그 외의 사업으로는 무엇이 있어요.

목　사 : 우리교회 출신 가운데 전주 예수 재활원에 근무하시는 분이 있는데 조금 후원하
　　　　고 방문예배를 보기도 합니다.

조사자 : 앞으로 계획이 있으시다면 무엇이 있을까요.

목　사 : 소망이 있다면 금산선교 100주년, 우리 교회 역사 90주년을 맞이하여 새로운 교
　　　　회를 세우는 것이 목표입니다.

새로운 전통의 지평을 열며

불이1리는 매년 음력 정월 14일이면 나을회의 주관으로 탑제를 실시한다. 마을회
의 재정으로 떡이나 삼실과 돼지머리, 포, 술을 준비하여 마을의 안녕과 풍요를 기원

하는 것이다. 특별한 선정기준은 없지만 마을회의 논의를 통하여 축관과 제관, 집사를 선정하고 제를 지낸 후 풍물을 치고 불놀이를 한다. 이때는 마을의 다섯 개 반을 편성하여 한 반이 돌아가면서 유사를 맡아 음식을 장만하거나 제물을 준비하면 또 다른 한 반은 탑 주변을 청소하고 제를 준비하면 나머지 세반은 산으로 나무를 하러 올라간다. 이렇게 마을 전 주민의 협력을 동원하여 새로운 전통을 이어가고 마을 주민들 간의 화해를 도모하고 안녕을 기원하는 새로운 전통을 창조하고 있다.

정월 15일에는 마을의 각호를 돌며 지신밟기를 하는데 이때 각 호는 자신들의 원복 대신에 술이나 쌀이나 돈을 추렴하여 지불한다.

올해는 지신밟기 해서 모아진 돈이 170만 원이나 되구, 쌀이 세가마나 나왔어. 다들 내지. 그래서 마을 돈이 되는 겨. 이번에는 술을 리어카로 싣고 왔는디. 요새도 아매 그 술 먹을 걸.(박언년)

이들 행사는 이장과 부녀회장이 중심이 되어 주민들로부터 쌀이나 현금을 추렴하여 제물을 준비하고 마을회에서는 당해 연도의 집사와 축관, 잔을 올리는 사람을 선정한다. 주로 집사나 축관, 잔을 올리는 사람은 가급적 정갈한 사람으로 선발하는데 축관은 마을의 젊은이 중에 한문을 익힌 사람을 선발하여 이들로 하여금 탑제와 위령제를 주관토록 하고 있으며 이때 부녀회원들은 다 같이 참석하여 제물과 음식을 장만한다.

이처럼 주민들의 참여를 통해 마을의 대동을 이루고 새로운 협력의 장을 형성하면서 불이리 사람들은 새로운 문화의 장, 전통의 창조를 꾀하고 있는 것이다.

(권 병 욱)

주(註)

1) 사은계 서문의 원문은 충남대학교 대학원 국사학과 송기중 군이 번역한 것이다.

2) 강성복(2008), 충남 금산의 비석제 연구 7~29, 민속학 연구2008,6 제22호, 국립민속박물관

근현대기 일상생활의 변화

불이리는 고려에 대한 충절로 조선 사람들이 귀감이 되었던 야은(冶隱) 길재(吉再) 선생의 후손들이 모여 사는 해평길씨의 종족마을이다. 마을의 이름이 '불사이군(不事二君)'의 불이(不二)에서 비롯되었듯이 주민들은 자신들의 정체성을 '충절'과 '양반'이라는 키워드로 집약해 내고 있다. 이렇게 규정된 정체성과 해평길씨와 밀양박씨의 종족마을이라는 사회적 · 혈연적 네트워크, 그리고 내륙의 산으로 둘러싸여 있다는 지리적 환경은 주민들의 일상생활을 규정짓는 주요 요소였다.

불이리에는 친족공동체가 발달되어 있다. 해방 이전까지만 하여도 마을 대부분의 구성원이 동일 성씨였고, 이러한 선동은 현대까지 이어져, 다른 미을과 비교하여 볼 때 동일 싱씨 주민의 비율이 월등히 높다. 타 성씨도 몇 가구 있으나 이들 역시 친인척관계로 맺어진 사람들이다. 아저씨 – 조카로 연결된 사회적 관계망은 일반 마을보다 친근하고 밀접한 관계를 만들었다. 즉 상호 허물을 덮어주고, 인내하거나 도움을 주고받고, 협조하는 것이 일반 마을보다 잘 된다. 또한 길흉에 대비한 주민 협조체계가 잘 조직되었는데, 각종 친목계가 그 예이다. 개인이 일생동안 한번은 꼭 겪어야만 하는 장례, 결혼, 환갑은 동네잔치로 치루어지며, 주민들은 금전으로 부조하거나, 노력봉사를 아끼지 않았다. 이때 친목계에서는 돼지 한 마리나 쌀 한 말씩을 부조해 주고 있다.

일반적으로 종족마을에서는 종회가 동회에 영향력을 행사하며, 일정한 기능을 담당하고 있다. 일제강점기끼지 종회가 마을의 공적인 사회조직으로서 마을을 운영했기 때문이다. 불이리에서도 그러한 유제가 일부 추적된다. 먼저 종회에서 주민들에게

상과 벌을 주는 업무를 근래까지 행사하였다 한다. 또한 종회의 업무와 마을 동회의 업무가 서로 착종되어 각종 행사나 비석 건립 시 서로 도움을 주기도 하였다. 물론 국가의 대민장악력이 강화된 현대에는 동회의 위상이 강화되어 마을과 관련된 대부분의 업무는 공식 조직인 동회로 이관되었다.

이 마을에서는 경제적으로 어려운 동족인들의 생존을 위한 여러 대책이 마련되어 있다. 예를 들어 생계가 곤란한 동족에게 종답이나 소작지를 우선적으로 대여해 주고, 매장지가 없는 동족에게는 종중에서 종중산에 터를 제공하였다. 그것이 여의치 않을 경우 마을 동회에서 송계산에 자리를 마련해 주었다. 이러한 친족관계는 1950년 농지개혁 때에도 어김없이 그 영향력을 발휘했다. 마을의 최대 지주였던 길형석 씨의 농지들이 불이리와 무주 지역에 산재해 있었는데, 농지개혁으로 인해 모두 빼앗기게 될 상황에 처하였다. 불이 1리 주민들은 모두 친인적 관계였으므로, "어떻게 아저씨의 땅을 빼앗느냐"며 소작지 매입을 청구하지 않았다고 한다. 이에 길형석 씨는 농지의 반을 돈으로 보상하거나, 농지를 1:1로 나누어 가졌다고 한다. 즉 길형석 씨는 불이리 농민들이 소작했던 농지의 절반을 땅으로 보존하거나 현금을 주고 살 수 있었던 것이다. 이 모든 것이 바로 인척관계였기 때문에 가능한 것으로 타 성씨 간에는 나타나지 않는 현상이었다.

이와 같이 동일 혈연관계는 이들의 사회·경제관계를 규정짓는 요소 중 하나였다. 생산력이 발달하지 못한 과거에는, 개인은 독자적으로 생존할 수 없었고, 가족이나 친족기반에 의거하여 재생산기반을 확보하고, 생계를 유지할 수 있었던 것이다. 여기서 파생된 과거의 유제가 불이리에 미풍양속으로 남아 있다. 이런 마을 주민들의 근현대기 일상생활의 모습은 어떻게 나타나는지 에피소드 중심으로 엮어 보기로 한다.

일상생활에서의 전통과 근대

청풍사와 '양반의식'

청풍사는 마을 주민들의 구심점이자 지역사회에서 정치·사회·문화적 네트워크

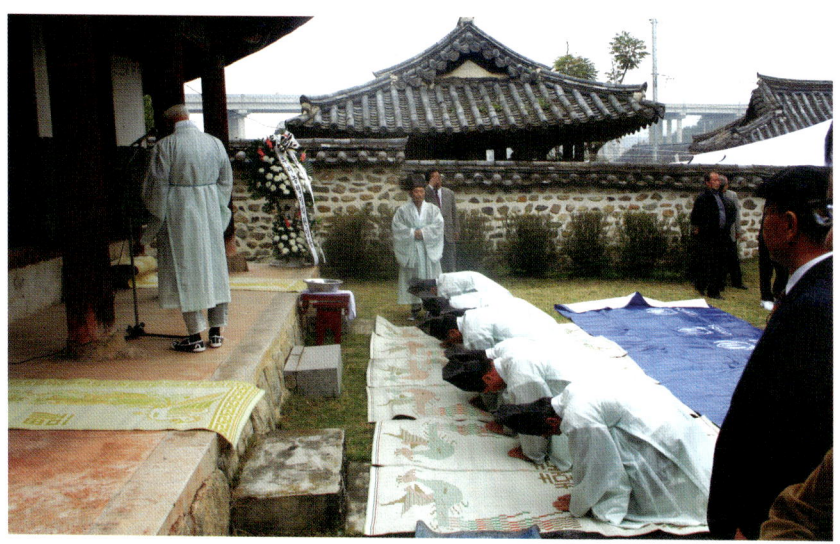

청풍사에서 사당제를 모시는 금산지역 유림들

를 형성하는 접점이었다. 매년 9월 15일(음력) 청풍사에서는 금산지역 유림들과 불이리 해평길씨 종인들이 모여 제향을 모신다. 제물과 음식을 준비하기 위해 전날부터 청풍사에는 미리 온 유림들과 종인들로 북적거리는데, 먼저 산지기와 종중 유사는 청풍사와 청풍당 그리고 주변의 풀을 베고 청소를 하며, 목욕을 함으로써 준비를 마친다. 그 후 돼지 한 마리를 잡음으로써 제물 준비가 시작되는데, 예로부터 제향의 제물은 간단한 편이다. 일반적으로 조선 최고 교육기관인 성균관에서 모시는 유림제는 12변 12두의 제물을 차리고, 향교는 8변 8두, 일반 서원은 4두 4변을 준비한다고 한다. 따라서 청풍사에서는 4변으로 밤, 대추, 육포, 소금, 4두로서 미나리, 무, 생조기 그리고 생고기를 진설한다. 여기서 음식들은 생으로 올리는데, 먼저 미나리는 뿌리만 잘라 가지런히 진설하고, 무는 무와 잎사귀 전체를 놓고, 고기는 익히지 않는 생고기를 쓰는 것이다. 원래는 사슴 생고기를 사용했으나 형편에 따라 하기 때문에 돼지볼살을 진설한다. 마지막으로 제상 앞에는 익히지 않은 돼지머리(혹은 소머리)를 놓는다. 이렇게 익히지 않은 음식을 사용하는 것은 '혈식군자(군자는 날로 된 고기를 먹

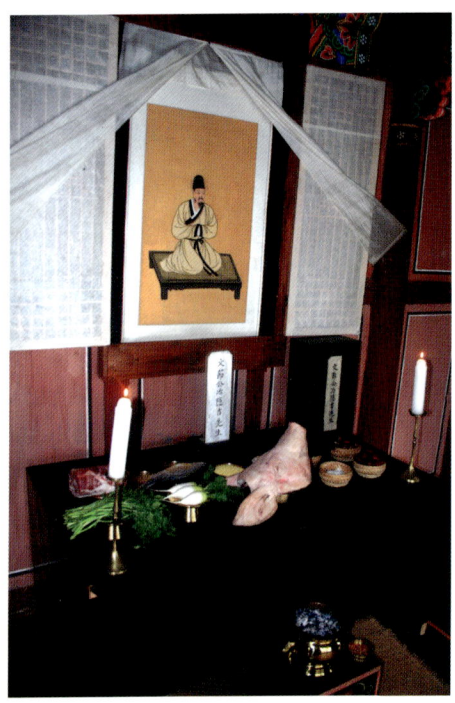
야은 길재 선생의 초상화와 제향의 제물

는다'라는 말에서 유래한 것으로 유학의 신봉하는 유림들의 유교 이념과 학문적 경향이 반영된 것이다.

청풍사는 이 지역 유림들에게 '불사이군'으로 함축되는 국가에 대한 충절을 상징하는 곳으로 학문·사회적 중심지이다. 박정희 대통령 재임기, 정부에서는 국민들의 국가에 대한 애국과 충성을 고양시키는 일환으로 각종 상징들과 전통 건축물들을 재건하였는데, 이때 청풍사의 현판이 대통령의 친필로 제작되었다. 또한 불이 2리 배정이 마을의 덕산사 현판도 박정희 대통령의 친필로 제작되었다. 조선시대의 사액서원이 현대기에 재현된 것이다. 이렇게 청풍사와 덕산사는 국가의 통치방법과 밀접한 관련 하에서 재건·신축되었던 것이다.

청풍사의 제향은 길재의 후손이 아닌 이 지역 유림들이 주도한다. 그것은 청풍사가 조선 영조시대 건립된 서원이기 때문이다. 정치 영역의 수장인 금산 군수가 초헌을 하며 학문 영역을 대표하는 유림이 아헌과 종헌을 한다. 약 150~200명가량의 유림들과 종인들이 모이는데, 이때 금산군에서 명망 있는 유림들과 세력가들의 학문과 사교의 장이 펼쳐진다. 유림들은 청풍사의 제향 이외에도 덕산사의 제향을 거행하며, 매해 설과 추석에 청풍사에 참배하러 왔다고 한다.

청풍사는 도포와 갓을 쓴 선비들뿐만 아니라 일반인들의 공경의 대상이었다. 마을을 지나가는 객인들은 청풍사 앞에 위치한 하마비에 이르기 전에 말에서 내려 걷다가

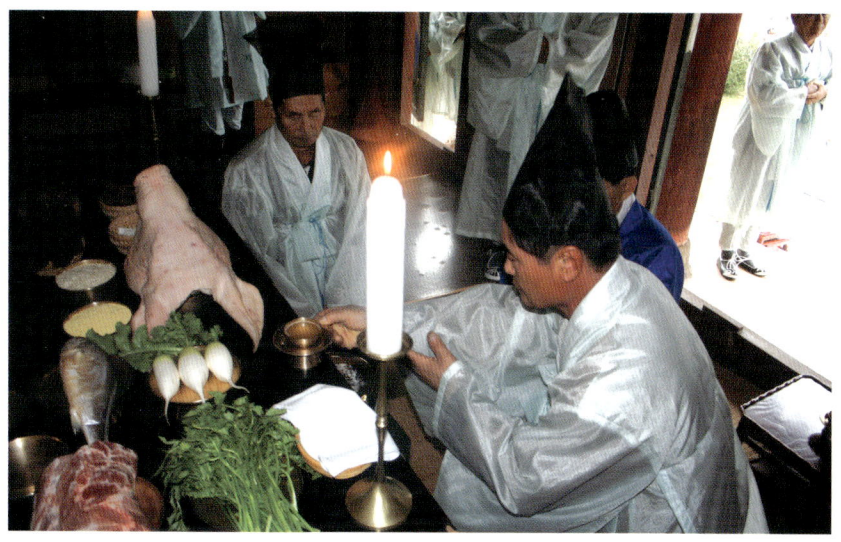

술잔을 올리는 유림들

청풍사 앞에서 잠시 모자를 벗고 머리를 숙여 공경을 표한 후, 청풍사 영내를 벗어난 후에야 다시 말을 타고 갔다 한다. 야은 길재 선생에 대한 지극한 예의의 표현이었다. 이러한 객인들의 모습은 주민들로 하여금 야은 선생과 청풍사에 대한 자부심을 한층 더 고취시켰다.

그러나 청풍사는 주민들에게 보다 친근하고 실질적인 의미를 갖고 있다. 우선 청풍사 옆에 위치한 청풍당은 불이마을과 인근 지역 아이들의 교육기관으로 기능하였다. 아이들은 청풍당에서 한문과 양반으로서의 예의범절, 그리고 조상인 야은 선생과 관련된 여러 이야기를 들으면서 주민 공통의 뿌리를 확인하며 자기 정체성을 형성할 수 있었다. 해방이 되자 청풍당은 여성을 대상으로 하는 야학이 열리는 장이 되기도 하였고, 해평길씨의 종회가 열리는 공간이기도 했다. 마을의 공공 장소와 종인들의 만남의 장소로 기능하는 것이다.

야은 길재 선생은 주민들의 조상이자 정신적인 지주였다. 매해 정월 초하루에 청풍사를 청소하고 마당에 돗자리를 깔아 놓으면, 주민들은 길재 선생께 먼저 세배를 드리고 동네어른들께 세배를 다녔다. 그들을 존재케 한 제일 큰 할아버지였기 때문이었다. 이 같은 모습은 추석에도 재현되는데, 추석 차례를 모신 주민들은 청풍사에 분향 드리는 것을 잊지 않았다.

예로부터 할아버지들은 어린 손주들에게 "청풍사를 본 받아라", "야은 선조를 욕 먹이지 말아라"라는 훈계를 통해 예절과 사회교육을 시켰다. 이러한 교육은 어렸을 때부터 주민들의 의식세계에 깊숙이 자리 잡아 양반마을로서 자기 정체성과 규범을 갖도록 하였다. 물론 한 후손의 지적처럼 조선 500년 동안 벼슬 한번 지낸 적이 없는 '상상의 양반'이었지만, 인근 주민과 구별시키고, 지역사회에서 위상을 확보하는 중요한 단서였던 것이다. 그리하여 이 마을에서는 "목구멍에 넣을 것이 없어도, 제사음식은 정성껏 준비했고", 사회·경제적으로 매우 가난하고 낙후된 마을이었지만 "양반 정신"만은 꼭 지키도록 하였다고 한다. 양반의식을 강화하고 정체성을 지키기 위해 종회에서는 효자·효부에 대한 강조와 표창을 하였고, 사물놀이를 하지 않았다. 그것은 상민들이나 하는 놀이였기 때문이다.

근대문명의 환희

불이리 마을 앞을 지나는 현 37번 국도는 금산읍을 거쳐 서낭당고개를 넘어 불이리와 현내리를 통과하여 무주로 가는 조선시대 역로였다. 파발마가 지나던 이 길은 부리면 사람들에게는 금산으로 통하던 유일한 장 길이었다. 주민들은 자가 생산한 곡물이나, 인삼, 산나물 등을 소나 말의 등에 가득 싣거나, 지게에 나무 한 짐 가득 짊어지고 금산장터로 향하였다. 금산 가는 길가에는 오리마다 주막이 있어 한참 걷다가 지치면, 막걸리 한잔 마시고 걸어가곤 하였다.

이 도로는 「조선도로령」의 공포에 따라 1940년 무주에서 현내리와 불이리를 거쳐 금산까지 넓은 신작로로 확장되었다. 총독부 근대화 사업의 이면에는 불이리 주민들의 피와 땀이 서려 있었다. 부리면사무소에서는 신작로를 닦고 보수하기 위해 각 마을 당 250m씩 배당하였다. 불이리 주민들은 각 호당 다시 15m씩 재 할당 받아 도로를 넓히고, 흙을 깔고, 자갈을 덮어 신작로를 완성하였다. 불이리에서 자갈을 채취하기 위해서는 멀리 금강 변까지 가야만 하였다. 결국 주민들은 바위와 큰 돌을 잘게 부

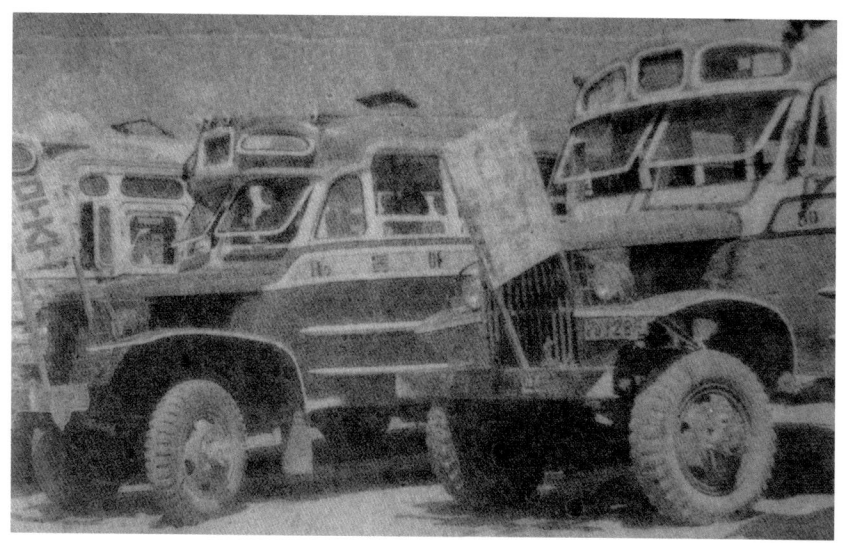
1950년대 운행했던 합동버스(금산시청 제공).

수는 방법을 선택했고, 그만큼 주민들의 노역은 심할 수밖에 없었다. 뿐만 아니라 주
민들은 등 뒤에서 끊임없이 닦달하고 재촉하는 감독관의 산소리를 들어야만 했다.

　식민지 도로망이 금산에서 무주까지 완공되자, 1940년 6월 마을 앞에 최초로 금
산~무주 간 정기 버스가 다니기 시작하였다. 전시체제기 석유 공급의 부족으로 운행
하기 시작한 목탄차였다. 이 목탄차는 일명 '오시차'로도 불리웠는데, 정오 12시에
불이리를 지나는 차였기 때문에 그러하였다. 이 차의 다른 이름은 '굼벵이 차'였는데,
목탄을 태워 증기로 움직이는 차였으므로 속도가 나지 않아 그런 별명을 얻게 되었
다. 뿐만 아니라 이 목탄차는 마을 앞 서낭당 고개를 넘어 가려면 그만 힘에 부쳐, 승
객들이 모두 내려 고개까지 도보로 올랐다가 다시 승차하는 그런 차였다. 그래도 문
명의 이기였던 버스의 출현은 주민들에게 근대 문명의 환희를 맛보게 하였다. 물론
그 이전에 일본순사나 관공서 직원이 타고 다니던 자동차나 자전거가 가끔 눈에 띄기
는 했지만 그것은 그들 세계의 것이었다. 그러나 이제 주민들은 버스를 타고 대전으
로 가서, 다시 경부선 기차를 타고 서울이나 부산으로 장기여행을 떠날 수 있었다. 조

선시대에 3일에서 5일 정도 걸렸던 서울로의 여행길이 이제 하루로 단축된 것이다. 그러나 이러한 교통혁명은 주민들도 모르는 사이 불이리 주민들을 식민지 지배체제 속에 더 견고하게 묶어 놓고 있었다.

1941년 어재리 압수의 뒷산, 양각산에서 탄약의 원료로 쓰이는 형석광이 발견됨에 따라, 광산과 공장이 문을 열었고, 형석광물을 싣고 다니는 화물자동차가 불이리 앞 신작로를 빈번하게 질주하기 시작하였다. 해방이 되자 미군이 진주하였고, 화물차와 버스의 운행도 점차 빈번해지기 시작하였고 근대 교통수단도 주민들의 삶속에 점차 일상화되었다. 그후 부리면 내의 다른 도로들은 새마을기에 확충되었고, 불이리 앞의 37번 국도도 부리면 내에서 가장 먼저 1989년에 포장되어 현재 이용되고 있다.

근대 문명의 대명사로 불리웠던 전기가 불이리에 들어 온 것은 다른 농촌 마을에 비해 매우 빠른 편이었다. 1941년 경 압수의 형석공장에서 전기가 필요하여 어재리에 전기가 처음 들어 왔다. 물론 금산읍에서는 이미 그 이전부터 전기를 사용했다. 이 시절에는 전기를 사용하는 사람이 적어 "전기 사시오, 전기 사시오!"하며 전기 판매원이 길거리를 누비고 다녔지만, 해방 이후 북한에서 송전을 중단함에 따라 공급이 부족하였다.

불이리에는 1950년대 중반 경 영동-압수의 전선줄에 연결하여 전기가 들어오게 되었다. 가구 당 전신주 값으로 일정액을 부담하였고, 마을의 유지들은 더 많이 부담하였다고 한다. 당시 전기는 일반선과 특선, 두 종류로 나뉘어져 있었다. 특선은 한국전력주식회사에서 24시간 전기를 공급해주고 직접 요금을 청구하는 것으로 산업체나 행정기관 등에서 주로 사용하였다. 일반선은 불이리 주민들이 일반적으로 사용했던 것으로 저녁 6시부터 12시까지 시간제로 송전하였는데, 특선보다 가격이 저렴하였다. 전기선은 부리 1리의 길만근 씨 집에 제일 먼저 연결되었고, 길만근 씨 부친은 매일 정해진 시간이 되면 전기 스위치를 켰다 껐다 하는 업무를 맡아 보았다. 또한 그는 한전 대행으로 마을에 전기세를 받으러 다녔는데, 전등의 수대로 값을 계산하였다고 한다. 대신 그는 전기를 마음대로 사용하는 혜택을 누렸다.

전기가 들어오자 곧이어 전기를 이용한 각종 가전제품들이 들어오기 시작하였다. 문명과 오락의 대명사였던 텔레비전이 처음 불이리에 들어 온 것은 길문근 씨가 일본에서 가져 온 텔레비전이었다. 그 이후 박의영, 박흠대, 박원용 씨 및 월남에 파병 다녀온 길호근 씨도 텔레비전을 샀는데, 마을 주민들의 안방극장 역할을 톡톡히 하였다. 박치기의 명수 김일의 레슬링이나 한일대항 축구경기가 있는 날이면 아예 마당에 멍석을 깔아 놓고 마을 손님을 맞이하였다. 매일 밤 밀려오는 손님을 주인은 싫은 내색하지 않고 환한 미소로 맞이해주는 것이 그 시절의 인심이었다.

한편 불이리에서 라디오를 소유한 집도 그다지 많지 않았다. 부자였던 박의영, 박흠대 씨 외에 주민들이 라디오를 통해 전국적인 드라마와 뉴스를 들을 수 있던 것은 '스피커'가 나온 60년대 이후였다. 지역의 유선방송업자가 각 가정마다 스피커를 달아 중앙의 방송을 재방송함에 따라 불이리 주민들은 집에서 대통령의 동정을 파악하고, '광복 20년' 드라마나 김정구의 '눈물 젖은 두만강'의 노래를 감상할 수 있었다. 물론 역으로 주민들은 정부의 대국민 의식화작업이나 통제로부터 자유로울 수 없었다. 서서히 산골이나 먼 도서지역 주민들까지 한국 국민으로 통합되고 있었다. 그 밖의 근대 기기로는 유성기(축음기)가 있는데, 길인근, 길달석 씨 댁에서 구입한 유성기를 통해 고복수, 황금심, 윤일로 등의 노래들을 수 있었다.

한편 불이리로의 전화 보급은 상당한 시간을 요하였다. 일세 강짐기에 이미 부리면사무소, 경찰지서, 부리양조장 등지에는 업무용 전화가 설치되었지만, 1969년까지도 부리면의 전화대수는 고작 14대뿐이었다. 급히 연락을 취해 할 경우에 주민들은 업무용 전화나 부리우체국에서 공중전화를 사용해야 했다. 1970년부터 이른바 흑색 수동전화기가 마을에 보급되기 시작하자, 경제적으로 여유가 있는 집에서 전화를 놓기 시작했다. 전화번호가 0023번, 0026번으로 시작되는 불이1리의 이영규, 길석찬, 길호건, 길세기 씨 집에 전화가 제일 먼저 설치되었고, 2리에서는 박의영 씨네에 제일 먼저 들어 왔다 한다.

송계와 초군이야기

마을에 들어서면 면소재지인 현내리 방향(서쪽)을 제외한 나머지 삼면이 모두 해발 400~500m의 삼정산과 정문산으로 둘러싸여 있는 것을 볼 수 있다. 농지로 개간되기 힘든 지형이기 때문에 마을의 농토는 쇠비랑골, 성죽골, 산태골 등 일부 골짜기

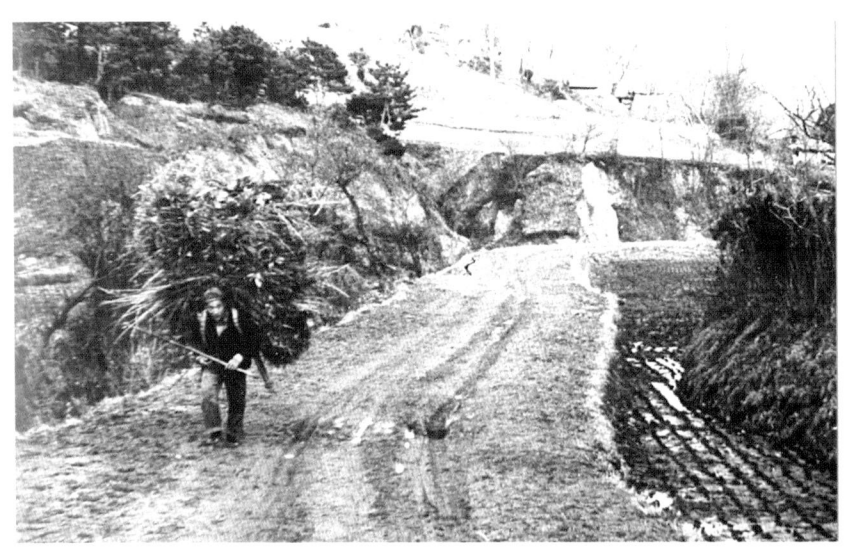

금산의 초군(금산시청 제공)

와 선들, 부아지들 등 들을 중심으로 형성되어 있을 뿐 규모 또한 그리 크지 않다. 이러한 마을의 장기지속적인 환경 조건을 고려했을 때 주민들은 생활은 밭농사 및 산림과 밀접한 관계를 맺을 수밖에 없다는 것을 알 수 있다.

조선시대는 물론 일제강점기를 거쳐 1960년대까지 산림은 불이리 주민들의 땔감이나 퇴비 및 식량 조달원 뿐만 아니라 초군(나무꾼)들의 삶의 현장이었다. 불이리 호수의 절반가량은 농한기에 장작을 금산장에 판매함으로써 생계를 보충해야 하는 가난한 농민들이었다. 19세기~20세기 걸쳐 개간과 인구 증가로 인해 인근의 산림들이 남벌되는 상황 하에서, 마을에서는 일정한 규모의 산림을 확보해야 했다. 이때 해평길씨와 밀양박씨의 종족마을이라는 특성이 마을공동체 차원에서 주민들의 생계 대책을 적극적으로 모색하게 만들었다.

불이리에서는 마을공동체의 이름으로 상정날과 마당날, 그리고 귀벅장동이와 매봉산 등지에 송계산을 구입하였고, 주민들은 모두 불이 독송계, 불이·말골 양동송계 혹은 매봉산 삼동송계 등의 송계에 가입했다. 주민들은 송계산의 보호와 관리를 지속적으로 하였고 타지역 주민들의 입산과 벌목을 엄격히 금지하였다. 또한 일제강점기 총독부의 지원을 받아 송계산에 싸리나무 씨앗을 뿌리는 사방공사에 적극 참여하였다. 면에서 오리목 묘목을 공급해 주었는데, 주민들은 부역을 통해 식재하였다. 이때의 소득은 부역인이 20%, 산주인이 80%를 갖는 것이었다.

백중(음력 7월 15일)을 전후하여 풀령(산에 가서 풀과 땔감을 채취할 수 있도록 허락된 기간)이 해제되었을 때 주민들은 송계산에서 풀을 채취하여 보리밭에 넣을 퇴비를 만들었다. 앞에서 언급했듯이 불이리의 건장한 남성들 중에는 초군이 많았다. 초군들은 매년 이 무렵 금산 내에 위치한 송계산으로 통하는 초장길을 닦았는데, 일종의 마을 연례행사였다. 초군들은 각자 필요한 도끼와 낫 등 연장을 들고 산으로 갔고, 마을에서는 초군들의 간식으로 술과 푸짐한 안주를 준비했다. 다른 마을처럼 서낭제와 산신제를 지내거나 풍물놀이나 농기싸움을 하지 않았지만, 마을 어귀에 서있는 돌탑에 마음속으로 무사고를 기원하였다.

송계산에 땔감이 부족하면 초군들은 20~30리 길을 걸어 전북 무주에 있는 송계산이나 다른 산에 몰래 도벌 원정을 가기도 하였다. 그들이 다녔던 곳은 전북 무주의 돼기산, 보리치, 대남골 등지였다. 새벽 어둑어둑할 때 밥 한 술 뜨고 산림 감시인의 눈을 피해 겨우 나무 한 짐 짊어지고 끙끙거리며 집에 오면 저녁 해질 무렵이었다. 그것을 일정한 크기로 패고, 말려서 '싱품 가치가 있는 장작으로 만들어 놓았다가, 금산장이 열리는 2일이나 7일, 장작을 지게에 짊어지고 서낭당고개를 넘어 20리 험준한 길을 걸어 장으로 향하였다.

가을에는 깔치나무나 소나무 잎을 갈고리로 긁어 말려서 장에 가져가기도 하였다. 가을비라도 부슬부슬 내리면 날에는 지게에 진 장작이 비에 젖어 점점 더 무거워지고, 또 상품가치가 떨어져 그만큼 판매도 어렵게 되었다. 하루 종일 손님을 기다려도 흥정하는 손님은 없고, 장바닥의 건달들은 이따금씩 나타나 푼돈을 요구하면서 시비를 걸기도 하였다. 재수 나쁘면, 지세를 뜯겼는데, 돈이 없을 때면 장작을 빼앗기기도 하였다. 해가 넘실넘실 넘어가는 저녁 무렵이 되면 손님들이 하나 둘씩 나타나기 시작했는데, 구매자들의 심리는 조금이라도 나무를 싸게 사기 위한 요량이었다. 즉 무거운 장작을 다시 집으로 짊어지고 갈 수도 없는 것이기 때문에 나무 값은 점점 하향

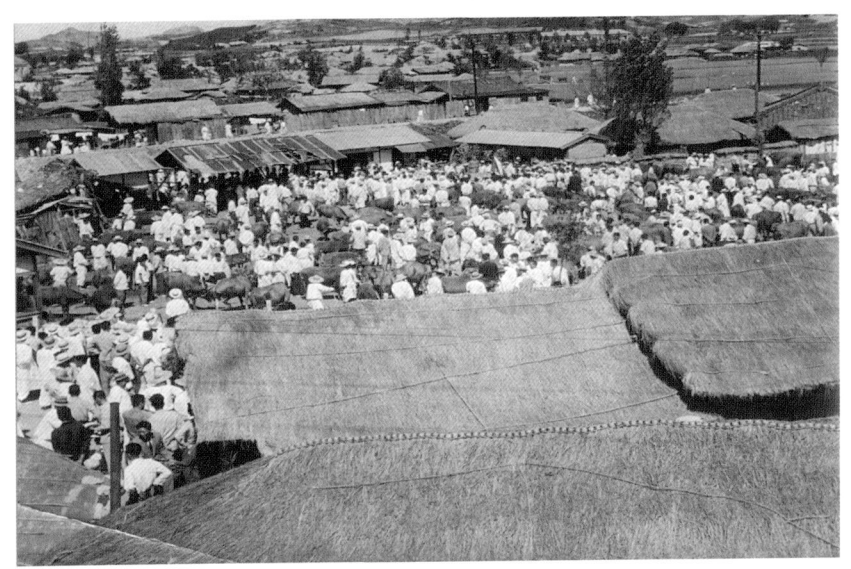

일제강점기 금산장(금산시청 제공)

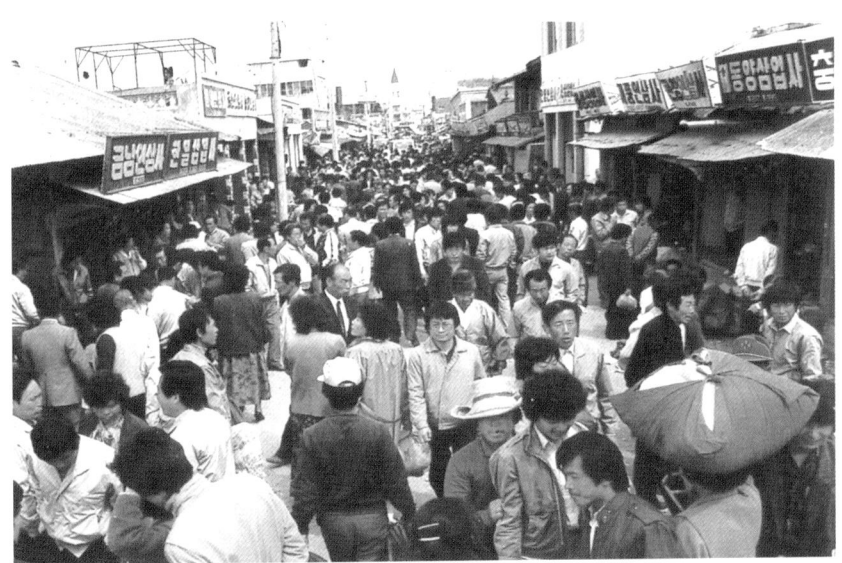

1970년대 금산장(금산시청 제공)

곡선을 긋기 마련이었다. 긴 흥정 끝에 겨우 나무를 파는데 성공하면 나무꾼은 장작을 배달해주고, 헛간에 쟁여 주는 서비스까지 해주어야 돈을 받을 수 있었다. 장작 한 짐을 판매한 돈은 1원 50전, 그것은 쌀 2되나 보리쌀 4되 정도 살 돈으로, 식량과 맞바꾸어 온 식구가 죽을 끓여 먹고 사는 소중한 돈이었다. 이 시기 이들의 애환을 담은 노래가 구전된다.

> "해뜨기 전에 나무지게 지고 장터 나가,
>
> 해가 져서 어두울 때,
>
> 빈 지게를 작대기로 두들긴다~."

음식문화와 여가생활

불이리의 먹거리는?

불이리는 산으로 에워싸여 있는 마을이기 때문에 산은 중요한 식량 공급처 역할을 담당하였다. 이 마을의 가을 주식이었던 도토리 밥과 도토리묵은 고소한 맛으로 유명하다. 가을 다람쥐들이 도토리를 싹쓸이하기 전 부지런한 불이리 어머니들은 보자기 한가득 도토리를 주워온다. 도토리 껍질을 벗긴 후 삶아서 물에 우려 떫은맛을 없앤 후 쌀이나 보리쌀을 넣어 밥을 해먹거나, 가루로 만들어 춥고 긴 겨울 밤, 도토리묵을 해먹기도 하였다. 도토리묵에 파와 깨소금, 참기름 등 각종 양념을 넣고 버무리면 맛 좋은 간식이 되었다. 참고로 도토리묵은 임진왜란 때 선조가 즐겨 드시던 야식이었다 한다.

주민들의 발길이 자주 닿는 동네 산자락의 산나물들이 초토화 되면, 마을의 아낙네들은 30리가량 산을 넘고 넘어 무주의 깊은 산속으로 산나물 원정을 떠났다. 여기에는 여러 종류의 버섯, 취, 쑥, 벌개미취, 머위, 돈나물(돌나물), 도라지, 더덕, 두릅, 고비, 고사리, 나싱개(냉이), 고수, 꽃다지 등 산나물이 지천으로 깔려있었다고 한다. 향긋한 산나물들을 광주리 가득 채취하여 깨끗이 씻어 말리면 겨우내 요긴한 반찬이 되었고, 금산 장에 내다 파는 훌륭한 상품이 되었다.

불이리는 종족마을이라 혈연관계로 맺어지지 못한 일부 타 성씨들은 마을공동체의 보호를 받지 못하였다. 이 중 논밭은커녕 텃밭도 없어 남의 집 일을 해주며 사는 날품팔이 주민들의 생활고는 더욱 심하였다. 하루 종일 수수밭에서 김을 매도 여성들의 임금이란 고작 된장 한 투가리(그릇)였던 그 시절, 어머니들은 추수한 남의 참깨밭에 배추를 심어 겨울 먹거리를 장만했고, 봄에는 남의 논둑이나 밭둑에 배추를 심어 먹었다. 장아찌 박을 된장도 모자랐기 때문에 남들이 흔히 먹었던 장아찌는 엄두도 못 내었고, 고춧가루도 모자라 김치는 허연 백김치였다. 봄의 보리 고개를 쑥과 함께 보리쌀 한줌을 넣은 쑥 죽으로 무사히 넘기면, 여름은 산비탈 밭에서 캔 하지 감자 덕분으로 지낼 수 있었다. 고구마가 나올 늦여름 철이 되면 고구마 밥으로 식단이 바뀌었다. 고구마는 여러 모로 쓸모가 많았다. 줄기는 말려 나물로 먹거나 된장에 버무려 장아찌로 먹었고, 고구마 줄기 김치도 담아 먹을 수 있었다. 이 마을에는 산비탈을 개간한 밭이 많았으므로 고구마와 감자 농사를 많이 지었는데, 고구마의 경우 한 집당 평균 10가마니 이상 생산하여 끼니 때마다 주식으로 김치랑 함께 먹었다 한다.

이 마을에는 송계산의 풀령이 해제되는 기간에 산에서 풀을 베어 퇴비를 만드는 풍습이 있다. 당시에는 화학비료가 고가였기 때문에, 마을의 남정네들은 삼삼오오 짝을 지어 산에 올라 풀을 베어, 작두로 썰어 퇴비를 만드는 작업을 공동으로 하였다. 아침마다 개똥 줍는 부지런한 노인들 덕분에 인분과 함께 풀을 섞어 삼장과 논밭에 필요한 자연퇴비를 만들었는데, 수고하는 여러 사람들을 위해 여인네들은 물레방앗간(불이1리의 돌탑자리)에서 밀가루를 만들어 별미 칼국수를 대접하였다.

불이리는 인삼을 재배하는 마을이기 때문에 인삼과 관련된 특식들이 많다. 물론, 인삼은 고가였고 판매용이었기 때문에 불이리 주민들이 쉽게 먹을 수는 없었다. 따라서 본격적인 인삼 요리 개발이 최근에 이루어졌다는 특징이 있다. 그래도 몇 가지 요리법은 수십 년 전부터 전해지고 있다. 먼저 불이리 인삼청주가 유명하다. 고두밥을 쪄서 누룩과 인삼을 넣고 따뜻한 곳에 5일간 숙성시킨 후 용수를 받으면 인삼청주가 되는 것이다. 이 불이리의 인삼주는 유명하여 충남도지사가 직접 주문하여 마셨다고 한다.

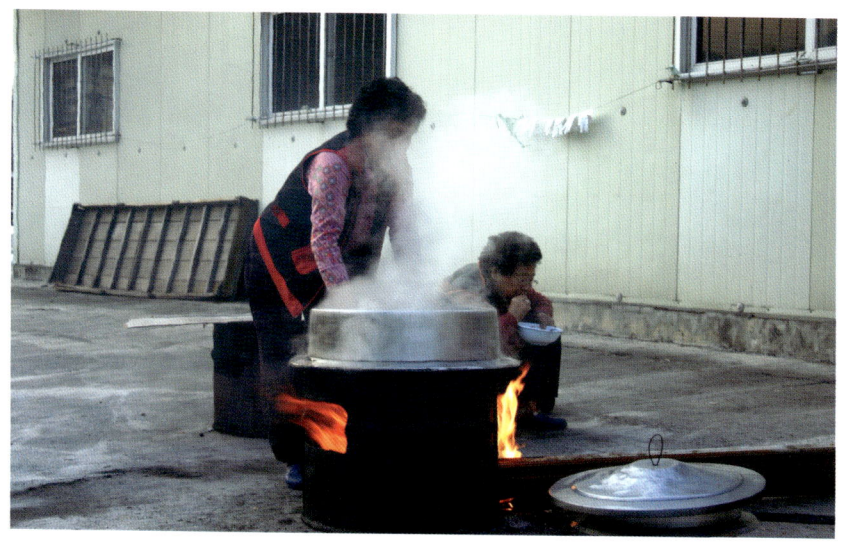

마을회관에서 음식을 공동으로 준비하는 부인들(2006년도 동계 음식 준비).

인삼은 귀하기 때문에 주로 약으로 많이 사용이 되는데 배 아플 때나 설사, 숙취해소에 수삼을 갈아 먹으면 효험이 좋았다. 특히 미삼은 감기에 효능이 있었다 한다. 인삼을 넣은 음식으로는 삼계탕이 주된 메뉴였으나 최근에 들어서는 인삼 정과, 인삼 튀김, 인삼 무침, 인삼 캔디, 인삼 과자, 인삼 음료수 등이 많이 개발되어 인기를 끌고 있다. 팔고 남은 인삼을 먹어서인지, 아니면 주민들이 자랑하는 청정약수 때문인지, 마을에는 유난히 장수하는 노인들이 많고, 다른 마을에서는 보기 힘든 장수 남성들도 눈에 많이 띤다.

불이리는 깊은 내륙에 위치해 있으므로 바다 생선이 귀하였다. 요즘과 같이 냉동 시설과 교통이 발달되지 않았던 시대였으므로, 금산장에서 살 수 있었던 생선은 고작 굴비, 자반고등어, 자반갈치와 멸치 등이었다. 한국인들이 좋아했던 명태가 불이리 밥상에 올라오기까지는 상당한 시간과 유통단계를 거쳐야하므로 금산 장에서 판매하는 명태는 약간 맛이 간 것이었다. 그래서 불이리 아낙네들은 명태의 살이 풀어지지 않게 하기 위해 지푸라기로 묶어 찌개를 끓였다고 한다. 그래도 두부가 함께 어우러

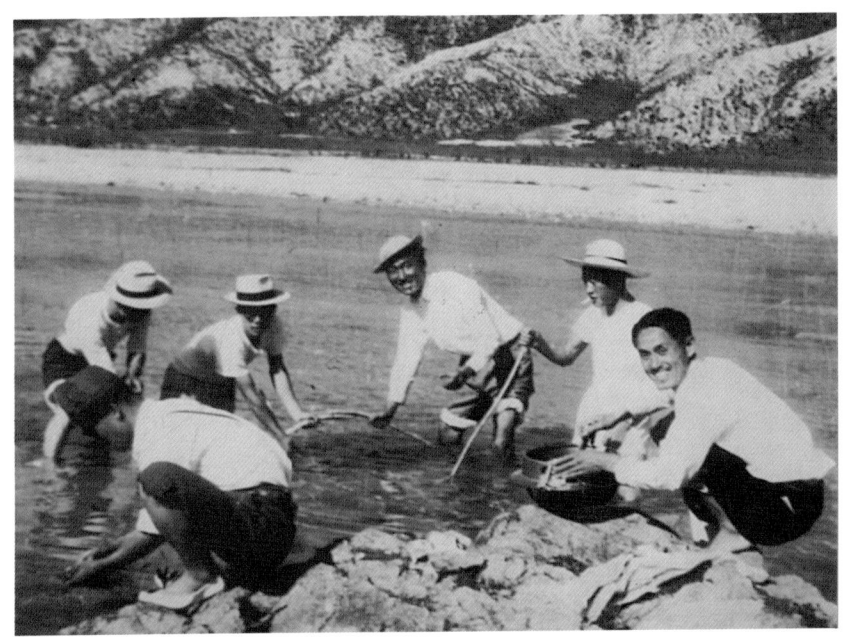

금강에서 족대질을 하는 남자들(금산시청 제공)

진 명태찌개는 훌륭한 일품요리였다.

바닷가 생선은 잘 먹지 못했지만 금강이 옆에 있어 강가의 물고기는 밥상에 올릴 수 있었다. 무더운 여름의 고된 노동에 지친 주민들은 친지들과 솥단지와 양념, 술 한 병 허리춤에 꿰차고 압수나 도파 혹은 수통골로 가서 천렵을 하였다. 고기 잡는 방식은 이른바 '족대질'이라는 것이었다. 위의 사진과 같이 강바닥 돌을 지렛대로 움직여, 그 밑에 숨어 있는 물고기를 족대(그물)로 잡는 방법이었다. 그밖에 싸리나무 통발(일종의 민물용 어항)을 사용하는 방식도 있었다. 또한 떡메나 해머로 물속에 잠겨 있는 돌을 내려치면, 그 충격에 의해 돌 밑에 숨어 있던 물고기가 순간 기절하거나 죽어 둥둥 뜰 때 얼른 그물로 잡는 방식도 애용하였다. 박아사리와 피라미가 많이 잡혔는데, '얼빠진 고기'로 끓이는 얼큰한 매운탕과 어죽의 맛은 일품이었다. 또한 불이1리 마을 한가운데로 흘러가는 시냇가 축대는 돌과 나무로 축조되었으므로 물고기들의 좋은 서식처 구실을 하였다. 여기에 중태기(송사리), 미꾸라지, 뱀장어 등이 서식했는데, 멀리 수통골로 원정가지 못하는 아이들의 즐거운 낚시터가 되었다.

놀이문화와 여가생활

앞서 언급했듯이 불이리는 친인척이라는 사회적 관계로 맺어진 마을이므로, 주민들의 놀이문화와 여가생활도 다른 마을에 비해 동질성과 친밀도가 높은 편으로 나타난다. 불이1리 어린이들의 주요 놀이 공간과 어른들의 회합 장소는 위풍당당한 백세청풍비가 우뚝 서있는 청풍사 앞 공터였다. 청풍사를 중심으로 마을의 모든 만남과 여가활동이 전개되었다. 공회당이 없었던 일제강점기와 그 이후 시절, 이장님은 "비석거리 정자나무 아래 모여라"라고 동회 소집 공지를 하면, 모두 청풍사 앞 마당 정자나무 아래에 모였다. 이 곳 앞은 시원한 버드나무가 즐비한 개울가이고, 그 옆은 물레방아와 연자방아가 위치한 동네 중심부였던 것이다.

조상의 자랑스러운 위업을 기리는 유교 경관 속에서 어린이들은 아침밥 숟가락을

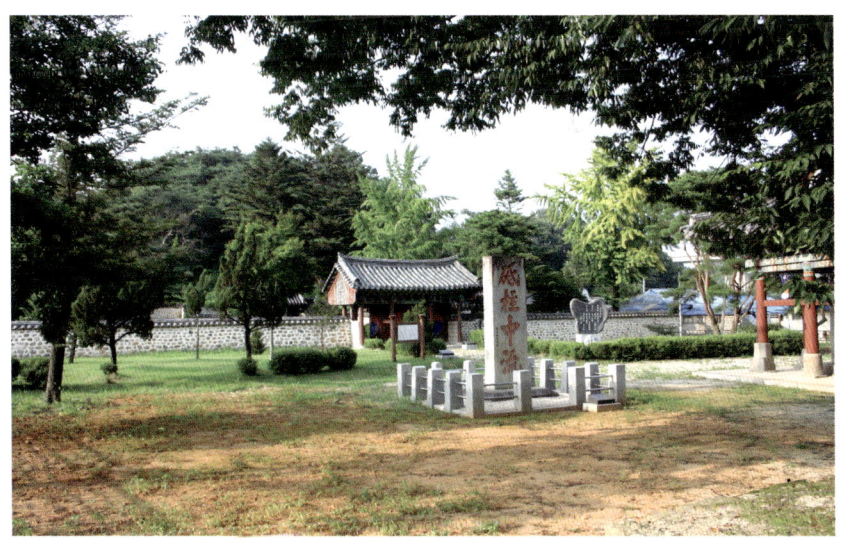

불이1리 어린이들의 놀이터 역할을 하였던 청풍사 앞마당.

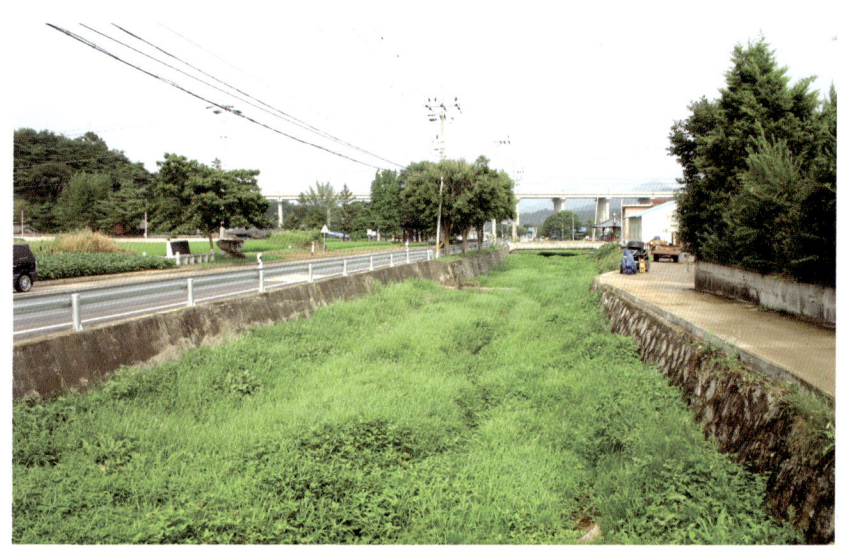

불이리를 관통하는 냇가. 주민들의 낚시터이자 휴식처 역할을 했으나, 현재는 시멘트로 포장되어 옛 정취는 사라졌다.

놓자마자 하루해가 저물도록 공터에서 자치기, 말타기, 깡통차기, 구슬놀이, 딱지치기, 팽이치기, 비석치기, 못치기, 기마전 등 다양한 놀이를 즐겼고, 여자아이들은 공기, 윷놀이, 소꿉놀이, 수건 뺏기를 했다. 청풍사 앞마당은 청소년들의 체력 단련장 역할도 했는데, 유난히 아이들이 많았던 이 동네 아이들은 마당에 네트를 치고 배구와 축구를 즐겼다. 이 때문인지, 부리면 면장기 축구와 9인조 배구대회에서 불이리가 우승을 놓치지 않았다고 한다.

　서낭당 고개 아래 비탈길은 훌륭한 겨울 스키장이었다. 버스가 지나가면서 눈이 다져지면, 바퀴 자국 따라 대나무 스키를 타고 신나게 하강할 수 있었다. 스키는 형과 아우들의 공동작품으로 제작되었는데, 대나무를 쪼개어 불로 앞을 휘어 만들기도 하였고, 나무판을 발모양으로 잘라 아랫부분에 굵은 철사를 오려 못으로 고정시킨 후, 발과 나무판을 고무줄이나 끈으로 묶기도 하였다. 이런 불이리표 스키 외에도 가마니나 밀가루 포대는 훌륭한 간이 썰매로 활용되어 아이들의 사랑을 받았다.

　청풍사 앞의 개울가 역시 주민들의 즐거운 추억이 깃든 곳이었다.(위의 사진 참조)

버드나무가 시원스레 그늘을 만들고 있었던 개울가 둑은 더운 여름날, 동네 어르신들의 쉼터이자 동네 사랑방이었고, 아이들의 수영장이자 낚시터였다. 하루 종일 물장구치며 더위를 쫓는 개구쟁이 녀석들과 어른들의 너털웃음소리는 종족마을의 정겨운 모습을 연출하고 있었다.

한편 불이1리 정자 옆 계단 아래는 마을 여인네들의 빨래터였다. 이곳은 겨울에도 미지근한 물이 내려와 새파랗게 튼 여인들의 손을 따스하게 녹여 주는 곳이었고, 그 아래 수채라는 곳에서는 1등급 지하수가 퐁퐁 솟아 마을 주민들의 샘터 구실을 하였다.

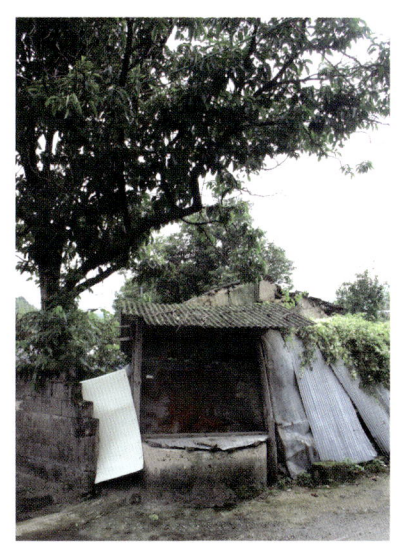

불이1리에 남아 있는 마지막 샘터

참고로 불이리는 청청지역이어서 예로부터 물맛이 좋았다고 한다. 정자 바로 근처, 돌탑이 하나 있는데, 바로 거기가 물레방앗간 자리이다. 동네 쌀과 보리, 밀 등을 정미하기 위해 모여든 사람들로 북적거렸던 이곳은 60년대 이후 사라졌고, 최근의 콘크리트 제방 공사와 도로 확장과 포장공사 이후 불이리 냇가도 밋밋한 하수구로 변화하여 옛 정취는 사라져 버렸다.

음력 5월 5일 단오날이 다가오면 청년들은 처녀들을 위해 냇가 둑 버드나무나 정자나무 혹은 청풍사 뒤 뒷산 괴목에 동아줄로 그네를 매었는데, 줄은 볏짚을 꼬아 주먹크기 만큼의 굵기로 단단히 만들었다고 한다. 요즘처럼 각종 스릴을 만끽할 수 있는 놀이기구가 흔치 않던 시절, 갑사댕기를 휘날리며 허공을 가르는 처녀들의 모습은 아름답다 못해 황홀하기까지 하였다. 음력 6월 15일은 유두일이다. 이날에는 맑은 개울에 가서 머리를 감고 하루를 즐겁게 보내는 풍습이 있는데, 그래야 더위 먹지 않고 즐겁지 않은 일들을 떨어버린다고 믿었던 것이다. 이날 아이들은 이른바 '유두 돈'이리는 것을 받았는데, 한 사람당 1원에서 5원 정도 받아 삼삼오오 손잡고 읍내인 현내리 상점으로 가서 과자나 참외 등을 사먹었다. 그래서 아이들은 유두일을 제일 좋아

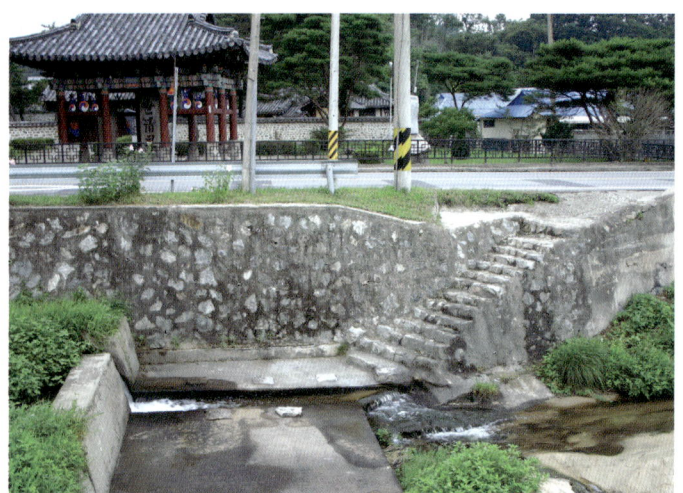

불이1리 정자
계단 아래의
빨래터

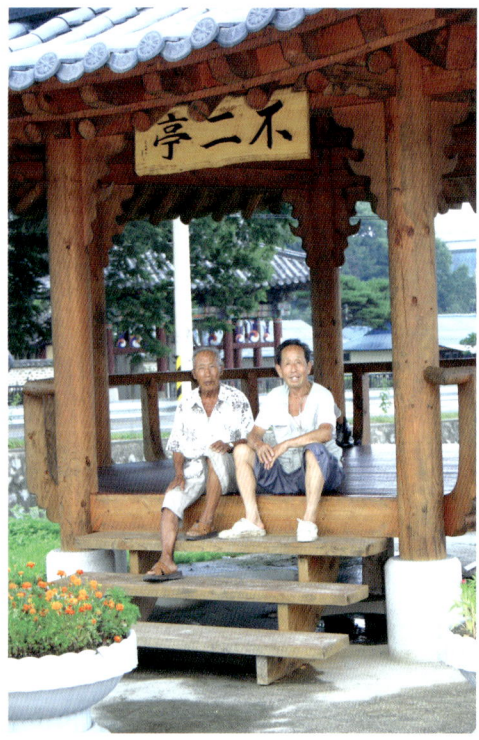

더운 여름날 불이정에서 땀을 식히는
주민들.

하였다.

어른들의 주된 놀이는 화투와 윷놀이였다. 현내리의 양조장에서 배달해 온 막걸리를 마시면서 윷놀이를 하거나, 마을에 최초로 가게를 개점한 점방 할머니 집에 모여 화투를 즐겼다. 점방 할머니는 겨울에 얼큰한 명태찌개나 오징어탕을 끓여 주었는데, 술과 함께 그 맛을 즐겼던 불이1리 남정네들이 어둑어둑해지면 점방에 모여 술내기 화투를 쳤다고 한다. 라면이 대중화되기 시작한 1970년대부터는 저녁마다 편짜서 라면내기 나이롱뽕을 쳤는데, 1등과 2등은 공짜로 먹고, 3등에서 6등까지는 술값을 냈다고 한다. 그러다 기분이 날 때에는 예쁜 아가씨가 따라 주는 술을 마시러 현내리 술집으로 원정도 갔다. 이 당시 면소재지였던 현내리에는 술집이 7~8곳 정도 있었다 한다. 한편 젊은 아낙네들은 1950년대까지 저녁 마실도 다니지 않고 주로 집에만 있었다. 그것은 양반동네로서 자기 정체성이 부여한 불이리가 젊은 여성들의 활동을 특별히 규제했기 때문이다.

한국전쟁 이후 금산에 극장이 생기자 불이리 총각들은 극장 구경을 떠났다. 최초로 생긴 극장은 금산극장이었고, 두번째는 금산중앙극장이었다. 중앙극장은 신축 건물이어서 깨끗하고 시설이 좋았다 한다. 극장 주인은 불이리와 현내리 담벼락에 영화

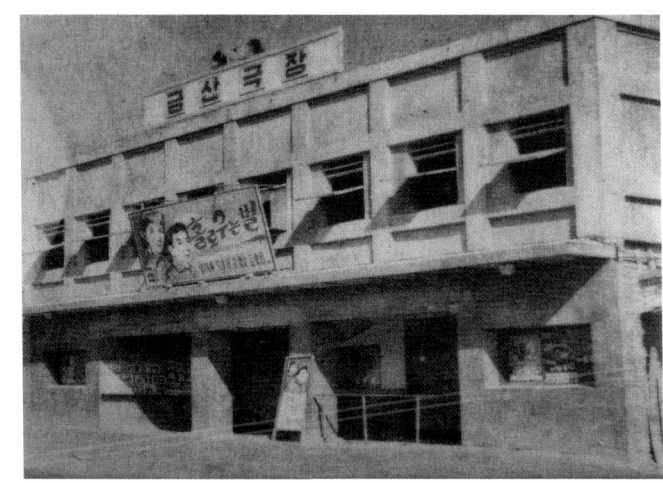

불이리 총각들이
즐겨 찾았던 금산
극장.(1960년)
(금산시청 제공)

프로 벽보를 크게 붙여 놓아 동네 처녀, 총각들을 유혹하였다. 유혹에 넘어간 젊은이들은 이른 저녁을 먹고 친구들과 삼삼오오 짝을 지어 금산으로 향하면, 저녁 프로 시간에 도착할 수 있었다. 이들이 감명 깊게 보았던 프로는 "쌍무지개 뜨는 언덕," "미워도 다시 한 번" 등이 있었다. 워낙 먼 길이어서, 밤 통금 사이렌 소리 들으며 귀가했는데, 재널망(서낭당고개)을 넘을 때면 '발바닥에 불이 나게' 걸어갔다. 그것은 불이리가 산으로 에워싸인 마을이라 늑대와 여우가 가끔 출현하였고, 혼자 다닐 경우 늑대에게 다칠 수 있었기 때문이다. 실제로 늑대에게 물린 사람이 마을에 있었는데, 그후 그 사람 이름은 '늑대물리기'로 변하였다. 통금이 가까워지면, 늑대뿐만 아니라 경찰도 출현하였다. 통금 사이렌 소리와 함께 이들의 대활약이 시작되었는데, 재수 나쁘게 경찰한테 잡히면, 읍내 지서 유치장 안에서 안면 있는 경찰들의 "왜 왔냐"는 놀림과 야유를 받으며 통금이 해제되는 새벽을 기다려야 했다.

시련 속에서 피어난 에피소드

"하룻 베로 빤쓰 입히면 살아온다?"

식민지 말기 불이리의 남정네들은 징용, 징병, 보국대로 차출될까 불안한 나날을 보내고 있었다. 불이2리에서도 박재선과 박필순은 만주로, 박학순은 일본으로 징병에 소집되어 끌려갔고, 그밖에 불이1리의 13명은 일본 구주 복강현과 군산 비행장 등지로 징용을 나갔다. 징병, 징용에 끌려가면 살아서 돌아온다는 보장이 없었던 그 시절, 징병을 보내는 어머니와 아내의 처절한 마음은 '하룻 베로 빤쓰(팬티) 입히면 살아온다' 라는 속신을 믿게 했다. 이것은 새벽에 삼밭에 나가 베를 베어, 손톱으로 까실을 자아서, 베틀에 앉아 삼베 천을 만든 후, 팬티를 재단하고 바느질하여 24시간 내에 만들어 입히면 살아 돌아온다는 믿음이었다. 징용과 징병을 가기 전 아낙네들은 아들과 남편의 팬티를 만들어 입히기 분주했고, 그래서 그런지 살아 돌아 온 사람도 꽤 많았다.

이밖에도 '천 집 돈을 동냥하여 밥을 해 먹이면 살아온다' 라는 풍문이 돌아, 동냥

나간 아낙네들이 줄을 잇기도 하였다. 천집을 다 헤아리기가 힘들어 지푸라기 천개를 열 다발로 나누어 동냥 간 집마다 하나씩 버리고 오면서 천집을 세었다고 한다. 그 정성이 통해서인지 징병 소집장을 동시에 받았지만, 천 집 동냥밥을 먹지 않은 사람은 끌려갔는데, 먹은 사람은 징병 소집이 미루어지다가 마침 해방이 되었다 한다.

아 아! 민족의 비극 한국전쟁

불이리가 위치한 금산군 부리면은 금강 상류의 산간지역으로 인민군 3개 사단 병력이 금산을 거쳐 무주 - 창녕 방면으로 향할 때 그 길목에 있던 지역이다. 이때 마을 주민들은 많은 노역에 동원되었다. 또한 이곳은 9.28 수복 이후 빨치산 활동의 근거지인 무주 가당리에서 직선거리로 불과 5킬로 내에 위치한 마을이다. 따라서 불이리도 민족의 비극, 한국전쟁을 피해갈 수는 없었고, 재산과 인명 피해 등 큰 피해를 입었다. 이에 대한 자세한 내용은 제 2장 역사에서 다루고 있으므로, 본 절에서는 한국전쟁에 대한 주민들의 내재된 기억을 되살려 보기로 하자.

1950년 7월 22일 경, 인민군이 마을에 들어 온 날 즈음해서, 마을의 네 집에서 "응애 응애" 아기들이 태어나는 경사가 났다. 이 무렵 정식 훈련받은 인민군들은 대민유화작전을 폈던 바, 상당히 에의바른 인상을 풍겼다고 한다. 불이1리에 들어 온 인민군들은 애 낳는데 와서 미안하다고 사과하면서, "동무 낳았네", "이 동네는 애들만 낳는가?"라며 축하해 주었다 한다. 인민군들은 쌀을 주면서 떡을 해 달라고 했는데, "흰떡을 해주니, 한 무더기를 임신한 애기 엄마에게 주라고 주었다"라고 기억한다. 또한 돼지를 잡은 대가로 북한 돈을 꼬박 꼬박 주었는데, 불행히도 그 돈을 사용하지 못했다고 한다. 주민들의 기억 속에 초반기 인민군들은 "좋은 사람이더라"라는 기억으로 남아 있다.

이들은 인민위원회 사무실을 청풍사에 설치하고 소년단을 조직하였다. 이때 16세 안팎의 30여 명의 불이리 남녀 청소년들은 청풍사 앞마당에서 사상 교육과 노래를 배웠는데, 그때 배웠던 <소년단 노래>가 구전되고 있다.

"빛나오는 새 조선의 밝은 앞길에

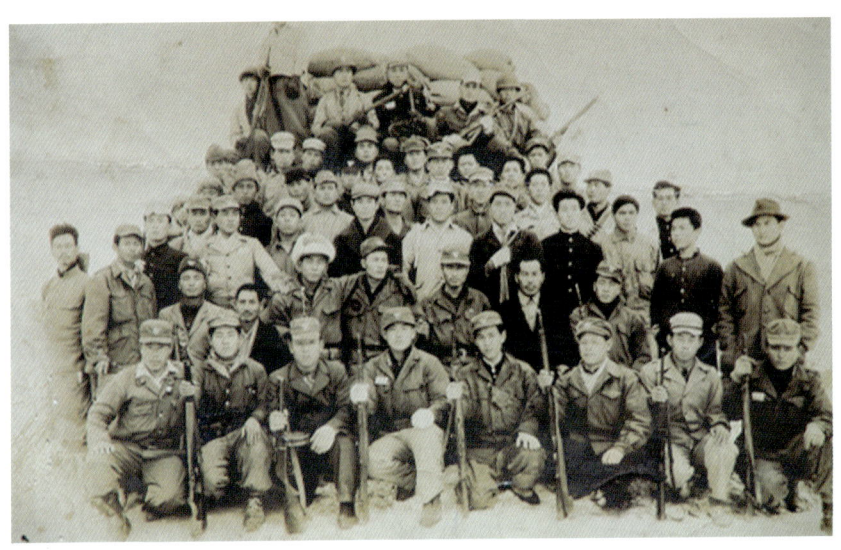

빨치산을 토벌하기 위해 조직된 부리면 지방 경찰대

새 희망은 넘쳐흘러 기세도 높은
우리들은 조선 소년 조국의 아들 딸
가슴 펴고 내달려라 김 장군 딸아~"

8월부터 인민군들은 리 단위까지 조직을 확대하고, 머슴과 산지기들에게 감투를 씌워 우익의 색출과 숙청에 동원하면서 이들에 대한 우호적인 기억이 서서히 변화하기 시작한다. 특히 9.28 수복 이후 후퇴하던 인민군들의 우익인사 처형이 대대적으로 이루어지기 시작하였고, 빨치산으로 입산한 자들의 우익인사 살해사건도 일어났다. 이때 우익마을이었던 불이2리의 곤욕과 피해가 가장 컸으며, 이에 따른 불이2리 주민들의 인민군에 대한 기억이 적대감을 띄게 되었다. "나는 피신한 부친 대신 조부와 함께 빨치산들의 창에 찔렸어……" 등 원망과 앙금이 인민군과 지방 좌익인사들에게 아직도 향하고 있다.

빨치산들은 11월 2일 부리면 지서를 습격하기도 하였는데, 그때 50~60명의 경찰

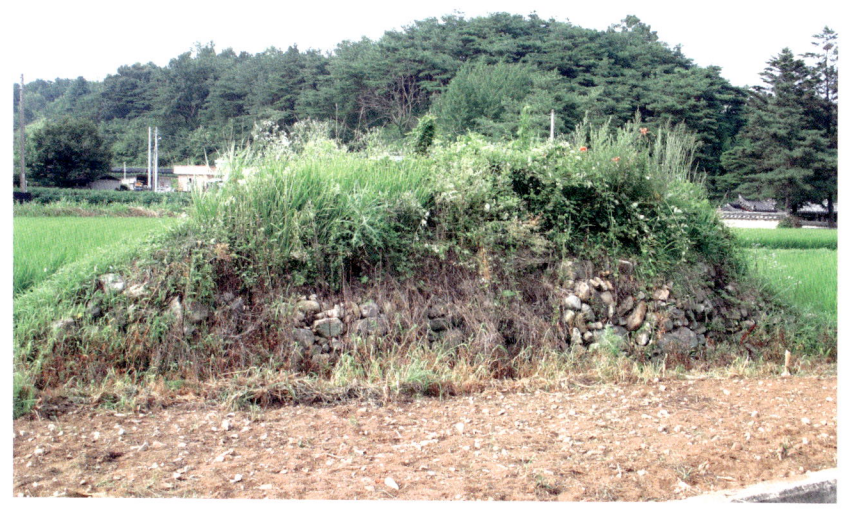

불이1리의 물레방아 터. 미군의 폭격으로 많은 사상자를 내었던 물레방아 자리는 그후 희생자의 넋을 기리는 돌탑 자리로 변모하였다.

과 민간인이 사망하였다. 지금도 그 날이 되면 불이리에서도 제사를 시내는 집이 있다. 불이리 주민들은 총과 칼을 앞세운 인민군과 경찰들의 밥 심부름과 노역을 하게 되었는데, 이들의 기억에는 미군의 폭격기에 대한 공포가 짙게 깔려 있다. 낮이 되면 미군들의 공습이 시작되는데, 이른바 '색색이(비행기)'가 '골짜기마다 가득 숨어 있는 인민군들을' 목표로 폭탄을 투하했다. '색색이'가 모습을 드러내면 주민들은 모두 뒷산 방공호로 도망갔고, 폭탄 소리에 놀란 어느 어머니는 "나만 살겠다고 네 살짜리 아들은 밭에 놓고 도망갔다가 나중에 동네 할머니가 애기를 데려다 주었다"라는 웃지 못 할 에피소드도 전한다. 당시 주민들은 다른 지역으로 피난을 가지 못했고, 공습을 피해서 야산이나 골짜기에 숨다가 다시 들에서 일을 하였다.

마을에서 가장 가슴 아픈 기억은, 지방 좌익과 우익 간의 갈등 속에서 불이리 주민들이 다친 것 외에도 불이1리의 폭격 시간이 있다. 앞에서 언급한 냇가 버드나무 옆에는 물레방아간이 있었는데, 불이리 주민은 물론 무주에서까지 애용한 방앗간이었다. 물레방아간은 마을 중심부에 있었기 때문에 길가에 사람들이 많이 왕래하였고, 방앗간에서는 방아 찧는 사람들로 붐비었다. 1950년 늦가을 오후, 미군 '색색이'가 물레방앗간을 폭격하여 부상자는 물론 애꿎은 주민 5명이 사망하고, 가옥 3채가 파손되었다. 전쟁 후에는 여기 저기 굴러다니는 불발탄 때문에 주민들은 애먹었고, 탄피를 이용하여 인두(다리미)를 만들어 쓰기도 하였다.

불이리의 삼장과 강원도로 떠난 인삼 행상

불이리는 산으로 둘러싸인 마을이자 인삼경작에 적합한 토양을 갖고 있어 일제강점기부터 인삼을 본격적으로 재배하기 시작하였다. 전설에 의하면 "진악산(금산의 영산) 산신령이 아픈 사람에게 빨간 열매 6개를 따 먹으라고 일러주었다"라고 하는데, 이때부터 인삼이 세상에 알려지기 시작하였다 한다. 따라서 인삼재배의 시초는 일제강점기를 거슬러 올라간다고 하겠다. 총독부는 특용작물 재배를 권장하면서, 인삼경작 면허증을 발급하였고, 이를 통해 경작 농가들을 통제하였다. 금산군에서 인삼

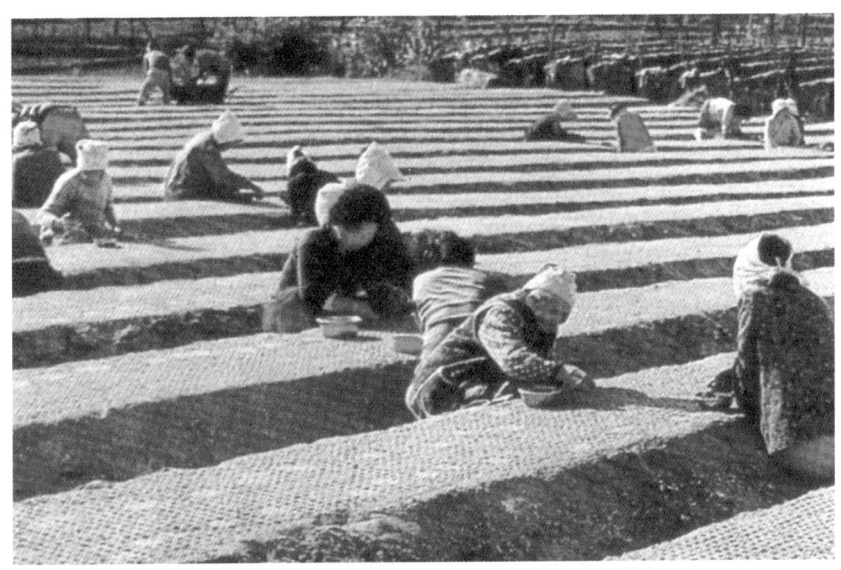

삼포에 인삼 씨앗을 뿌리는 주민들(금산시청 제공)

을 재배하는 농가가 서서히 증가되면서, 불이리에서도 길문기, 박석철, 박수경 씨 주도로 인삼재배가 시작되었다. 재배 농가가 증가하면서 1970~90년대에 이르러서는 주민의 약 50% 이상이 인삼 경작에 종사하였다.

인삼 농사를 시작할 때는 풍년을 위한 삼장고사를 지냈다. 제물은 떡과 술, 과일, 돼지머리를 정성스레 차려 놓고 몸과 마음을 정갈히 한 후 고사를 지냈는데, 풍년과 더불어 도둑으로 부터의 안전한 수확을 기원하였다. 불이리에서 인삼을 제일 많이 재배한 집은 1리의 경우 길형석, 길종기, 길영기 씨 댁으로 약 200~300평의 인삼밭을 갖고 있었다. 한편 2리의 경우 박의영씨 댁으로 제일 많이 재배할 때는 1천 평 정도의 밭에 100여 가마니 정도를 수확하였다 한다.

인삼은 예나 지금이나 고가의 특용작물이므로 도둑의 표적이 되었다. 인삼을 캘수 있는 3년 째 되던 해부터 삼막(인삼밭 원두막)을 지어, 수확하는 4년이나 5년째되는 해까지 인삼을 지켜야 했다. 당시에는 인삼도둑이 극성을 부려 밤마다 인삼밭에서 경비를 섰는데, 땅이 풀리는 봄부터 땅이 어는 11월 말까지 인삼을 지켜야 했으므로 온돌장치까지 겸비한 '삼장 집'을 짓기도 하였다. 삼장 집은 방 하나에 솥단지 하나 걸을 수 있는 부뚜막이 있는 조그마한 '원룸' 이었다. 삼장 집이나 삼막에서 밤마다 보초를 서야 하는 남편들 때문에 인삼농사 짓는 사람은 "모두 다 홀아비이고 과부"라 말이 전해지고 있다.

인삼을 사수하기 위해 주인들은 각종 경비 장치를 고안해 내었다. 가장 흔한 방법으로는 경비견을 배치하거나, 삼밭 주변을 가시나무 울타리로 둘러치는 방법이 있었다. 그보다 더 삼엄한 방비책은 도둑 잡는 덫을 놓거나 간이 전기 울타리를 장치하기도 하였다. 그래도 그것을 뛰어 넘는 도둑은 있는 법, 아침에 텅 빈 인삼밭 한가운데 놓인 똥을 보는 주인은 쓰라린 마음을 가눌 길 없었다. "똥을 싸고 간 도둑은 잡히지 않는다"라는 속설 때문에, 도둑이 지나간 자리에는 빈 인삼밭과 똥 한바가지가 남아있기 때문이었다.

오 년 육십 달, 온 정성을 쏟아 키우고 지켜낸 인삼이 무사히 오년 근 혹은 육년 근으로 자라나면 드디어 추수의 계절이 다가온다. 인삼은 수삼으로 판매하거나 껍질을 긁은 후 접어 말려 백삼으로 판매하기도 했는데, 1960년대에는 백삼 한 근(16냥)에

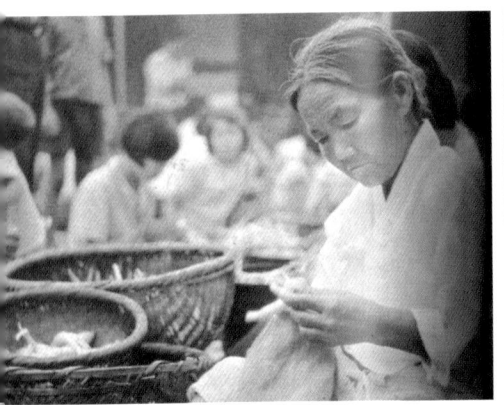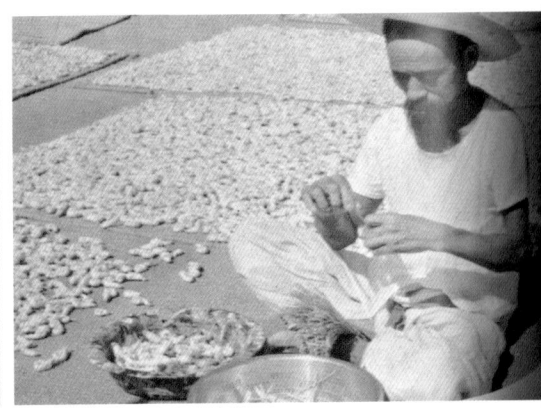

인삼가공과정 : ① 인삼 껍질을 긁고, 정리한다. ② 인삼을 접어 말린다.(금산시청 제공)

쌀 한가마니 정도를 받을 수 있었다 한다. 이 인삼을 가지고 전국 방방 곳곳 행상을 떠난 이들이 있는데, 바로 불이리 어머니들이다. 농지도 부족한 가난한 시골마을 불이리에서 자식들을 교육시키고, 오늘날의 경제적 기반을 마련할 수 있었던 것은 바로 불이리 어머니들의 공로이다. '서울에 금산 학생이 많다'는 이야기는 바로 아버지들과 어머니들이 삼농사와 인삼행상을 통해 자식들을 키우고 교육시킨 것에서 기인한 말이었다.

인삼재배 마을이라는 이점을 활용하여 상당수의 마을 여성들은 한 달에 한두 차례 인삼행상을 나섰다. 이들의 발길은 저 멀리 강원도 원주, 제천, 영월, 태백, 부산, 포항 등 전국 방방 곳곳 닿지 않은 곳이 없었다. 떨어지기 싫어 징징거리는 아이들을 매정하게 떼어 놓고, 수삼 5~6채가량 넣은 싸리바구니를 머리에 이고 젖먹이를 들쳐 업고 길을 떠났다. 금산에서 버스 타고 대전역에 내려 완행기차를 타고, 조치원에서 다시 봉양으로 가는 기차로 갈아탔다. 봉양에서 또 다시 원주로 가는 기차를 갈아타는데 이들의 여행은 약 이틀 정도 걸리기도 하였다. 교통비를 아끼려고 금산까지 걸어가는 것은 물론, 열차 요금을 아끼려고 개구멍으로 몰래 나가기도 했다. 만약 들키면 벌금을 물론 삼 보따리도 빼앗기곤 했기 때문에 매우 조심해야 했다.

여름에는 인삼이 쉽게 상하기 때문에 이들은 주로 가을, 겨울, 봄에 장사를 했는

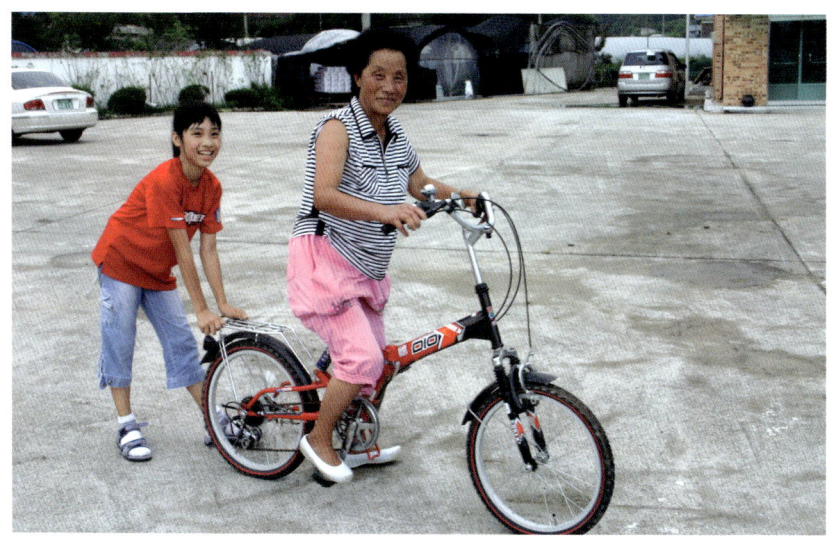

강원도로 인삼 행상을 다녔던 할머니. 현재 불이1리의 부녀회장이다.

데, 매서운 강원도 북풍에 오돌 오돌 떠는 젖먹이를 업고, "인삼 사요~, 인삼 사요~" 외치며 이집 저집 누비며 다녔다. 하루 종일 걸어 다녀 보아야 인삼 한 뿌리니, 두 뿌리 징도 밖에 팔지 못하는 것이 다반사였고, 재수 좋을 때나 대여섯 뿌리를 팔았다(당시 삼 한 채에 1500원 정도. 쌀 한 말에 300원). 그래서 어머니들의 삼행상은 보통 15일에서 30일가량 걸렸다.

인삼 어머니들은 제대로 먹거나 편히 자지도 못하였다. 돈을 아끼기 위해 여관에 갈 수도 없었고, 식당에서 사먹을 수도 없었다. 그래서 행상 길에서 수수밥이나 감자밥 한술 얻어먹거나, 단골집이나 마을회관 한 귀퉁이에서 잠을 청할 수밖에 없었다. 그나마 끼니때를 지나면 굶기 일쑤요, 야박한 집에서는 문전박대를 당하기 일쑤였다.

이들의 행상 일화는 눈물 없이 듣기 힘들다. 엄마의 어깨 너머로 남의 집 저녁상을 본 배고픈 아기가 밥 달라고 울고, 그것을 달래는 어머니도 함께 울었다는 이야기, 어쩌다 쌀밥을 얻어먹은 아기가 너무 좋아 엉덩이춤을 추는 것을 보고 다시 울었다는 이야기, 밀가루 자루로 기저귀를 만들어 인삼 광주리에 걸쳐 너풀너풀 말리면서 다녔다는 이야기, 마을회관에서 잠을 자는데 모기가 하도 극성을 피워 아기를 자루에 담아 얼굴만 내놓고, 걸레로 밤새 모기를 쫓았다는 이야기, 마을회관에 모깃불을 놓고 자는데 빈 회관에 불이 났다고 소방서에서 출동했다는 이야기…… 지금은 웃으며 회상하지만 정말 견디기 힘든 세월이었다고 한다.

　자연마을을 단위로 하는 부리면 내 28개의 행정리는 대부분이 종족마을의 특징을 갖고 있다. 불이리 역시 해평길씨와 밀양박씨의 종족마을로, 주민들은 서로를 보듬어 안고 식민지기, 한국전쟁기, 보릿고개 등 역사의 시련기를 함께 인내해 왔다. 주민 모두 친인척이라는 사회적 관계로 인해 일상문화 역시 동질성이 강하고 전통을 잘 간직하고 있다. 또한 마을 공동체에서 운영하는 각종 모임이나 송계 및 공동 작업이 잘 되며, 주민들도 화합하며 단결하는 특성이 있다. 문중 나아가 집안, 가족까지 해체되는 21세기를 맞이하여 불이리 주민들의 일상생활은 잊혀져가는 우리의 생활문화와 친족 공동체를 되새겨 보게 하고 있다.

(김 현 숙)

민속과 구전자료

불이리는 불이와 배정이라고 하는 두 개의 자연마을로 이루어져 있다. 먼저 불이리는 야은(冶隱) 길재의 후손인 해평길씨가 터 잡아 살고 있는 종족마을이고, 배정이는 밀양박씨가 집성한 종족마을이다. 두 마을은 모두 종족을 단위로 형성 유지되고 있다는 점에서 상호 유사성을 보여준다.

민속에 있어서도 그러하다. 이들 두 마을은 모두 마을에 탑을 보유하고 있으며 매년 정월에 탑제(塔祭)를 지낸다. 주민 개개 가정에서는 가택신앙의 대상인 가신을 섬겨 온 바 있고, 세시에 따른 다양한 풍속을 지켜왔다. 지금에 이르러 이러한 제 민속 현상이 약화되긴 하였지만 탑제와 같은 풍속은 그대로 남아 전하고 있다.

이 글에서는 두 마을에 존재했거나 전승되고 있는 민간신앙, 세시풍속, 상례 등을 대상으로 살펴볼 것이다. 신앙에 있어서는 탑제를 중심으로 조사 기록하려 하고, 세시풍속은 각 월에 따른 풍속의 존재 양태를 취재하여 정리할 것이다.

민간신앙

불이 탑제와 길산제

불이마을에서는 매년 정월 열 나흗날 저녁 6시 경에 탑제와 길산제를 지낸다. 불이마을의 탑제와 길산제는 마을 공동체의 평안과 번영을 주목적으로 이루어지고 있다. 곧 마을에서 선정한 대표들에 의한 제의는 공동체의 번영과 안녕이라고 하는 대의를 추구하고, 한편으로 제의에 참여한 개개인들은 가정사의 행운과 사적 소망을 기원한다. 이처럼 공동체의 제의에서 개개인들이 동시에 참여하여 사적인 기원을 직접 발원하는 예는 불이 공동체 신앙의 한 전통적 면모라 할 수 있다.

탑제 수행의 제주는 깨끗한 사람을 가려 뽑는다. 집안에 월경하는 이가 없어야 하고, 상기(喪期)에 있는 사람도 제외된다. 평판이 좋지 않은 사람 또한 제외한다. 이러한 요건에 의해 제주를 정하면 해당 인물은 제의를 수행하기까지 금욕생활을 한다. 비린 음식과 육식을 금하고 행위에 있어서도 부정과 관련되면 하지 않는다. 이를테면 닭이나 그 밖의 가축을 도살하거나 낫이나 톱을 가지고 나무를 베지 않는다. 제주의 집 대문에는 금줄을 걸며 문 앞에 황토를 놓아서 부정을 차단한다.

예나 지금이나 제의 비용은 걸립을 통하여 모았다. 걸립하는 이가 각 가정을 방문하면 해당 가정에서 성의껏 재화를 내놓았다. 예전에는 주로 쌀을 내놓았다. 성의 있는 사람은 매년 첫 수확한 쌀을 탑제 성미로 내놓았다. 1990년대로 들어서면서 쌀보다 돈을 내놓는 예가 많아졌다. 그리고 이렇게 모은 돈으로 제사에 쓰일 제수를 구입한다.

제장은 마을 동쪽 초입에 위치한 두 기의 탑과 마을 중앙에 위치한 한 기의 탑이다. 이들 탑 가운데 가장 오래 된 것은 마을 중앙의 탑이다. 이 탑은 1960년대 이전부터 마을 중앙에 존재하였다. 다만 당시에는 지금과 같이 정비된 외양을 갖추고 있지 않았다. 길가 서낭의 돌무더기와 같은 형태의 탑이 존재하였다.

마을 동쪽의 두 기 또한 그 유래가 길지 않다. 마을 사람들은 탑이 쌓여진 시기를 1970년대로 추정하고 있는데 그 정확한 시점에 대해서는 언급을 피한다. 그리고 이들 두 탑은 그 생성이 비보(裨補)를 바탕으로 하고 있다고 한다. 탑의 위치가 마을의 입구에 해당하고, 마을이 서편에서 동편으로 야산을 따라 경사를 이룬다고 하는 점에서 수구막이의 필요성이 제기되었던 것으로 보인다. 실제 탑의 서쪽 건너편에 과거 조림을 통한 비보의 예가 있었다고 한다. 이런 면에서 이들 두 탑은 조산(造山)에 조탑(造塔)이 복합된 형태의 비보 사례로 볼 수 있다. 곧 비보의 목적으로 현장에 산 형태의 언덕을 쌓고 그 위에 탑을 조성한 것이다.

불이마을의 제의는 탑제를 먼저 지내고 그 뒤에 길산제를 지낸다. 저녁 6시가 다

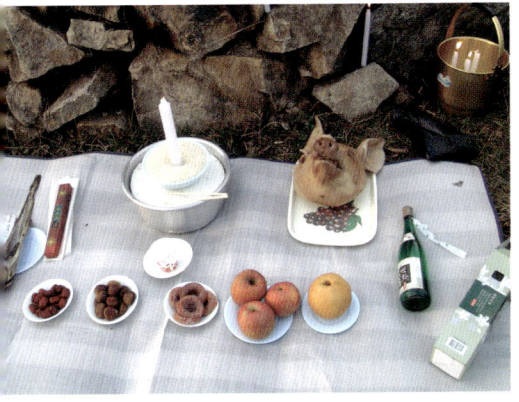

탑제 제물

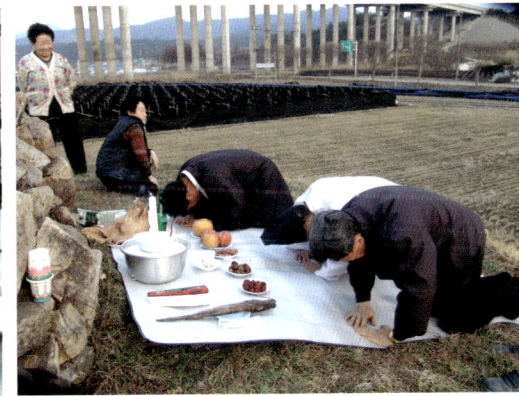

탑제 헌주

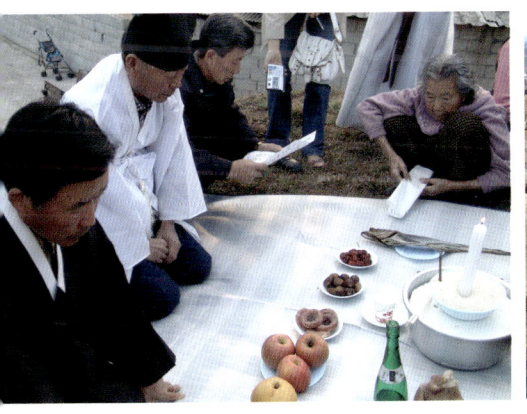

독축과정(탑제)

헌주배례(탑제)

가오면 마을회관으로부터 세 곳의 제장에 서로 다른 사람들이 음식을 나누어 가지고
간다. 이 마을의 경우 각각의 탑에 제를 수행하는 제주가 따로 정해져 있다. 따라서
각 탑의 제사를 맡은 인물은 해당 탑에 나가 제물을 진설하고 제의 수행을 위한 준비
를 주도한다. 곧, 마을 사람들이 시루떡, 북어포, 배, 사과, 밤, 대추, 곶감, 술 등의 제
물을 가지고 오면 이것을 받아 탑 전면에 진설한다. 이후 6시가 되면 이들 세 곳에서

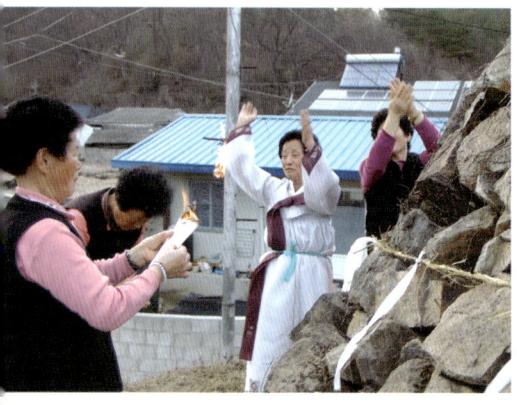
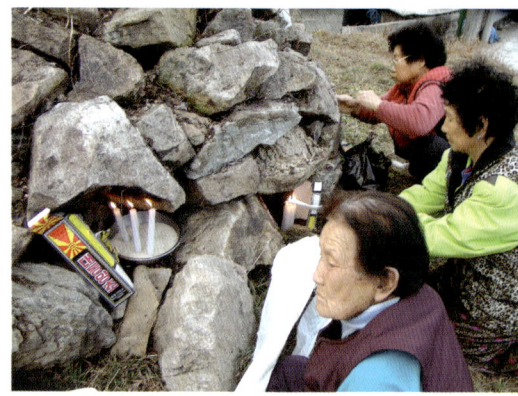

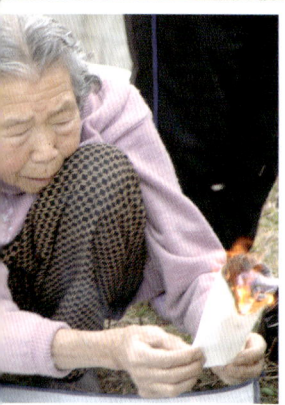
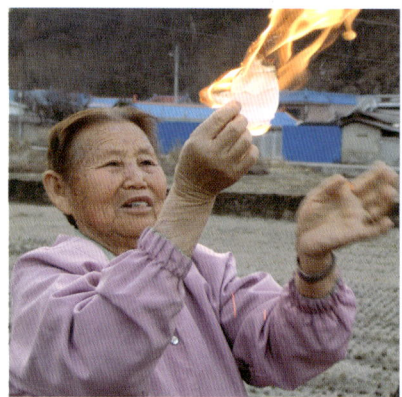
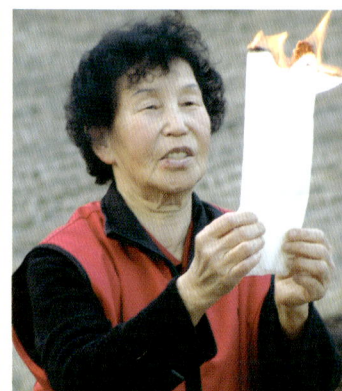

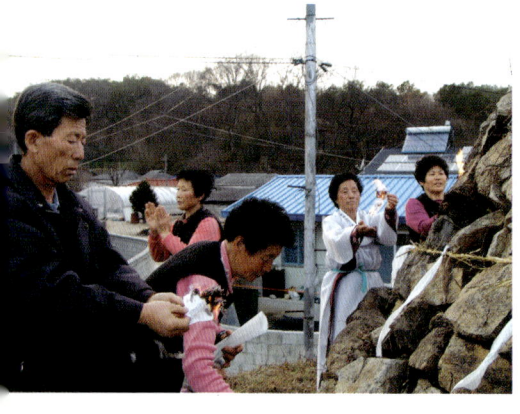
축관이 축문을 불에 사름

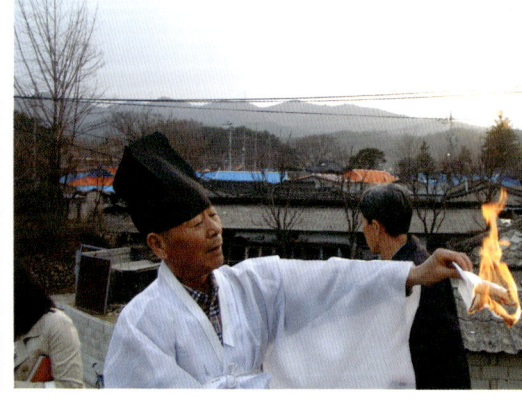
제주가 만동소지를 올림

동시에 탑제가 시행된다.

제주가 탑 전면에 술이 담긴 잔을 올린 뒤 부복하면 이어 축관이 독축을 한다. 축은 한글로 작성되어 있는데, "경사와 복을 베푸시어 삼재팔난 같은 흉하고 악한 일이 없게 하여 주옵시기를 비는" 내용으로 되어 있다. 이렇게 독축을 마치고 나면 다시 술을 올린 뒤 배례한다. 술은 석잔 올리는 것이 관행이나 제의에 참여한 인물의 요청에

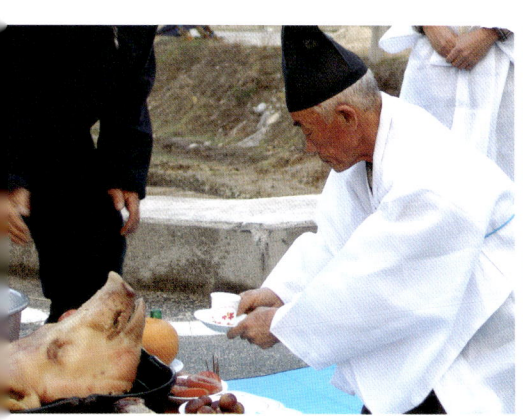

길산제 제주의 초헌

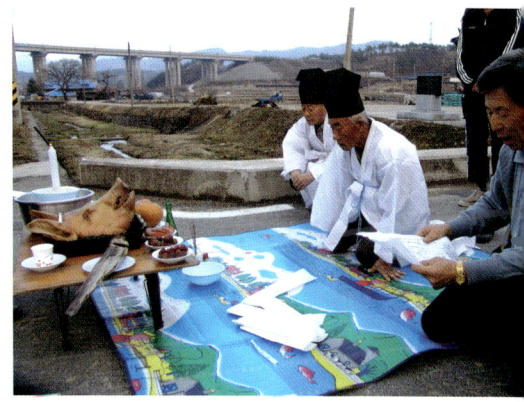

길산제 독축과정

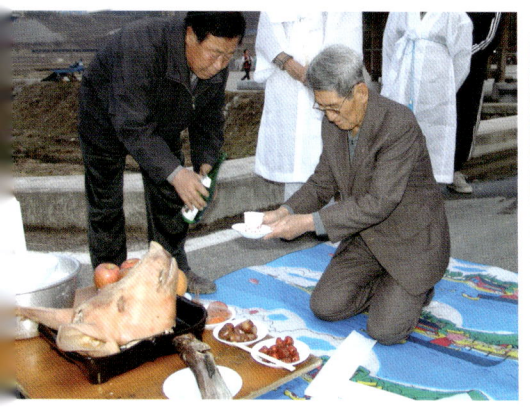

길산제 종헌

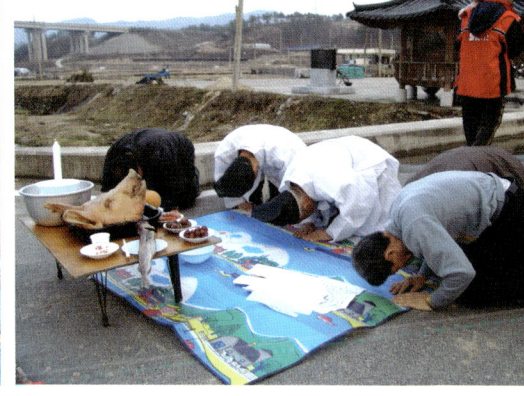

제주 일동의 참배

따라 융통성 있게 진행한다.

불이 탑제에서 주목되는 하나의 현상은 마을의 여성들이 나와 탑제의 시행 이전부터 시행 이후까지 개인 기도를 한다는 점이다. 한복이나 새 옷으로 갈아입은 여성들이 각자의 초를 준비하여 탑의 주변에 세우고 불을 붙인다. 그리고는 준비해 온 소지를 올리며 기도를 한다. 초는 여러 개를 세워놓는데 이에 대한 이유를 기도자에게 묻자 '가족 수만큼 세운다'고 하였다.

불이 탑제는 세 곳에서 동시에 시작하여 비슷한 시간에 제를 마친다. 제를 마치고 나면 마을 가운데 위치한 회관 앞으로 사람들이 모여든다. 그리고 이곳 다리 입구에 제물을 차려놓고 길산제를 지낸다. 탑제와 마찬가지로 제주가 술을 상 위에 놓고 부복하면 축관이 독축을 한다. 한글로 쓴 축은 "이 길에서 아무 탈 없이 온 동네 사람들이 편히 다닐 수 있도록 하여 주시옵기를 비는" 내용으로 짜여 있다. 거리 신을 통하여 마을 사람들의 교통안전을 소망하는 것이다. 제의를 마치고 나면 주민이 나와 음식의 일부를 그릇에 담은 뒤 하천과 길가에 음식을 뿌린다.

이와 같이 탑제와 길산제를 지내고 나면 제주와 제의에 참가한 마을 사람들이 음복을 한다. 그리고 바로 망우리불놀이(달집태우기)가 이어진다.

배정이 탑제

부리면 배정이 마을은 면소재지로부터 약 1.5㎞의 거리에 위치해 있다. 면 소재지로부터 서쪽 방향 37번 도로를 따라 진행하다 보면 길의 서남쪽 방향에 마을이 있다. 이 마을은 오래 전부터 탑제를 지내왔다. 탑제의 발생 시기나 유래는 알려져 있지 않다. 다만, 박의영(남, 81) 씨는 자신의 아버지 세대 때에도 탑제를 지냈다고 하며, 탑제의 전승이 100년 이상 되었을 것이라고 추정한다.

이 마을의 탑은 마을 전면 입구의 정자나무 옆에 한 기가 있고, 그 동쪽 논가에 역시 한 기가 있다. 정자나무 옆의 돌탑은 원통형의 몸통부와 탑의 정상 한 가운데에 머릿돌을 이고 있다. 이와 같은 모양은 금산 일대에서 흔히 볼 수 있는 것이다.

이들 탑에 대한 제사는 매년 음력 정월 초사흗날에 이루어진다. 제의 목적은 마을의 번영과 평안이다. 제문에도 이러한 내용이 반영되어 있다. 부연하면 제문의 "바라

옵건대 경사와 복을 불러다 주시고 삼재팔난을 일시에 소멸시켜 주시며, 흉악한 일을 천리 밖에 멀리 쫓아 주시기를 빈다"는 것이 그에 해당한다.

제주로 이장과 유사, 축관 세 사람을 선정한다. 제의 수행의 중심인물로 이장을 지정하고 유사는 제사와 관련하여 이장을 보조하는 역할을 한다. 축관은 제의 시행시 독축을 한다. 금기 사항은 앞서 살펴본 불이마을의 탑제와 동일하다. 음식이나 행위에 있어서 조심하고 금욕생활을 한다.

제의 비용은 마을 주민들로부터 모금하였다. 이러한 방법은 예나 지금이나 동일하다. 다만 예전에는 유사가 각 가정을 돌며 성미를 모았는데 지금은 방송을 하여 주민들이 가지고 나오도록 독려한다. 곧, 이장이 방송을 통하여 탑제 시행에 대해 주민들에게 공지하고, 동시에 제의 수행과 관련하여 모금을 하고 있음을 알린다. 그러면 주민들이 회관에 나와 이장에게 쌀이나 돈을 내놓았다. 2000년대의 경우 돈은 만 원 이상, 쌀은 한 말 이상씩 내놓았다. 1980년대 이전에는 쌀을 주로 내놓았는데, 당시에는 가구 당 쌀 1~2되를 성미로 내놓았다.

이렇게 모은 재화는 부녀회에 넘겨 제수를 마련하는 비용으로 사용하게 한다. 그러면 부녀회가 중심이 되어 제사와 관련된 음식물이나 물품을 구입해온다 제물 구입

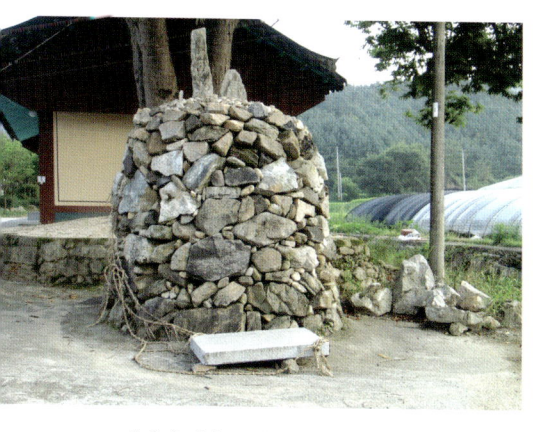

배정이 마을 본탑

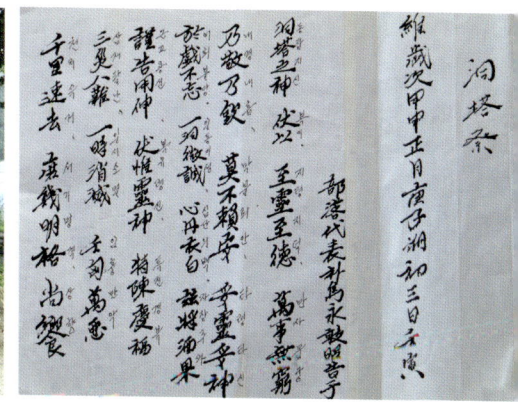

탑제 축문

물목을 보면 돼지머리, 북어포, 사과, 배, 대추, 밤, 술 등이다. 그런데 이 마을의 경우 제의 대상이 3위이다. 정자나무 옆의 본탑과 마을 동쪽의 탑, 그리고 마을 입구의 위령비가 그것이다. 때문에 제물 또한 이들 3위에 맞추어 구입한다.

배정이의 탑제는 오전 11시 경에 시작한다. 약 20년 전에는 해가 떨어지는 저녁 무렵에 탑제를 지냈다. 그런데 제의 시간을 점심 무렵으로 당긴 이유는 정월 추위 때문이다. 곧 주민들의 참여를 유도하기 위해 부득이 덜 추운 대낮으로 제의 시간을 당긴 것이다. 따라서 제주 일행은 오전 11시가 다가오면 제물을 가지고 탑 앞으로 나간다. 그리고는 탑의 전면에 제물을 진설하고 제를 지낸다. 제의 진행은 제물진설, 헌주, 독축, 배례 등으로 이어진다. 이러한 과정은 마을 동탑과 위령비에서도 동일하다. 다만 위령비에 대한 축문은 탑제와 달리 돌아간 혼령을 위로하는 내용이다.

이 마을 위령제의 근원은 동학으로부터 유래한다. 마을 입구에 세워둔 위령비에는 그에 대한 내용을 간략하게나마 적어두었다. 곧, 당시 관군과 일본군에게 쫓긴 동학도가 이 마을에 숨어들었다. 주민들은 이들을 숨겨주고 또한 먹을 것을 주었다. 그런데 관군과 일본군이 일시에 들이닥치며 이들을 사살하고, 역시 도와준 주민에게도 피해를 입혔다. 마을 사람들은 당시 사망한 무연고 시신을 거두어 지금의 위령비 주변에 묻어주었다. 그리고 2001년도부터 이들을 위한 비(碑)를 조성하고 제사를 지내고 있다. 제사는 마을 주민들이 합심으로 올리고 있는 탑제 시기에 맞추어 시행하고 있다.

기우제

배정이나 불이리 마을에서는 가뭄 때에 기우제를 지낸 바 있다. 기우제는 주로 여성들이 중심이 된 소극적인 형태의 것이었다. 마을의 결혼 한 여성들이 각자의 집에서 키를 가지고 도랑가로 나왔다. 그리고는 도랑가에 늘어서서 키로 물을 담아 키질하듯 하였다. 이들 마을에서는 이러한 행위를 무제라 하였다.

"또랑에서 했지. 채(키) 있잖아? 그거 가져다가 물을 까불러 밤에. (마을 사람이) 다 나왔죠. 동네여자. (문 : 효험이 있었나요?) 그럼 그날 저녁부터 비가 와. 뚝뚝 비가 떨어져. (문 :

그렇게 하는 걸 뭐라고 해요?) 무제지. 무제 지낸다고 하지. (청중 : 비 안 오면 또랑 가서 채 까부르고 별짓 다하지.)"

지문의 무제는 비가 내리는 상황을 연출하는 것으로 볼 수 있다. 비가 오기를 소망하면서 비가 오는 상황을 연출하는 것이다.

뱅이

돌림병을 막기 위한 뱅이의 하나로 디딜방아대를 훔쳐다 세우는 일이 있었다. 다른 동네의 디딜방아대를 훔쳐다 마을 입구에 거꾸로 세워놓았다. 그리고 디딜방아대 다리에 여성의 속옷을 걸쳐놓았다. 이렇게 함으로써 돌림병이 마을로 들어오는 것을 막을 수 있다고 보았다.

"(문 : 돌림병 돌면 어떻게 했어요?) 병 돌면 디딜방아 훔쳐다 우리가 하긴 했지. 고를 빼왔지, 고."

디딜방아대를 훔쳐다 돌림병을 막았던 예는 해방 이전의 일이라고 한다. 대개 여성의 월경이 묻은 속옷을 걸어놓는다. 이것은 여성의 월경 혈액을 강력한 부정으로 보아 부정을 통하여 부정을 쫓고자 하는 민간사고로 볼 수 있다.

세시풍속

탑제와 망우리불놀이(달집태우기)

불이마을에서는 정월 열나흘 저녁 6시부터 탑제를 지낸다. 탑은 마을 동쪽 입구에 두 기, 중앙에 한 기가 있는데 이들 탑을 대상으로 각각 제를 지낸다. 이어 마을 중앙 다리(不二橋) 앞에서 길산제를 지낸다. 이렇게 마을제를 지내고 난 뒤에는 망우리불놀이(달집태우기)를 한다.

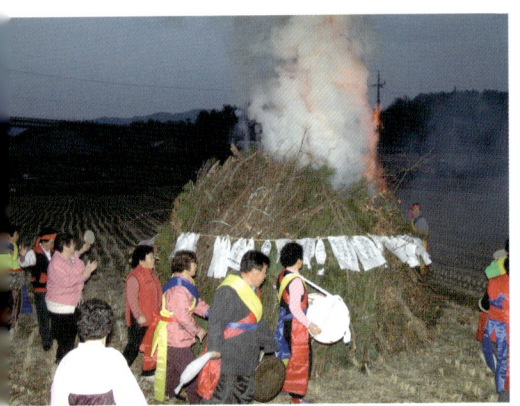
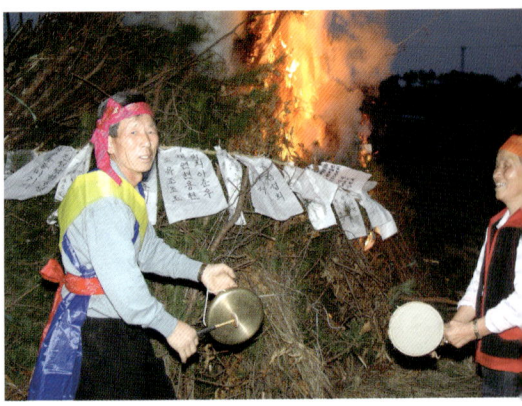
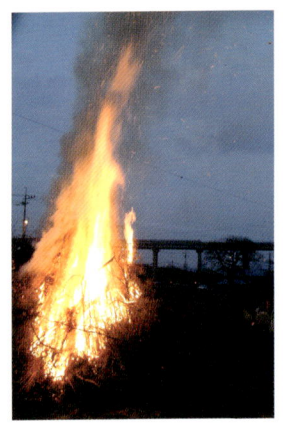
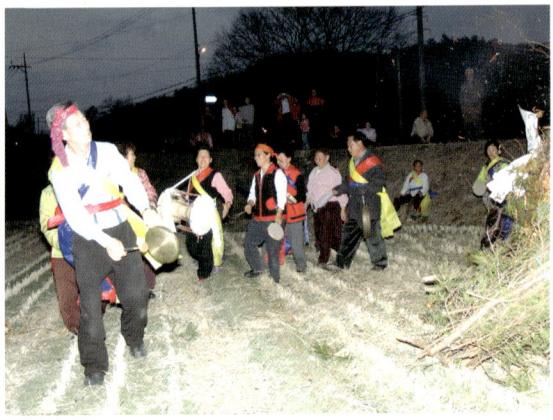

망우리불놀이

"(탑제를) 다 지낸 담이 '마을이불'을 놓거든요. 나무를 많이 해놓고, 동네니까 '마을이불'이라고 하고. 옛날부터 해내려와. (문 : 마을이불 놓으려면 나무가 많이 드나요?) 예, 동네서 많이 해 와요. (문 : 불 놓고 소지 올리며 소원 빌어요?) 그건 종이 안 태워요. 마냥 놀기만 하지. 꽹과리치고 북 치고 장구 치고. 겁나요. 다 타도록. 여기서 제사 지낸 거 갖다 놓고 먹어야지. 회관에 와서." [김옥례(여, 81), 불이리. 2007. 2. 13]

망우리불놀이는 지문에서처럼 '마을이불', '망월불' 등으로도 불린다. 그리고 망우리불놀이(달집태우기)는 마을의 논 가운데서 한다. 행사 당일 오전부터 나무를 가져다 마을 전면의 논 가운데에 쌓는다. 그리고는 탑제를 지낸 뒤 7시경에 달집을 태운다. 달집이 탈 때에는 마을 풍물패가 달집 주위를 돌며 꽹과리와 북을 친다. 또한 이들은 달집 주변에서 흥겨운 가락에 맞추어 춤을 추기도 한다.

한편, 이 놀이 때에 마을이불에 콩을 볶아먹으면 병에 걸리지 않고 건강하다고 하는 속설이 전한다.

"마을이불 놓으면 다리미다가 콩도 볶아 먹고. (문 : 다리미다가요?) 야, 빨래 다리는 거다가. (문 : 화덕같이?) 그렇지. 불 놓으면 거기다가 위에다가 다리미 놓고 그 속에 콩 넣고. 뱅이여. 뱅이." [김옥례]

지문에서는 원형의 화덕 모양에 긴 손잡이가 있는 다리미를 가지고 콩을 볶는다는 내용이다. 곧, 숯불이 들어갈 자리에 콩을 넣고 달집이 타고난 뒤의 잔불에 콩을 볶는다는 내용이다. 제보자는 이렇게 함으로써 불길한 운수를 쫓는다고 하였다.

삼재풀이

정초에 절에 가서 자녀의 운수를 본다. 그런 가운데 자녀가 삼재에 들면 삼재풀이를 한다.

"이제는 애들 뭐 삼재 들었다고 하면 무슨 뱅이가 있지, 뱅이. 보름 전에 하지. (청중 : 뱅이를 어떻게 하지? 나는 그냥 절에만 갔다 와.) 가서 삼재 낀다고 하면 나이대로 팥을 조금 퍼. 그것을 나이대로 세어 가지고 개울 가서 던지면 나이대로 방울이 올라와. 나이대로 던지면 물방울이 올라와. 물방울이 하얘. 내가 며느리 때문에 한 번 했지. (문 : 그러니까 삼재든 아이의 나이만큼 팥을 가지고, 또랑에 가서 던지면 물방울이 올라와요?) 삼재 풀어져라 하면서 던지지. (문 : 그게 애기 삼재풀이군요?) 그렇지. (문 : 이런 건 안 하시나요? 짚으로 허재비처럼 만들어가지고?) 그전에 별 거 다했어. 근데 시방에 안 해." [김옥례]

위의 지문은 팥을 가지고 하는 삼재풀이이다. 삼재에 든 아이 나이만큼의 팥을 도랑의 물에 던지는 방법으로 삼재를 푼다. 물론 팥을 던지면서는 '삼재야 풀어져라'와 같은 주술적인 말을 한다.

오곡밥

정월 열나흗날 저녁에 오곡밥을 해먹는다. 이러한 풍속은 지금까지 남아 전한다. 그런데 마을 사람 대부분이 오곡밥을 해 먹을 수 있었던 것은 아니라고 한다. 통일벼가 나오면서 쌀이 흔해지기 전까지는 오곡밥을 해 먹는 집이 많지 않았다. 그럼에도 오곡밥에 대한 인심이 후했다. 이날 저녁에 이웃에서 마실을 오면 으레 밥 얻어 먹으러 오는 것으로 알고 수저 하나는 더 가져다 놓았다고 한다.

"보름날. 열나흗날은 보리밥 해먹고. 잘 먹으라고, 여름에. 보리밥도 해먹고 수수밥도 해먹고 기장밥도 해먹고 뭐 해먹기 편한대로 하는 거지. 찰쌀로도 해먹어. (문 : 오곡밥에는 무엇을 넣나요?) 해먹고 싶은 대로 하지. 찹쌀, 콩, 팥 별 거 다 넣지 뭐." [강순례(여, 82), 불이리, 2007. 2. 13.]

쥐불놀이

정월 열나흗날 저녁에 쥐불놀이를 하였다. 논둑이나 냇둑에 불을 놓는 예도 있었고, 줄을 단 깡통에 불을 피운 뒤 이것을 돌리면서 놀았다. 이날 청소년들이 이웃의 말골마을 청소년들과 싸움을 하기도 하였다.

"(쥐불놀이를) 애들이 하고 그랬지. 마을이불 놓으면 깡통에다가 넣고 막 이렇게……. 시방은 안 해. 말골 하고 싸우고 그랬지 뭐. 거기 불 놔가지고." [김옥례]

재액과 질병퇴치

부럼깨기와 귀밝이술 마시기, 더위팔기는 모두 보름날 아침에 이루어진다. 부럼은 밤, 호두, 잣, 땅콩 등의 견과인데 이를 깨물면 그 해에 부스럼이 나지 않는다고 한다.

맨 처음의 부럼은 이빨로 깬 뒤 마당에 던진다. 그리고 그 이후부터는 먹는다. 귀밝이술을 마시면 말 그대로 그 해에 귀가 밝아진다고 한다. 이런 연유로 청소년들에게도 이 술을 권한다.

"(부럼깨기는) 보름날이여. 부스름 나지 말라고 해 뜨기 전에. 그건 해봤어. 밤. 밤. (문 : 귀밝이술이라고 들어보셨어요?) 보름날 귀밝이술 먹는 거예요. 이것도 해뜨기 전에. (문 : 더위팔기는 하세요?) 하지. '넘의 더위. 넘의 더우!' (문 : '넘의 더우' 라고 하세요?) 넘의 더우. 이름을 불러. 내가 아저씨 이름을 부르잖유. 그럼 아저씨가 대답하잖여. 그럼 나는 '넘의 더우!' 더위 판다고 했어, 옛날에는. (청중 : ○○이 내 딸한테 '넘의 더우 지더우!' 하고 들어가. 더위 팔았다 이거지.)" [강순례]

이월 콩볶기

음력 이월 초하룻날 콩을 볶아 먹는다. 볶은 콩을 주머니에 넣고 다니면서 먹었다. 이날 찾아온 남자 손님에게 콩을 나누어주기도 하였다.

"예, 옛날에. 밭에 두드러기 난다고 그거 볶아 먹자고 하면서 볶아 먹는 겨. (문 : 두드러기?) 두더지 일고 나간다고. (문 : 아, 두더지.) 응. '두드러기 볶지! 콩 볶자!'" [강순례]

이월 콩 볶을 때에는 주술적인 말을 하면서 볶는다. 그 주술적인 말은 보통 농사와 관련된 것이다. 이를테면 '쥐 주둥이 볶자!' 라든가 '풀씨 볶자!' 는 등의 말을 한다. 그런데 여기에서는 '두더지 볶자!' 는 말을 하였다.

이러한 주술적인 말의 내용은 모두 풍년 기원과 연결되어 있다. 논둑이 벼를 해치는 쥐주둥이, 잡초를 무성하게 하여 작물의 성장을 가로막는 풀씨, 밭 속을 들뜨게 하여 작물에 피해를 주는 두더지 등을 제거하기 위한 의지가 이 풍속에 반영되어 있다.

노래기 쫓기

이월 초하룻날 집안 청소를 하면서 노래기를 쫓았다. 노래기는 흙벽돌로 지은 집에서 사는데 습한 곳에 밀집해 있다.

"윙기불을 놓던가. 이월 초하룻날. 정지다가도 놓더라고. 우리 시엄니 보니께. (문 : 어디 에다 놓는다고요?) 부엌에. 옛날에는 바깥에서 밥 해먹었응께, 양쪽 구석에다가 놓더라고. (문 : 왕겨불은 어떻게 놓아요?) 윙기를 이렇게 놓고요, 가운데다가 (불을) 놓으면 타 들어 가요. '노내기불 놓자! 노내기불 놓자!' 그러대. 그전에 엄마 보면 그려." [김옥례]

지문은 노래기가 있는 공간에 왕겨불을 놓는다는 내용이다. 습한 곳을 좋아하는 노래기의 속성에 대응하여 불로써 쫓고자 하는 것이다. 이 외에도 청솔가지를 꺾어 지붕에 던지는 예도 전한다.

영동할미와 이월밥

이월 초하룻날은 영동할미가 내려오는 날이라고 한다. 따라서 이날은 영동할미를 위한 밥을 짓는다. 이를 이월밥이라고 한다.

"그전에 이월 할머니날 밥해먹자. 이월 초하루날, 찰밥해서 먹자. (문 : 어떻게 해먹어 요?) 이제 열흘날까지 해먹대. 일일부터 십일까지. 찰밥 해먹고, 찹쌀 없는 집은 메밥도 해 먹고. (문 : 밥을 해먹는다는 뜻이?) 이제 열흘 되면 열흘날은 밥을 해 놔. (영동할머니가 하 늘로) 올라가라고. 밥을 많이 해놓고 먹고 올라가라고. 살감(시렁)에다가. (문 : 살감이 뭐 예요?) 저기 찬장 있잖아. 거기다가 밥을 해놓고 놓는 겨. 올라가라고. (문 : 그러니까 그걸 일일부터 십일까지 매번 해놓는 거예요?) 열흘 가야 끝나. 아침마다 물 갈아서 떠 놓고, 떠 놓고 그랴. 올라가실 때까정. (문 : 그러니까 매일 밥이랑 물을?) 그러니까 밥은 처음 해놓 고, 올라가실 때 해놓고. 찬물을 그냥 떠 놔. 아침마다. 지금 안하니까 시상 편해. 그것도 시 집살이여. 애기 울고 바쁠 때.

(문 : 이월 할머니가 어디에 좋대요?) 어른들이 모셨으니까. 종이를, 문종이를 실로 구멍 을 뚫어가지고 빨간 놈, 하얀 색 놈 해가지고 살감에 걸어 놔. 동티가 안난다고 해가지고. (문 : 문종이에가 빨간 색, 하얀 색 천을 꿰어서 살강에다가 걸어 놓는 거네요?) 잉. 이월 초

하루. 초열흘날 그냥 올라가라고. 할머니 올라가시라고. (문 : 그럼 그 종이도 그때 떼어내요?) 그렇지. 그거 떼면 살라버리지." [강순례]

영동할미가 내려오는 이월 초하룻날에는 할머니를 위하여 밥을 지었다. 그리고 이 밥을 부엌의 찬장이나 시렁 위에 올려놓았다. 영동할미를 위한 밥은 그가 다시 하늘로 올라가는 이월 열흘에도 하였다. 곧, 영동할미는 초하룻날에 내려와 10일 동안 그 집의 부엌에 머문다고 보았다.

그런데 제보자들은 이 영동할미가 집안에 어떠한 영향을 미치는가에 대해서 답하지 못하였다. 이것은 영동할미 신앙의 예가 이미 오래 전에 쇠락한 데에 가장 큰 원인을 찾을 수 있다. 다만, 신간(神竿)이 '동티를 예방한다'고 하는 것으로 보아 주변의 잡사로부터 동티를 예방하는 기능이 있음을 엿 볼 수 있다. 부연하면, 대나무에 한지를 묶고, 거기에 역시 빨간색 천과 흰색 천을 묶어서 시렁에 매달아 두는데 이것이 바로 동티를 예방하기 위한 장치라는 것이다. 그리고 이 신간은 영동할미가 올라간 다음에 내려서 태운다.

그네뛰기

오월 단오에 마을에서 그네를 매고 뛰었다. 그런데 이러한 그네뛰기는 1970년대 무렵까지 지속되다가 그 이후로부터 점차 시들해졌다. 지금은 그네를 매지 않는다. 맨다고 하더라도 그네를 뛸 사람이 없다고 한다.

"(그네뛰기를) 옛날에 했지. 지금은 안 해. 늙은이들이 무슨 그네를 뛰어. 젊은 사람들도 아니고. 우리 젊었을 때는 많이 했지. 그전에는 여기 또랑에 버드나무가 있었는데, 지금은 다 비었어. 그전에는 또랑도 좁고 버드나무도 많았는데, 지금은 버드나무도 비고, 또랑 넓히고. (청중 : 그 전에 또랑 버드나무에다가 그네 매고 버들이파리 물고 오기 안 했어? 많이 했지.) 입으로 이파리 따오기. 흥청망청하잖아. 그런 놀이하면은. 여자들은 다 했지 뭐. 우리 젊어서 겁나게 잘 뛰었죠. 머리 질름질름하고 치마 입고 뛰면 치마가 팔랑팔랑 이뻤지. 쌍번지 뛰면 잘 나가지. (문 : 쌍번지요?) 줄, 둘이 붙잡고 뛰면 잘 나가지. (문 : 서로 잘 맞아야 잘 나가죠?) 그렇지. 하나 여기서 밀고 들어오고, 저기서 당기고 하면 잘 나가. 잘 햐. (문 : 그게 언제적 이야기예요?) 옛날에. 내가 열여섯, 열일곱. (문 : 육십년 전 이야기네요. 그네 뛸 때, 무슨 상품 같은 거 걸고 했어요?) 그런 거 안 하지. 그냥 놀고 그렇지. 시방에야 선물 있지, 그 전에야 없지." [김옥례]

불이마을에서는 단오를 맞아 도랑가 버드나무에 그네를 매고 뛰었다. 그네는 남녀를 가리지 않고 뛰었다. 지문에는 그네뛰기의 방법으로 혼자서 뛰는 것 이외에 두 사람이 마주보고 짝으로 뛰는 놀이도 있었음을 볼 수 있다. 또, 그네를 뛰면서 맞은편 가지에 난 잎을 입으로 물어 따오는 놀이도 있었다.

단오장(端午粧)
단오를 맞아 몸단장하는 풍속도 전한다. 대표적인 것이 창포물로 머리를 감는 것이다.

"그 전에 뭐냐? 또랑에 난 거. 창포 그걸로 (머리를) 감고 했지. 물에다가 삶아가지고 그 물로 머리 감고. (문 : 뿌리하고 잎하고 다요?) 그냥 뭐, 다 뽑아다가. 머리 좋아진다고 했어. 저, 상추 이슬을 받아서 분에다가 개어서 하는 것도 있고." [강순례]

지문의 '상추 잎에 달린 이슬을 거두어 오는 일'은 단오 풍속에 속하는 것은 아닌 것으로 보인다. 이는 이 지역에 보편적으로 전하는 속설로 시기에 제한받지 않는 예이다. 다만 이슬을 받아서 분을 갤 때 사용하면 피부가 좋아진다고 하는 속설이 전하였다. 그래서 이 고장의 여성들이 즐겨 상추 잎의 이슬을 받았다고 한다.

물꼬 고사
유월 유두날에 논의 물고에다 떡이나 포를 가져다 놓고 고사를 지냈다. 논둑의 바닥에 짚을 깔고 그 위에 문종이에 싼 떡을 놓았다. 또, 고사를 지내는 사람의 정성에 따라 북어포나 과일을 놓기도 하였다. 이후 고사 지내는 사람이 제물 쪽을 향하여 재배하였다.

물꼬에 고사를 지내는 것은 그 해의 농사가 풍년들기를 소망하면서 지내는 고사라고 한다. 대상 신격에 대해서는 고사의 장소가 물고이므로 용왕인 것으로 추정하였다.

갈떡 고사

음력 시월 초순에 길일을 골라 갈떡을 찐다. 갈떡은 그 해에 거둔 햅곡을 빻아서 찐다. 이렇게 찐 갈떡을 집안의 가신(家神)전에 놓고 고사한다. 갈떡고사는 집안 가신에게 그해에 지은 햅곡을 천신(薦新)하는 의미가 있다고 한다.

"(갈떡 고사를) 그전에 했지. 떡을 해서 장독에다가도 놓고, 설간(시렁)에도 놓고, 도장에도 넣고. (문 : 도장이 뭐죠?) 쌀 놓고 먹는데. (문 : 날이 정해져 있어요?) 안 그래요. 좋은 날 그냥 받아서 떡을 찌어서 하는 거지. 윗목에다가 갖다 놓고, 물 갖다 놓고, 사방에다가 놓고, 젊은 사람들, 이웃하고 먹지 뭐." [강순례]

갈떡을 쪄서 고사를 지내는 중심 인물은 그 집의 주부이다. 주부는 이 떡시루를 성주와 터주 전에 놓고 치성을 올린다. 이때에는 수확에 대한 감사, 자손의 건강, 대주의 운수내길 등을 기원한다고 한다. 또, 치성을 마친 뒤에는 떡을 그릇에 나누어 담아서 집안 각각의 처소에 가져다 놓는다. 지문에서 볼 수 있는 것처럼 각각의 방, 시렁, 곡간 등 여러 곳에 떡 그릇을 가져다 놓는다. 그리고 일정 시간이 지난 뒤에 이 떡을 거두어서 먹는다.

상례

불이와 배정이 마을 사람들을 통하여 상례풍속을 살펴보았다. 사람의 임종으로부터 수습하고 징례보시는 과정을 중심으로 묻고, 그에 대한 답변을 정리하였다. 조사자의 관점이 아닌 이곳 사람들의 실제 사례를 옮기는데 비중을 두었다.

임종(臨終)

임종은 환자의 운명을 지키는 일이다. 이때 숨이 끊어지는 것을 어떻게 확인하는 가에 대해 한 제보자는 운명하면 '허리가 땅에 닿는다'고 하였다.

> "(문 : 사람 돌아가신 걸 어떻게 확인 하세요?) 대뜸 알아보죠. 알죠. (청중 : 우리 아버지 같은 경우는 숨을 멈췄다 숨 쉬고 이상하대.) 돌아가면 허리가 땅에 닿지. (청중 : 그렇게 안 해도 죽으면 단박에 알아봐.) 심장 있는 부분이 가장 늦게 차가워지고, 아래서부터 차갑지. 신경이 마비가 되니까."

초혼(招魂)과 수시(收屍)

초혼은 말 그대로 돌아간 영혼을 불러 주검에 이입시키는 의식이다. 이는 일종의 재생의식으로 볼 수 있다. 하지만 현재 이러한 의식은 이곳 일대에서도 점차 사라져 가고 있으며 남아 있다 하여도 관습적으로 되풀이되는 절차의 하나일 뿐이다.

> "초혼, 상(喪) 당하면 하지. 어디 아주머니 적삼가지고 오라고 해서 집어던지고 하지. 우리가 가는 길에 적삼이나 가지고 가라고 던지는 거지. 초염 하기 전에. (청중 : 숨 떨어지면 초염 하는 거지. 문 : 여기는 수시라는 말을 안 쓰고 초염이라고 하네요.) 우리는 초염." [길 운석(남, 61)]

환자가 운명하면 먼저 하는 일이 양팔을 주물러 펴서 배 위에 가지런히 올려놓는 다. 그리고는 베 끈 등으로 묶어 고정시킨다. 이러한 일을 '수세 거둔다'고 하는데 정 확한 용어는 수시(收屍)이다. 주검을 거둔다고 하는 의미의 용어이다. 그리고 이를 다른 말로 가염(假殮)이라고도 한다. 그런데 이 마을에서는 이를 초염이라고 하였다.

사자밥(使者)

사자밥은 저승사자를 위해 차려놓은 밥이다. 접시나 작은 그릇 세 개에 밥을 담아 상에 차린다. 상 위에는 아무런 반찬도 놓지 않는다. 다만, 엽전이나 동전을 세 개, 짚신 세 켤레와 함께 놓는다. 이 사자상을 대문 밖이나 마루 중앙의 기둥 아래 등에 놓아둔다. 그리고 사자상의 밥을 짓는 사람은 망자가 임종하는 것을 보지 않은 사람이라야 한다.

습염(襲殮)

용어상 습은 주검을 씻기는 것이고 염은 주검에 옷을 입혀 관에 수습하는 과정이다. 이에 대해 이 마을의 실례를 알아보았다.

"시간 되면 대염을 해요. (먼저) 닦는 거죠. (문 : 맹물로 하나요?) 아 그것은, 지금은 대부분 향나무라고 있어요. 그런 향나무를, 깨끗한 물에 담갔다가 씻겨요. 형식적으로 하는 거죠." [길성석(남, 77)]

주검을 씻기는 과정은 습에 해당된다. 지문의 내용은 향물로 주검을 씻기는 사례이나. 그 외에 약쑥을 삶아서 그 물로 씻기는 예도 있다.

"쌀을 그냥 일석이요, 이석이요 해서 그것을 해주고, 요만치 동전을 끊어가지고 대염 하기 전에 하지. (문 : 동전을 왜 끊어서 넣어주죠?) 옛날에는 제사를 지낼라고 하면, 막 바로 못 넣게 되었더라고. 옛날에는 동전도 귀할 때니까 입에 거진 하나 넣어주면 좋지만…… . 그것도 향나무 (수저) 깎아서 쌀도 일천석이요, 이천석이요, 삼천석이요 그랬다고. 돈도 말씀 하신대로 하나씩 넣어주면 되는데, 꿰는 흉내 내면서 해요. 시체는 썩어도 구리는 안 썩는다고. 시체가 상하면 쇠붙이는 안 상하니까 쇠붙이는 조금하지 않았나 하는 겨." [길판석(남, 64)]

반함(飯含)에 대한 제보자의 구술이다. 반함은 돌아간 이에게 올리는 일종의 상징적 폐백괴징이나. 저승에 가는 이에게 넉넉한 돈과 쌀을 제공해주는 증여의식인 것이다. 그런데 이 과정 중 동전을 입에 물리는 예가 있는데 대부분 동전을 여러 조각으로 쪼개 입에 넣어준다. 지문의 내용은 그에 대한 제보자의 해석이다. 그는 돈이 귀하기 때문에 조각을 내는 것이 그 하나이고, 주검에 쇠붙이를 적게 넣어주기 위함이 또 하나의 이유라고 답하고 있다.

성복제(成服祭)

염을 마치고 나면 상주들이 모두 상복으로 갈아입고 제사를 지낸다. 이를 성복제라 한다. 성복제는 망자의 죽음을 공식화 하고 아울러 그 자손들이 상주가 되는 의식이다.

성복제는 돌아간 이의 관을 방의 한쪽에 놓고 그 앞에 병풍을 친 후 시행된다. 병풍의 전면에 상을 놓고 상 위에는 혼백을 접어놓거나 영정을 모신다. 그리고는 상 위에 제물을 진설한다. 이어 상주가 술을 올리고 배례한다. 또한 고인의 염습을 마쳤음을 고하는 축문을 읽는다.

발인과 매장

불이와 배정이에서는 대부분 삼일장으로 장례를 치른다. 때문에 성복을 한 다음날 이른 아침에 발인을 한다. 장지는 대부분 인근의 선산이나 개인 소유의 산이다. 상가에서는 아침에 발인제를 지내고 장지로 출발한다.

　"(문 : 이 마을에서는 나무상여를 쓰나요?) 지금도 쓰고 있어요. 여기는 열한 분이 상여를 메요. 영정 앞재비 서고, (상여) 양쪽에 다섯 명이 서고. 명정 든, 기를 든 두 사람이 서고. (문 : 요령은?) 소리꾼 있죠. 조명기 씨라고. 칠십 넘었는데. 이분이 목청이 좋아. 회심곡이라고 해서 (내용은) 같지만, 목청이 좋다는 거야. 구슬프고." [길판석]

불이의 경우 나무상여를 지금까지 사용하는 예가 있다. 이 나무상여는 열 사람이 메며, 요령잡이의 인도에 따라 장지로 이동한다. 제보자는 이 마을의 청 좋은 요령잡이로 조명기 씨를 꼽는다. 그는 목청이 좋을 뿐 아니라 상주와 조문객의 마음을 처연하게 만드는 재주가 있다고 한다.

한편 장지에는 이른 아침에 산역을 맡은 이들이 나와 매장 공간인 광(壙)을 조성한다. 그리고 무덤을 짓기 전에 제일 먼저 하는 일은 산신제와 개토제이다. 산신제는 그 곳의 산신령에게 "무덤을 만들기 위해 왔으니 헤아려 달라"는 내용의 발원이고 개토제(開土祭)는 토지신에게 "땅을 열어 무덤을 지으려 하니 동토를 막아 달라'는 내용의 축원이라고 한다.

운구행렬이 도착하면 하관시간에 맞추어 주검을 매장한다. 매장 때에는 관을 쓰기보다 자연 상태의 매장을 선호한다. 석관은 습(濕)이 차기 때문에 꺼리고 목관 역시 옻을 먹인 것이 아니면 벌레가 낀다고 한다. 이런 이유로 관 사용을 꺼리는 가정이 많다. 다만 뚜껑은 나무나 돌로 제작된 것을 사용하는데 이를 이곳에서는 홍대라 한다. 주검을 내광(內壙)에 모시고 흙을 채운 뒤 홍대를 덮는다. 그리고는 위에 흙을 채워 무덤을 짓는다. 이 과정에서 광 안에 흙을 넣고 사람이 들어가 다지며 소리를 하는 예가 있는데 이를 이곳에서는 '달고소리'라 하였다.

무덤의 봉분을 다 지은 뒤에 제사를 지내는데 이를 평토제라 한다. 무덤 전면에 미리 준비해 온 제물을 차려놓고 상주가 헌주 배례 한다. 제를 마치고 나면 혼백이나 영정을 모시고 귀가한다. 집에 돌아와서는 3회에 걸쳐 우제를 지낸다. 힌편 집안에 궤연을 차려놓고 탈상 기간 동안 상식을 올리는 사례는 사라져가고 있다.

"옛날에는 시묘살이도 했지만, 요즘은 많이 간소화 돼서 삼우제까지 복을 입어요. 예전에는 상복 벗기 전까지 영실 꾸며놓고 사진도 놓고 밥을 떠놓고 먹었지. 지금은 많이 간소화 됐어요. 얼마 전까지만 해도 사십구일 되면 벗었었는데, 요즘은 삼일제 끝나면 벗어. 지금은 다 그래. 그렇게 한 지가 몇 십 년 돼." [길성석]

제보자는 부모 돌아가 시묘막을 지어놓고 시묘살이를 하던 분이 이 마을에도 있었다고 한다. 하지만 이러한 일도 이제는 옛일이 되어 잊혀졌다. 위의 지문과 같이 다수의 가정에서 삼우제 지내고 난 뒤 상복을 벗는나고 하여 과거의 상례 관습에 큰 변화가 있었음을 보여준다.

구전자료

구전자료는 불이리 주민들을 대상으로 살아온 이야기와 설화를 조사하여 정리하였다. 두 분야의 비중을 맞추려 하였으나 설화 채록이 여의치 않아 그 양이 소략하다. 반면 살아온 이야기는 마을 풍속이나 공동체 및 개인 체험, 일화 등을 중심으로 모아 정리하였다. 이런 가운데 주목할 만한 일은 육이오 당시 미군에 의한 주민피습 사건이다. 이 사건은 오늘까지 그 아픈 내력이 감추어져 있는 것으로 아물지 않은 상처가 그대로 남아 있다. 관군과 일본군에 의한 동학군 몰살 사건 또한 관심을 둘 만한 것이다.

급하게 온 시집

(문 : 몇 살에 시집 오셨어요?) 쪼깐 해서. 일본 제국시대, 큰애 잡아다가 기름 짠다고 해서 열일곱에 왔지. 급하게 왔지 뭐. 중매로 한 거지 뭐. (문 : 연세가 어떻게 되세요?) 팔십하나유. (문 : 혼인은 어디서 하게 됐어요?) 어디서 하긴, 집 마당서 했지. 신랑 집서 했지. (문 : 시집올 때, 뭐뭐 해가지고 왔어요?) 그때는 뭐, 베도 못 짜게 해서, 내가 베를 짜서 옷 해갖고 왔지. (문 : 자신 옷만 해 입고 온 거네요?) 그렇지.

(문 : 신랑은 나이가 몇이었어요?) 스물한 살이유. (혼례식 때에 초례상의 화병에) 대나무 꽂고, 소나무 꽂고. 기러기 두 마리 해놓고, 닭도 두 마리 해놓고. 좁쌀 놓고, 한 그릇은 좁쌀, 한 그릇은 쌀. 아이구 나도 몰라. 어떻게 했는지. (문 : 신랑 집은 잘 살았어요?) 예, 잘 살았어요. 근데 그때는 일본 사람들한테 워낙 쪼달려서 고생을 했지. [김옥례(여, 81)]

중매 혼인

(문 : 중매로 혼인 하셨죠?) 그때는 다 중매죠. 그때 연애라고 하면 충청도가 떠들 정도지. 어림도 없었지. (문 : 집안하고 사는 형편 맞춰서 하는 건가요?) 만약에 신부 측이 뭐가 어떻고, 신랑 집 뭐가 어떻고, 그 가풍에 맞게 하는 거죠. (문 : 양가가 좋다고 하면?) 사성이 가고 나서, 택일이 가는 거야. 남자 집에서 정해서 여자 집에 알려주지. (청중 : 근데 그게 원칙은 말여, 사성은 남자 집에서 가지만, 택일은 여자 집에서 남자 집으로 가는 거예요. 문화

가 차차스럽게 발전 돼서 그렇지, 여자가 정해서 보내는 거예요.) 나 구식으로 했는데, 택일을 사돈 될 사람한테 우리 부모님이 권하니까, 그쪽에서 '사돈양반이 구하세요', 이렇게 서로 권하더라고. 그러니께, 여자 집에서 택일을 보내는 거라고. 사성이라는 것은 남자 집에서 저 여자 집에 계약을 하고.

(문 : 함은 언제 보내죠?) 하루 전에. 근데 그 날짜가 잘못되면 이틀 전에 보내는 경우도 있어. 근데 우리 마을 사람들은 하인이 가져가는 거야. 차차로 문화가 변했지만 당지기 그분이 가지고 가요. 근데 내가 기억하기론 하인이 갔어요.

(문 : 초례청 차리는 걸 뭐라고 하세요?) 행이(행례) 지낸다고 하지? 행이. 책자에는 초례라고 나와. 근데 여긴 그렇게 알고 있어, 행이. '누구 아들 행이 지낸다.' 이러지. (청중 : 쌀도 갖다 놓고, 대나무 잎도 꽂아놓고, 솔잎도 갖다 놓고, 생닭 다 갖다 놓고, 행이질 할 때, 오리 넘기고 하지. 문 : 기러기 아비가 가지고 온 기러기?) 오리라고 하지. 오리. 기러기 아비가 하나. 기억이 안 나네? (청중 : 초례청에서 뭔 소리를 하면서 오리를 싸가지고 신부 측 방으로 들어가. 그래서 다시 갖고 나와. 그래서 난다고 던지면 여자들 치마로 잡아. 치마로 신부 어머니가 받아.)

(문 : 신랑 신부 중 누가 먼저 절을 하나요?) 신랑이 먼저 하는 것 같은디? 확실한 건 모르겠네. 잘 모르겠네. 하도 오래 돼서. 그런데 술잔을 넘겨줄 때, 신부는 상위토 주지만, 신랑은 상 아래로 줘. 난 그렇게 알고 있어요.

장가 간 이야기

'장가 간다'는 말을 풀어보면 '장인 집에 간다'이다. 그런데 보통 장간 간다는 말은 단순히 장인 집에 가는 것이 아니라 장인 될 사람의 집에 가서 혼인 한다는 의미를 포함한다. 이러한 의미를 뒷받침 하는 표현이 '장가 들러 갔다'와 같은 말이다. 따라서 제보자 가운데는 '장가 들러 갔다가 각시만 데려 왔다'고 하는 이도 있다. 얼핏 듣기에 말이 되지 않는 듯 하여 설명을 요구하자 그는 '신부 집이 하도 가난하여 신부 집에 가서 초례도 못 올리고 신부만 데려왔다'는 말이라고 하였다. 요컨대 장인 집에서 초례를 올려야 '장가 든' 것이 된다는 말이다. 아래 이야기는 70대 남성의 과거 장가 간 이야기다.

나 장가갈 때, 여기 당지기가 관례복을 딱 가져가. 그 동네에 남자 것이 있으면 빌려 입고, 없으면 가져가. 우리 마을은 그렇게 했어. 그 앞에서, 그 혼례식에서 그 과정을 아는 선생이여. 그 선생이 통제하는 대로 따르면 돼.

내가 저 동네로 장가를 간단 말여. 그때 내가, 당지기가 따라 갔는데 (기러기가 놓인) 상우(위) 오리를 어떻게 했는가 과정을 뚜렷하게 모르겠네. 누가 던지면 방에서 신부 어머니가 치마로 받아.

(절은) 신랑이 먼저 하고. 신부도 똑같고. (청중 : 절하고 나서 우쭐 고개 숙이는 건, 반배를 하는 건, 윗사람 공경의 의미야. 문 : 절은 몇 차례 주고받아요?) 한 차례. 할 시간이 없어.

(그 다음 술잔을 주고 받고. 그럼 끝났네요?) :그렇죠. (문 : 식이 끝난 뒤 신부 측에서 신랑이 머물 공간을 마련해줘요?) 그렇지. 이웃집에서 대기를 하는 거여. 음식 같은 것도 차려놓고. 남자 상객들이 다 (자신의) 집으로 가고 싶단 말여. 그럼 다 가고, 신랑 남으면 저녁밥을 일찍 먹고, 그 밤으로 그게 첫날밤이지. 그 여자 안방으로 신랑이 들어가.

(사돈 집에서 상객에게) 음식, 푸짐하게 차려놔. 큰상에다가 차려놓고 먹는 거야. 사돈네 집이라 어려워서 근데 못 먹지. 소복하게 차려내도 못 먹어요. 상객 음식을 만드는 것은 그 집에서 최고로 좋게 만들어서 대접을 하는 거야. 남자 편 상객이 집으로 올 때는 신부 아버지한테 가서, 신랑아버지가 가던가 숙부가 가던가 해서 거기서 간단하게 인사를 하고 끝내요.

(청중 : 지금 팔십 세 이상 먹은 분들, 결혼식 할 적에는 열여섯 살, 많이 먹으면 열일곱. 그럼 여자들은 없이 살던 세상이라 열다섯, 열세 살도 시집가라고 보내고 그랬어. 그럼 열세 살 데려다가 뭘 가르치겠어? 뭘 알아? 그럼 육칠년 지내면서, 배워가면서 하는 거야. 청중2 : 신랑 집에 가면 옛날 말로 바꿈질을 했대요. 문 : 혼인식은 여자 집에서 하나요. 남자 집에서 한 적은 없나요?) 돌아온 다음날 잔치는 (남자 집에서) 하죠. 결혼식을 하는 건 아니고. 근데 만약 여자 집이 결혼할 여건이 너무 안 된다고 하면 데리고 와서, 막 바로 신랑 집에서 식 올려주는 경우도 있었어.

(신부가 시집으로 갈 때에) 가마 위에다가 소금을 뿌리지. 그리고 또 신랑 집에 대문 앞에 오면 소금도 뿌리고 했어. 팥도 뿌리고. 가마에다가. (신부가) 사립문 앞에서 가마에서 내리는 거야. 딱. 내려서 걸어 들어오지. (문 : 혹시 짚불 피워놓고 뛰어넘으라고 한 적은?) 그것도 있어요. 말하자면 주역은 있고, 주역이라는 것은 그 사람이 그 해에, 그 달에 운이 나쁘다

고 하면 그 사람 곁에 서서 주역을 읽어요. 신부 못나오게 하고. 사립문으로 들어오지 않는 경우도 있었어요. 부정 있었다고 생각하면 그랬지. (청중 : 사람이 들어와야 하니까 울타리까지 뜯고 들어오는 경우도 있었다고. 옛날에 하던 것을 기억해서 말하면 끝도 없어요.

(문 : 가마는 네 명이 멨나요?) 그렇죠. (문 : 가마 안에다가 요강도 넣어주고?) 그렇죠. 근데 그게 60년대쯤 되면, 거리가 멀면 또 안 해. 왜냐면 생각해봐요. 그 먼 거리를 힘들며 올라면, 예를 들어서 산길 같은 데 올 적에는 걸어와야 돼. 좋은 길을 타고 오고. 재 같은 데 넘어오면 타 있는 신부도 그렇고, 불안 불안 기우니까. 포장길도 아니잖소. 그러니까 그렇지. 내가 결혼한 적이 43년이 됐는데, 차가 있었어. 그때는 차를 같이 타고 오다가 길 좋으면 가마타고 그랬어. [길판석(남, 64), 길성석(남, 77), 길운석(남,61)]

혼인과 신랑달아먹기

불이리로 시집 온 제보자의 50여 년 전 혼인 체험담을 구술하였다. 곧, 혼인식과 근친, 신랑달아먹기 등에 관한 내용이 담겨 있다.

(문 : 할머니는 몇 살 때 혼인 하셨어요?) 스무 살. (친정은) 대암리, 대전 넘어가는 데. (문 : 중매로?) 중매죠. 그때는. (문 : 신랑 한번 보고 왔어요?) 어디시 봐. 선을 어디시 봐. (문 : 지금 연세가?) 일흔 둘. (문 · 스무 실에 시집왔으면 해방 뒤에 결혼 하셨네. 식은 친정에서?) 이제 거기서 하고, 여기서는 잔치만 하지. (문 : 하루 자고 오나요?) 자고 오지. 옛날에.

(문 : 시집 온 뒤 친정에는 얼마 만에 갔어요?) 일 년 농사지어서. (문 : 친정에 뭘 해가지고 가나요?) 그전에는 근친 가면 떡이니, 고기니 많이 해가지고 갔죠. (문 : 지게에다가 지고 가나?) 그전에 있는 사람들은 소에다가 이렇게 달고 간다고 했는데, 나 적만 해도 차가 있었고, 버스가 있는 게 아니고, 트럭이라고 해야 돼. 도라꾸라고 해야 돼? 짐을 실고 가는 거. (문 : 뭘 가지고 갔어요?) 뭐 인절미도 해가지고 가고, 흰떡도 해가고, 술 한 병 하고 돼지고기도……. (문 : 아까 친정이?) 금산면 대암리. (문 : 걸어가기엔 먼 거리네요?) 차, 하루에 두 번 밖에 안 들어가요. (문 : 근친 가면 하룻밤 자고 와요?) 예.

(문 : 신랑 달아먹기 할 때가 언제예요?) 결혼하고서, 말하자면 하루 여기(친정)서 있는

거 있죠. 말하자면 (신랑을) 달죠. 그 친정 동기간들이. 인저 그렇게 하는데, 저 할 때는 끈을 매가지고 어깨에다가 미고, 하나는 때리고, 말 시키고. (문 : 뭐라고 말 시키나요?) 나는 그거 할 때, '왜 아가씨를 훔쳐 가냐고, 도둑놈이라고' 하고. '나는 도둑질 한 적 없다고, 이렇게 이렇게 해서 이루어졌다'고. 그러더니 나중에는 서로 웃으면서 돼지 잡아서 몇 마리 낼냐는 둥, 우리 어머니가 사위 때리는 게 애석해가지고 술상을 차리고 '그만하라'고. 하하. 그전에는 재미있었어. (문 : 뭘로 때리나요?) 장작개비로 때리는 사람도 있고, 빨래 방망이로 때리는 사람도 있고. 대중없어요. (문 : 어디를 때리든가요?) 발바닥. 요기다 묶어서. (청중 : 심한 데는 신랑 열 발꾸락이 다 빠지도록 때렸잖아. 아파.) 상량에다가 매서. (문 : 신랑 매달기는 그 동네 청년들이 하지 않았나요? 청중 : 그 마을 청년들도 하고. 얼굴 볼 사람들 올라면 오라고. 그때만 해도 술 먹을라고 기를 쓰고, 동네 사람들 술 먹을라고. 똑똑하게 잘 봤는가 안 봤는가 싶어서.)

　(문 : 당시에 시집 올 때 혼수는 뭐 해오셨어요?) 내내 농 해오고, 이불 한 채. 그때는 그랬지. (문 : 옷은?) 옷이야 해오지. 입을 거. (문 : 50여 년 전에도 예단 있었어요?) 있었죠. (문 : 예단으로 무엇을?) 버선 한 짝씩. 그때는 어려웠잖아요. (청중 : 그것도 못 해온 사람도 많았지. 이불도 못 해오고.) [김인예(여, 72). 김안자(여, 67). 불이리, 2007. 7. 26]

성주받기와 가신(家神) 섬김

　(문 : 터주단지가 집에 있었어요?) 터주단지? 옛날에는 있었지. 지금은 없지. 단지 요만하게 해놓고 쌀 넣어놓고, 짚으로 엮어서 단지를 폭 싸서 만들어 놓고, 한여름 유월 달 이때 끌러먹어. 귀할 때. (쌀은 얼마나 들어가요?) 크기에 따라 다르지. 한 사발이나 두 사발이나 될라나. 다섯 꼬메. (문 : 다섯 되?) 되. 잘못 놓으면 동티나고 그랬어. (문 : 덮개 짚을 뭐라고 해요?) 유지라고 하지. 곱게 엮어갖고 꼭대기가 남자 상투만 햐. 단지 폭 씌어놓고 못 날라가게. 그런 건 해봤어.

　(문 : 성주는 어디에 두죠?) 대들보. 모양이 없고, 단지 같은 거 올려놓는 게 아니라 그냥 대들보. 점쟁이를 불러가지고 저 어디 나무 같은 데서 성주 받아가지고 돌로 해서 실로 엮어 놓고 그렇지. 우리 영감은 서른일곱에 (성주를 받아) 했어. 우리는 서른여덟인가? 성주 받는 나이가 있어. 서른 일고여덟 (문 : 성주 받는 나이가 있다는 거군요.) 그렇죠. 성주를 받아서

실로 쩐매요. 돈도 넣고 멍숭어리도 넣고. (문 : 멍숭어리?) 목태. (문 : 목화?) 잉. 거기다가 이제 해서 지동나무다 해서 떨어지지 말라고 쭉 쩐매요. 아귀를 막고. 그럼 집임자가 '성주 받았다'고 해요. (문 : 성주 받고 나서는?) 빌지요. 그냥.

(문 : 삼신이라고 들어보셨어요?) 삼신? 애기 못 낳으면 삼신을 받지. (문 : 어떻게 받아요?) 쌀 한말, 속옷, 실, 돈, 초 가져가서 받아서, 거서 물을 떠갖고 와서 그 물로 밥을 해먹고 그랬어요. 점쟁이 집에 가서. 삼신 받은 사람들은요, 자식 잘못 기른 사람이요. 그 사람들은 베를 이렇게 짜지. 말코라고 있어요. (문 : 말코?) 젤 처음 만든 베를 감은 거. 바가지를 쌀만큼 베어서 폭 싸아 가지고, 실로 쩐매. 그래서 나무를 두 번인가 박아놓고 올려놔요. (문 : 그 바가지 속에는 뭐가 들어갔어요?) 쌀. 바가지는 말코로 싸고. (문 : 말하자면 삼신 바가지네요.) 그렇지. (문 : 바가지 안의 쌀은 밥을 해먹어요?) 왜 안 해먹어. 유월 달에 쌀이 귀한께, 그날 해먹고, 칠월 칠석 때도 해먹고 그래요.

조왕에는 물 떠놓지 뭐. 아침에 깨끗이 받아놓지. 난 우리 손자, 종바리에 받아놓지. (문 : 조그만 그릇, 종발?) 예, 종바리라고 해요. 거기다 물 채워 넣고, 떠서 올려놓고. 매일 아침 새물로 식전마다. [김옥례(여, 81), 박월선(여, 82)]

백세청풍과 지주중류비

불이리 마을 중앙에 백세청풍(白世淸風)과 지주중류(砥柱中流)라 새겨진 두 개의 비가 있다. 이 비는 불이리 길씨가의 정신적 배경이자 자랑으로 삼는 상징물이다. 아래는 이 두 비에 대한 구술이다.

비각 된 지가 한 80년 79년 됐을 거예요. 그 큰 아버지가 대단한 게 땅이 그렇게 많고 해도 절약해가지고 손자들 돈 다, 잔돈 절대 안 써요. 쓸 데 팍 쓰시는 거예요. 옛날에는 그 (벼 베고 난) 논에 가서 (논바닥에 있는 벼에) 벼이삭이 붙어 있거든. 전부 (주워 와서 탈곡하여) 그걸 정미를 해가지고 술을, 집집마다, 제사 때, 명절 때 술을 다 돌리는 거야. 사람들을 불러가지고. (문 : 그 분 성함이 어떻게 되신다고요?) 길문기. (문 : 지금 살아계시면 연세가?) 아, 지금 살아계시면 백이십여 세. (문 : 그 분은 공부를 어디까지 했어요?) 그게 도학이지. 집에서 했죠.

(문 : 길형석 씨는 공부를 어디까지?) 서당까지. 그때 왜냐면 일제시대 땐데 공부가 하고 싶어가지고 중앙국민학교 갔었데요. 거기가 학교가 지금까지 큰데. 아버지가 일본 놈들한테 배운다고 종아리를 때렸데요. 큰어머니가 나 죽이라고 데굴데굴 굴렀데요. 그래서 못 때렸데요. 그래서 뭐 공부를 안했지. 아마 그 사촌은 살았으면 이박사 연갑 될 거야. (문 : 이승만?) 예. 비슷하게 생겼거든.

(문 : 그 지주중류(砥柱中流)하고, 백세청풍(百世淸風)이라는 비석은 어디서 가져 온 거예요? 아니면 여기서 만들어 세운 건가요?) 탁본. (문 : 탁본해서 다시 만든 거예요? 원본은 어디?) 원본은 중국에 있대. 중국에. 백이숙제 묘 앞에 있대요. 백이숙제가 자기 거시기, 나라가 망해서 굶어 죽었다잖아요. 이게 이북 수양산에도 있대요. 우리는 몰랐는데 안영모가 충청남도 지사할 때 도지사 티도 안내고 여기를 지나다가 잠깐 왔었거든요. (비각 쪽을 손으로 가리키며) 저길. 근데 저길 들어갈려고 하더라고. 그래서 눈에 띄어가지고 '왜 그러시냐'고 하니까, 안영모더라고. 저 비가 자기 고향 수양산에 있어가지고, 수양산인가? 이북에. 그래서 자기가 보고 싶다는 거여. '들어간다' 고 해서 '갔다 오시라' 고. '맞다' 고 하더라고.

백세청풍 하는 풍자가 우리가 봐서 그런지 몰라도, 글씨체가 하나가 아니라는 사람이 있거든. 왜 아니냐 하면은, 중국에서 예전에는 (탁본을 한 사람이) 배로 왔을 거 아니에요. 배로 오는데 풍랑이 하도 심해서 풍자를 잘라서 내버렸다고. (문 : 풍자로 인해 바람이 심하게

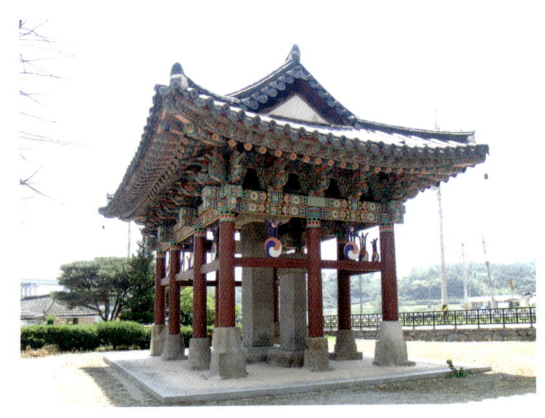

백세청풍비 비각

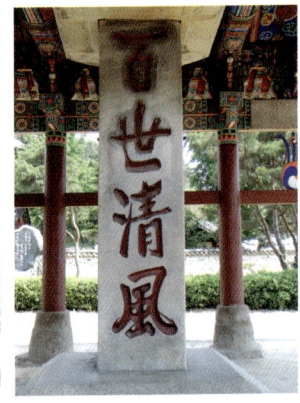

백세청풍비 전면

부니까?) 그게 흘러나오는 이야기인데 증거는 없고. (문 : 백세청까지는 중국과 똑 같고, 풍을 여기 와서 다시 써 맞췄다는 거죠. 그게 언제 적인지?) 모르겄어요. 그건.

(문 : 지주중류비는?) 지주중류비는 경북 구미, 구미에 가면 낙동강 변에 있어요. 선산. 근데 그게 탁본해서 다시 만든 거예요. 중국 황하강에 한 가운데 바위가 하나 있대요. 몇 천 리가 흘러가도 바위가 흘러가지도 않았다는 거예요. 숫돌 지(砥)자잖아요. 기둥 주(柱)자. 흘러가는 물에도 기둥. 절의를, 절의를 상징하는 거. (문 : 언제 세워졌는지?) 육이오 사변 나기 일년 전인가, 이년 전인가? (문 : 1948년이나 1949년도?) 그쯤 됐을 거예요. 우리가 초등학교일 때. 여기 저기 평촌 2리 산에 있는 바위를 떼어내 가지고, 하여튼 그냥들 쫘악, 그때 도로래가 있나 뭐가 있나. 나무를 짜가지고, 동네사람들 죄다 거기서 오는 거예요. 영차 하면 조금 오면, 조금 오고. 그냥 끄서오는 거여. 그래서 나무가 닳은 거여. 들어와서 딱 끊어졌어요. 여기 딱 들어와서.

(문 : 통나무를 엮어놓고 그 위에 돌을 얹은 뒤 끌고 왔나요?) 양쪽 두 개에다가 돌 올려놓고 어기여차 하면서 땡기는 거예요. (지휘자 한 사람이) 돌에 올라타 가지고. (문 : 몇 사람이 당겼을까요?) 어마어마하죠. 우리 일가(一家)만이 아니고, 총 동원 됐으니까. (문 : 수십 명?) 수백 명이죠. 어마어마하게 큰 돌이예요. 지금 같으면 규격에 맞게 자르잖아요. 그때는 아냐. 어마어마하게 큰 돌을 자르잖아요. 징으로 때려가지고 만든 서예요. 지금 크레인 같

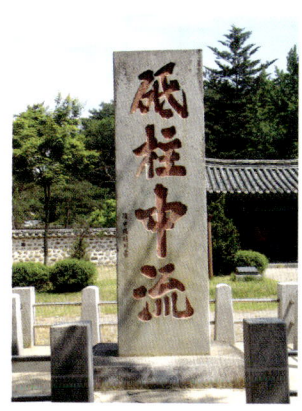

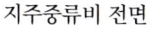

지주중류비 전면

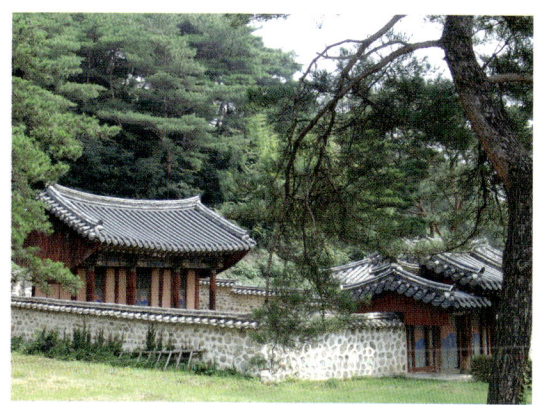

청풍사(淸風祠) 전경

은 걸로 세우지, 그때는 어떻게 세우냐면, 저기 뒤에다가 모래성을 쌓더라고요. 모래성 해 가지고 세우더라고요. (문 : 문중에서 주도한 거예요?) 그렇죠. (문 : 돈 다 대서?) 문중에서 할 때, 저 양반이, 길문기가 주도를 한 거지. (지주중류 비) 저걸 반대를 한 거야. (문중에서) 지주중류 (비)를 안 한다고. 그러니까 자기 단독으로 시작하니까, (문중에서) 야 이거 안 되 겠구나 해서 다 한 거지.

(문 : 백세청풍비는 1762년에 세웠다죠. 그런데 비각은 언제 세웠나요?) 비각은 80년 전. 백세청풍비는 아주 오래됐죠. 비각은 한 80년 됐죠. [길달석(남, 71), 불이리, 2007. 7. 26]

불이리 열녀

불이리 마을 동쪽 입구 길 가에 열녀비가 세워져 있다. 이 비에 얽힌 내력에 대한 구술이다. 비석의 주인공인 열녀는 제보자의 시할머니이다. 따라서 열녀에 얽힌 다수 의 일화를 기대하였으나 구술 내용은 그에 충족할만한 것이 되지 못하였다.

우리(제보자의) 시할머니요. 열녀요. 그냥 일찌감치 스물다섯에 혼자됐어요. 아들 둘 낳 고. 시아버지가 홀애비래. 그런데도 (남편이) 일찍 죽고 그랬는디, 시아버지가 별쫑 맞아서 땅을 늦게서 사가지고, 쌀을 놋접시에다가 밥을 해가지고 (주면, 그것을) 뒤집어서 이렇게 보리 한 톨만 섞여도 섞였다고 뭐라고 했댜.

그런데 그냥 다리가 아퍼서 시아버지가 들어 있으면, 우리할머니가 논에서 미꾸라지 한 마리만 보더라도 그놈을 잡아다가 파 넣고 끓여서 주고, 추우면은, 방이 추우면 불을 때 고, 겁나게 효자노릇을 했대요. 효부야.

(제보자의) 할머니가 돌아가시고 비석도 시원찮게 했어요. 돈도 얼마해서. 간신히 했어. (문 : 친할머니였나요?) 시할머니. 친정할머니 말고. 그래서 대통령상도 타고 훈장도 탔다는 디, 비석 세우면서 대통령도장은 요만하다고 하던데 잃어버렸어. 그걸. 서울로 가져갔다고 도 하고. 서울. 말하자면 기연이 아버지가 성내 아버지하고 둘이 비석을 세웠는데 시방도 여 섯 자가 있더라고. 뭔 글자를 알아야지. 뜻을 몰라요.

(문 : 시할머니가 언제 돌아가셨어요?) 모르지. 오래됐지. 열일곱 살에 시집와서 열여덟 살에. 설도 안세고……. (문 : 비는 언제 세웠어요?) 돌아가시고도 한참 있다가. 저 있을 때

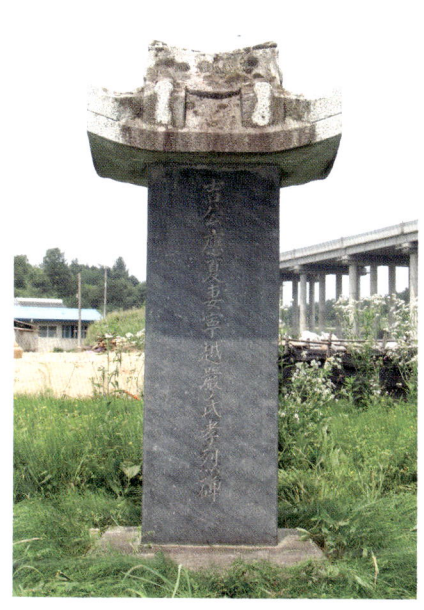

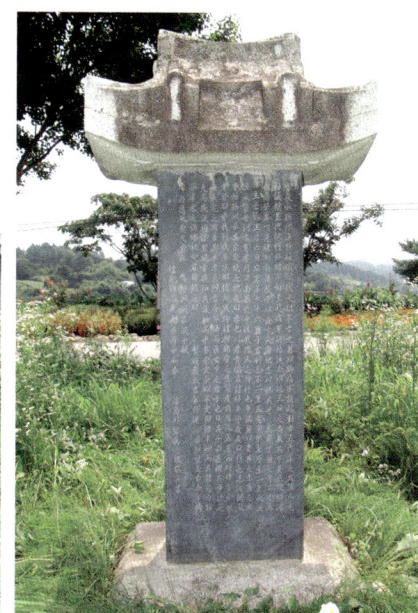

영월엄씨 효열비(전면)   영월엄씨 효열비(배면)

살에. 설도 안세고…… (문 : 비는 언제 세웠어요?) 돌아가시고도 한참 있다가. 저 있을 때
했죠. 시집와서. (문 : 그럼 할머니 바깥어른이 세운 거예요?) 그런 셈이죠. 작은시아버님 하
고 우리 시어머니가 살아있을 때. 나도 시집오고 그렇게 할때 했어요. 비석 세운 자리가 요
아래 있어요. 장소가 없어서 우리 땅하고 바꿨어. 스물 몇 평, 우리 미나리꽝 있었는데 그 눔
주고, 학골리 집 이런 데서 한 여섯 평인가? (비석 세운 자리) 그게 여섯 평이유. 거기 여섯
평하고 스물 몇 평하고 또 다른 눔 보태서 삼십 평 주고 여섯 평 하고 바꿨어요. 하도 할 디
가 없어서. 그렇게 하니 내내 그 할머니가 애쓰고 했으니까 했죠.

　(문 : 대통령상은 언제 받았는지 기억하세요?) 모르죠. 살았을 때 받았대요. 받았다는데,
그 대통령상을 도장을 본다고 도지사가 두 번인가 전화기 왔디래요. 큰아들이 상부원이 있
었는데 그것을 찾을래도 없어. 그것이 없어. 내가 도장은 봤어. 아무것도 모르는 인간이면
안 가져갔을 텐데. 아주 멍청이는 못 가져갔다고.

(비석의 글자는) 여섯 글자인데. (청중 : 글씨는 박찬만 씨가 썼어?) 박찬만 씨가 썼는가? (청중 : 비석은 다 박찬만 씨가 썼대요.) 불이리 위원장을 했지. [박복임(여, 84), 불이리. 2007. 7. 26]

열네 살 각시

열네 살 먹어 시집 와서 어려운 살림을 꾸려간 서문할머니의 체험담을 중심으로 정리하였다. 제보자는 91세의 고령임에도 불구하고 경험담을 또박또박 말하였다.

우리 아들, 그 머시고 그땐 초가집 아녀. 이런 초가집. 애는 볼 사람이 없지, 일은 해야지. 지붕에서 굼벵이가 많아. 그걸 굴러 떨어진 걸 쪽 빨아먹어가지고 (굼벵이 속이) 아무것도 없더랴. (청중1 : 애기만 두고 나가 일 하니까. 청중2 : 마당에 다 둔거야. 그 아들이었거든.) (문 : 아들 낳게 해달라고 어디 가서 빌어본 적 있어요?) 절에 다녔지. (그 전에 낳은 아이가) 아홉 살 나고 열 살 나고 다 죽어서 그래. 옛날에는 홍역 한 번 하면 다 죽어. (문 : 홍역으로 아기가……) 아홉 살 먹을 때. (그 뒤로 한 동안) 애기가 없어. (청중2 : 한참 폭격할 때, 인민군들이 올 때 그래도 그걸 어떻게 키웠으니.) 하도 배가 (양 손으로 불룩한 배 모양을 흉내 내며) 이만한데 방공 굴 파놓고 나보고 일루 들어가라는데, 배가 불러서 못 들어가겠어. 구뎅이를 더 크게 해서 들어가 보라는데, 못 들어가것어. 그래서 안 들어갔어. 안 들어가고 저 밭으로 피난하고. 아이구 애기 낳을라고 하는데 큰일 났네. 난리는 나고, 잡곡밥을 해서 먹고, 삼일 밤 만에, 칠월 열이틀 날 낳어. 그때는 호밀 밥 먹으면서, 설사를 삼일 밤 낮 했어. 아프거나 말거나 우리 조카머느리가 호박을 따서 볶아 주고 볶아 주고, 호박을 먹으면 배가 안 아프대. (문 : 그렇게 해서 말하자면 산후조리를 하셨네요.) 산후조리가 뭐여. 안 죽은 게 다행이지. 어디다 약을 지어먹어.

(문 : 시집올 때 어떻게 오셨나요?) 가마 타고 왔어요. 집이 좁아. 오두막집인디, 삼일 지나고 또 어딜 가? 그러더니 호연이네 집이 겹(곁)방에다가 놓대. 우리 어머니가. 겹(곁)방살이. 막내 동서네는 구월 스무날에 지내고, 나는 시월 초에 지내고 그러니까 그 마당에서 대례를 지냈으니까 그 마당에서 안 지낸다. 요번에는 사촌네 집에서 지내자 그래서, 그래서 그랬지.

(문 : 신혼을 곁방살이로 시작하였네요.) 우리 저 양반은 머슴 사느냐고 비도(뵈도) 안
햐. 어제도 안 오고 오늘도 안 오고. (문 : 남편이…….) 아침저녁으로 (집에) 왔다 갔다 해
서 누군가 했더니 남편이유. 왜 왔다 갔다 하느냐면 (저녁엔) 소 갖다 놓고, (아침엔) 도시
락 한손 싸주면 그놈 갖다 놓고 가. 집에 (가족들) 먹으라고. (문 : 일 가서 먹으라고 준 밥을
가지고 오네요.) 머슴 사니까 주인 네가 먹으라고 도시락을 싸주지. 그전에는 옛날에 도시
락을 싸주면 밥이, 도시락이 지금의 벤또가 아니고 도시락인데 밥을 (수북하게 담긴 밥그릇
을 손으로 그리며) 이렇게 이를 맞춰서 싸줘. (문 : 도시락을 나무그릇으로 만들었나? 청중2
: 아니고, 댕댕이 넝쿨 그런 것으로 만든 것이 있어. 그런 걸로도 하고 삼태기, 분개미하는
것 마냥. 지금 먹는 밥은 거기다 네 그릇을 넣어도 안차.) 그러면 또 나물을 맛나게 삶아놓
으면 짜가지고 솥에다 넣으면 쌀죽이여. (솥 안에) 물 한 동이 해야 돼. 아홉 식구가 먹을려
면. 끓이면 우리 시어머니가 아들이 갖다 준 게 속이 아픈 가 봐. (시어머니가) 혀를 차면,
'어머니 왜 그렇게 혀를 차요?', '야 이놈아 생각해봐라. 주인 네가 그 눔 먹고 나무해가지고
오라고 준 걸 해 먹으면 우리 아들은 굶을 거 아니냐.', '어떻게 할까요?' 하면, 그러면 다 눈
치를 채고 암만 놓고 기다려도 (일 간 아들이) 와야 먹는다네. (청중2 : 여기서 술을 먹고 나
무하러 가면 무주군으로 가는 거여. 먼 거여. 밥 싸가지고 여 해 넘어가야 오는 거지. 그러니
까 집에 도시락을 가져가면 굶는 거여. 여기서 사킬로 힌 십리, 아니 팔킬로 한 이십리 산실
루 기다렸다가 오넌 같이 먹는 겨. 일하는 동료들이.) 또 어떤 때는 애기도 있는디 안 와.
그냥 오면은 도시락을 가져다주면, 속이 아프다고 그려. 잘 먹었다고 그러면 야 이눔들아 생
각을 해봐. 내가 얼마나 속이 아프냐.

(문 : 처음 시집 와서 신랑을 못 알아보았다고 하셨죠? 그래 언제 신랑인 줄 알았어요?)
나이가 많고 애기를 낳고 하니까 신랑인 줄 알았지. 그때는 돈도 벌고 집 샀고, 퍼(포)대
기도 샀어. 그러니께 동네사람들이 저 사람은 애기도 안 낳고 퍼대기 장만한다고 그랬댜.
(문 : 집을 일찍 장만을 했나요?) 형제간이 오형제야. (남편이 벌어온 쌀을) 다 갖다가 먹고
없어. 그러니까 (남편이) 나는 머슴을 삼년 살았다. 삼년 살면 저 집을 달라고 하니까 어떤
할아버지는 사라고 하고, 사촌들이 그러니께 행근네 할아버지가 그러더라. '너 징가가넌 집
이 필요한디 생각 샀했다.' 이러더랴. 그러면 '형님 나 집을 샀는데 집문서를 어디다가 둘
까?' 이러니까, '내게다 맡겨라.' 장가가니까 '네가 갖고 있어라.' 하면서 주더라고. 행근네

집에서 삼년 살고 집샀대. 오두막. (문 : 형근이라는 분이 어떤 분이에요?) 집안 간이라고. (문 : 지금 한 말이 이십대 때 일인가요?) 더 된 이야기여. 칠십년 전 이야기여. (문 : 그때에 머슴을 살면 세경이 얼마나 됐는지 기억하세요?) 나락 시(세) 가마니. (문 : 쌀도 아니고?) 꺼끄랭이. 나락은 쌀도 안 나와. 하여간 삼 년 살아서 집을 받았대. (문 : 일년 세경이 나락 세가마니?) 응. 일 년에 세가마니. 응. 그럼 (삼 년에) 아홉 가마니. (청중2 : 그럼 집을 비싸게 샀네. 지금 저기 호남이네 집을 우리 아버지가 옛날 돈으로 20환에 샀대. 그게 내가 태어나기도 전에 이야기니까 60년도 더 된 이야기지. 20환이면 샀다고 해. 그 집이 지금도 있어. 내가 육십 둘이니까 내가 보기에는 65년이나 그 어디 되지 않았나 싶지? 청중3 : 우리 집을 금석이네가 살았대. 집이 비었으니께. 장에 간다고 비었으니께 방구들을 파서 거럼을 한다고 가져갔대. (문 : 거름?) 응. (구둘 속의) 재 갖다가, 옛날에 비료 같은 게 없으니까.)

(문 : 시집오실 때만 해도 다들 살기가 어려웠죠?) 이제 자꾸 살아도 안 되니까, 질문짝 밖에 안 남았다고……. (문 : 질문짝?) 이 신 질목을 신고 다녀. 버선놈. (청중3 : 양말 말고 버선 같은 게 있어. 양말이 떨어지면 꼬매는 게 아니라 이렇게 (버선에 천 조각을 덧대는 시늉을 하며) 해가지고 신고.) 삼아서 신고. 그 눔을 달고 가지. 질문짝이 뭐냐면 버선을 이렇게 신고 다니면 갈아져. 버선이. 떨어지잖아. 오므려서 신고가. 그거 하나 밖에 안 남았다 소리야.

(문 : 항상 어렵지만은 않았죠?) 응. 차차 살림 늘어나고 소도 사고 땅도 사고. (문 : 할머니 댁이?) 응. 저 양반(제보자의 남편) 겁나게 착했는디, 말년에 십년을 아파서 돌아갔어. (문 : 고생을 너무 많이 하셔서.) 많이 했어. (청중1 : 옛날에 모를 심으면 거머리라고 하는 거, 안 띤다는 양반이었어. 뜯어먹을 만큼 뜯어먹으면 떨어지겠지 한 거야.) [서문연애(여, 91), 불이리. 2007. 7. 26]

보리풀

보리풀 하잖아요. (문 : 보리풀이 뭐죠?) 우리 농사지을 때 만들잖아. 퇴비. 집집마다 소가 산더미씩 실코 오잖아. 그럼 일꾼들이 전부 쓸어야 하잖아. (풀이) 질(길)어서 그거 (퇴비가) 안 되니까. (도와주러 온 사람들에게) 감자 같은 거 쪄서 주고. 마당에다가 쌓아놓지.

(문 : 집집마다?) 응. 그럼 있어. (문 : 보리풀 하던 이야기는 70년대 이야기죠?) 제 그 전

부터 쭈욱 하던 거지. 박정희 때 심하게 했던 거지. (문 : 상은 안 받았어요?) 그때 상주고 그랬지. 마을단위로. 받았을 거야. (풀을 썰어서) 차곡차곡 쌓아 놔. [길00(남,), 불이리. 2007. 7. 26]

가재와 미꾸라지 잡기

가재잡기가 얼마나, 잡기가 얼마나 재미있다고. 미꾸라지 잡아다가 놔두면 가만히 따라 나오잖아. (문 : 미꾸라지를 잡아서요?) 그럼. 미꾸라지를 잡아가지고 가 개울에다가 놓으면, 가재가 냄새 맡고 나와. 가재 굴에다가 놓으면. 그게 얼마나 재미있다고. (문 : 산 미꾸라지를? 익힌 거를?) 생미꾸라지. 그래야, 그걸 물어야 안 떨어지지.

(문 : 예전에는 논 매면서 미꾸라지를 잡았지요?) 아, 그럼요. 물을 빼면, 싸리나무를 엮어가지고 통발을 엮어 놔. 요게 이렇게 속에다가 넣고. 겉에다가 넣고. 그렇게 해가지고 물 빠지는 데다가 놓는 거여. 그럼 못 빠지고 거기 다 있는 거여. 어마어마하게 잡았지. 엄청 많아. 그전에는. 송사리 같은 것도 막 잡아. 대청댐 막기 전에는 (마을 가운데의 개울을 손으로 가리키며) 이 또랑에 뱀장어가 천지였어. (문 : 이 또랑에?) 그럼. 근데 대청댐 막고는 근방에 한 마리도 없어요. 그럼. 꿩 먹고 알 먹고 가는 거여. 논메고 미꾸라지도 잡고. 저녁에 끓여들 먹고. 굉장히 많았어. 자랑이 그거 였는디. '미꾸라지를 바께스로 잡았네, 이쨌네.' 그랬어. [길00(남,), 불이리. 2007. 7. 26]

불이리의 육이오

이 마을 사람들이 6.25 당시 겪은 체험을 정리하였다. 미군의 폭격에 의해 마을 사람이 사망하거나 다친 일이 있고, 인민군의 군수물자를 운반하다 기지를 발휘하여 빠져 나온 사례가 언급되고 있다.

여기에서는 (사람들이) 육이오 때 비각 안에서 자. 시원한 거여. 저녁에는 모기가 없어. 담도 그때는 없어. 저녁에는 자리 잡을라고 자리를 펴는 겨. 늑대가 와서 살짝 발자국하면서 돌아보고 갔다 잖아. 아기가 있나 하고. (청중1 : 어른은 안 먹어?) 안 먹어.

육이오 때는 만약 폭격하면 여기 집이 무너지니까 들어오지 말아라. 우리 사촌이 그런 겨.

그러니까 여기 또랑까지 물이 꽉 찼었어. (도랑가의 둑에서 사람들이) 다 잤거든. 근데 미국
놈들이 거기다가 자고 있는데 다 쏴버렸어. 막. 그래서 많이 죽었어. 비행기가 빙빙 돌더라
고. 그 이튿날 와가지고 다 때려버리더라고. 막 쐈어. (청중2 : 우리 아버지가 삽을 베고 잤
는디, 경근네 할아버지는 즉사를 하고, 우리 아버지는 조끼를 입었으니까 아래가 크지 왜.
그게 나가버린 거야. 문 : 조끼? 조끼만? 청중2 : 응.) 물레방아가 있었는데, 방아 찧는 사람
들 다 때리고, 그때부터 피난을 간 거여. (문 : 인민군인줄 알았을까? 왜 그랬을까?) 다 민간
인이여. 넘어와 가지고 한국 놈들 죽인다고. (청중3 : 아 그럼 아군이 폭격을 한 거여?) 응.
미국 놈들이. 비행기가 와가지고. (청중3 : 말하자면 인민군인줄 알고 쏜 거죠?) 인민군도
안 들어왔었어. 한 명도. 그 얼마 후에 왔어. (문 : 그럼 왜 그랬을까?) 몰라. 그래가지고 머
리가 짜개져가지고, 물에 동동 뜨고. (문 : 그래서 얼마나 죽었어요?) 경근이 아버지하고 우
리아버지 다치고. (청중1 : 몇 명 죽었어? 열 명은 죽었어?) 열 명은 안 돼. 즉사한 사람 셋.
셋인가 보네. (문 : 그러니까 집은 세집이 타고, 산에 불나고, 죽기는 세 명이 즉사했어요?)
(청중4 : 보경이 아버지 죽고, 용대기하고, 종새기 동생하고, 인구네 아버지 죽고, 호공이네
아버지 죽고, 한 일곱 명 죽었어. 청중3 : 호공이 아버지, 길팔기. 맹용현이.) 맹현이 아니고,
형이지. 맹용덕. 맹용덕, 그분은 그때는 젊었지. 장가갔어. 윗말 사는 종석, 길종석. 우리보
다 두 살이나 세 살 더 먹었어. 장가도 안 갔어. 한 35년생이나 36년생 그쯤 됐지. (청중4
: 불이 2리 박인구 어머니. 청중3 : 장석이 엄마는 다리가 끊어졌지.) 은기 엄마는 손이 끊어
져서 (손목을 가리키며) 요놈만 남아가지고 다녔어. 이화선이라고 어깨가 기울어졌어.

(문 : 혹시 그 당시에 탄피를 가지고 있어요? 누가?) 갖다 났다가, 인두자루로 써먹었어.
인두. 거시기가 잘라가지고 말아가지고 (인두)자루를 만들었었어. 그래가지고 인두자루로
많이 했죠.

(문 : 미군에 대한 반감이 더 심했겠네요.) 처음에 인민군들이 들어왔을 때, 사람들이 무
쟈게 좋아서. 근데 이제 의용군들 따라오고 그런 놈들은 개고 뭐고 다 잡아먹고 개판이지.
그러니까 우리 부락 사람이 인민군이 시켜서 먹을 걸 무주까지 가져가라고 하니까, 가만히
생각해보니까, 죽게 생겼으니까, 소 다리(의 발톱) 사이에다가 돌을 끼었다는 거여. (마을
동쪽의 무주 방향을 손으로 가리키며) 여기를 넘어가려면 몇 십리를, 한 십이 킬로를 가야
하는데 돌을 넣으니까 소가 잘뚝 잘뚝 못 가는 거여. 그러니까 (인민군이 집으로) 가라고 하

는 거여. 그래서 돌아온 거야.

(청중 : 그게 우리 소인데, 몰고 오라니까는 조카가, 그 눔이 몰고 간다는 거여. 그 눔이 꾀가 많거든. 큰 소고 좋으니께 실코 가는데, 실탄 같은 거 실코도 남겼다는 거여. 그래가지고, 그래서 산을 올라가다가 소 발(톱) 사이에다가 돌을 넣었다는 거여. 찔룩 거리면서 소가 못 가니까 (인민군을) 불러가지고, '소가 다리가 이상해서 못 간다'고 하니까, '어떡 하냐'고. 그러니까 '좀만 더 가다가 요 밑에 부락에 가서 소 바꿔줄 테니께, 따라 오라' 더라. 그래서 소 바꾸고. '가라' 그러더라네. 바꿔가지고 돌아오면은 (마을 동쪽 산 고개를 가리키며) 요리 넘어오지. 돌을 빼니까 어떻게 잘 오는지 모르더라는 거. 그래서 새벽에 들어왔어. 모르는 사람은, 큰집 일꾼은 소를 몰고 일선까지 갔어. 반 미쳐가지고 왔었어. 끝까지 갔다 와서. 소도 내버리고. 그 소도 그게 좋으니까 간 거야. 꾀가 많으니까.)

우리 동네에서도 의용군 많이 갔었지. 하나냐, 둘이냐? 둘? (문 : 의용군 간 사람도 있네요?) 둘인가? 창식이 형하고. (문 : 의용군은 자발적으로 갔나요?) 강제로 모집을 했어. 인민군들이 그냥 (민가에) 들어가 있는 거여. 그럼 밥 해줘야 돼. (소총 모양을 그리며) 이거 들고 있으니까 불안하지. (젊은이들을 의용군으로 선발하여) 가는 거여.

그라고 무주 가야산인지 무슨 골짜기에 가서 무쟈게 많이 죽였다대. 그 공산당들 다 부락에서, 보도연맹 싹 다 잡아들였거든. 그거 싹 갔다가 죽였슈. 우리 동네 불이면에서 잡아다가 골찌기에다가 싹 다 죽였어. [익명(남,), 불이리. 2007. 7. 26]

불이리 탑 조성 · 1

불이리에는 세 기의 돌탑이 있다. 이 가운데 마을 중앙의 탑이 가장 오래된 것으로 전한다. 마을 동쪽 초입의 탑 2기는 1970년대에 지은 것으로 알려져 있다.

원래는 이 (마을 중앙의) 탑만 있었던 걸로 알지. (문 : 이 탑을 누가 쌓았나요?) 처음 탑은 모르고 후에 탑은 새마을사업 쪽으로 쌓은 기억이 나. (문 : 시기가 언제 일까요?) 70년 초? 나 집 없을 때야. 70년. (문 : 그 때는 새마을운동으로 미신타파 할 때인데 탑을 쌓았네요?) 탑을 선호했기 때문에.

(문 : 탑 속에 무엇을 넣는지 아세요?) 아무것도 안 들었어. 얘기는 그러대. 옛날에는

뱀 같은 게 많았잖아. 탑 속에는 뱀이 소굴 같이 살잖아. 구렝이 같은 거. 처마 밑에 삼재가 들어오면 뱀 잡아먹고 그랬잖아. 집지킴이라고 생각하지 않았나. 모양을 만들고 쌓지. 그러니까 모래를 잡아서 싹 돌린단 말여.

(탑 쌓은 시기가) 70년 이후일 겨. (마을 가운데의 탑) 이건 옛날에 있었는데 논 치면서 모아놓은 돌이었어. 옛날에 있었던 건데 시원찮아서 가서 (돌을 보충하여) 돌렸어. 저거 할(마을 동쪽의 탑 지을) 때. 웃 탑이 있었으니까. [익명(남,), 불이리. 2007. 7. 26]

불이리의 탑 조성 · 2
제보자는 마을 동쪽 입구 두 기의 탑을 비보의 목적으로 쌓은 탑이라 하였다.

(문 : 탑에 때의 제축문이 있을까요?) 본래 탑이 없었어요. 나도 객지생활을 했거든요. 들어와서 보니까 탑을 쌓아놓았더라고. (문 : 어릴 때는 하나도 없었어요?) 아니, (마을 중앙의 탑을 가리키며) 이건 있었어요. (문 : 가운데 건 있었고.) 예. (마을 입구 쪽에) 탑을 쌓아놓았더라고. '왜 쌓았냐'고 하니까, 아래가 허하다가 해서, 저 아래가 숲이 꽉 들어있대. 저 아래 양곡리가 안 보이게, 가리는 게 좋다. 고속도로 나서 짤렸는데 풀이 없으면 산사태가 난다고 일꾼들 데리고 와서 했다는 거여. 그래가지고 저걸 했다고 하더라고요. (문 : 시기가 언제예요?) 70년대 일거예요. [길달석(남, 71)]

배정리 마을의 탑제
부리면 배정이 마을은 면소재지로부터 약 1.5㎞의 거리에 위치해 있다. 면 소재지로부터 서쪽 방향 37번 도로를 따라 진행하다 보면 길의 서남쪽 방향에 마을이 있다. 이 마을은 오래 전부터 탑제를 지내왔다. 탑은 마을 한 가운데에 1기가 있고, 그 동쪽 논가에 역시 1기가 있다. 마을 사람들은 이 탑의 신을 마을 수호신으로 삼아 매년 정초에 제를 지내고 있다.

(문 : 탑은 정자나무 아래에 있는 것 뿐인가요?) 하우스 (정자나무 동쪽 도랑 가를 가리키며) 저쪽에 탑을 동탑, (정자나무 아래의 것은) 본탑. 저쪽에 것이 동탑이고, 여기가 이제 본

탑이죠. (문 : 도랑 가가 마을회관에서 보았을 때 동쪽이에요?) 동쪽이죠. (문 : 탑이 언제쯤 지어졌는지 아세요?) 그것은 모르죠. 있었으니까. 어려서부터 있었던 거니까. (문 : 어르신, 아주 어려서도 돌탑이 있었단 말씀이죠? 그때도 이 두 개가 다 있었을까요?) 예. (문 : 탑의 모양을 보니까 새로 쌓은 거 같은데?) 그렇죠, 허물어진 걸 다시 쌓았죠. (문 : 그러면 혹시 돌탑 속에 뭐가 들어있다든지 그런 건?) 없어요.

배정이는 정월 초사흘날에 제사를 지내요. 뭐 옛날부터 그렇게 나왔어요. 탑에다가 공들이는 사람도 더러 있고 그랬어요. (문 : 제사지내는 분들을 뽑죠?) 예. 그렇죠. 부락 이장이 대체적으로 하고요. 그리고 인제 집사, 축사. (문 : 집사의 역할은 뭘까요?) 집사 역할은 술상 날라주고, 잔 올리면 갖다 놔주고. 제사음식은 동네에서 전부다 그때 모금을 해서, 돈도 내고 쌀도 내고 해서 떡도 하고, 시루떡도 하고 세군데. 그렇게 해가지고 제사를…… . 남는 돈을 부녀회에서 관리를 하는데요, 매년 돈이 몇 십 만원씩 남아요. 성금도 들어오고 하니까.

(문 : 걸립을 한다고 했는데, 옛날에 풍장을 치면서 돌아다녔을까요?) 우리 동네는 풍장이 그전부터 없어요. 그래서 장만했다가, 잘 칠 줄 아는 사람도 없고 하니까 그냥 없어져버렸죠. (문 : 걸립하면 이장이 돌아다니나요?) 방송해서 가지고 나오라고 해요. 그러면 한 되 이상, 두말씩 가져오는 사람도 있고. 그리고 뭐 돈으로 만원도 내는 사람도 있고. (문 : 마을에 가구 수가 얼마나 될까요?) 대충 40가구 되지요. 이게 그전에는 한 20년 선에는 70여 가구가 됐었어요 근데 나 빠져나가고, 이제는 빈집이 많아요.

(문 : 제물은?) 세 개씩 술잔이고, 과일이고 돼지머리도 사고, 다 이제…… . (문 : 음식은 누가 준비하죠?) 부녀회에서 하죠. (문 : 예전에도?) 옛날에는 그렇게는 안했죠. 이장들이 친구들이, 그러다가 부녀회가 조직되면서 돈을 미리주자 부녀회에서 하죠.

(문 : 제사를 지내는 시간은 따로 있나요?) 정월 초순이면 날씨가 추운 날씨이기 때문에 대략 11시경에 지내요. 낮 11시. 11시에 지내면 점심 술하고, 떡하고 먹고 때우고 말죠. (문 : 예전에는 어떻게 했어요?) 예전에는 해거름에. (문 : 해거름에 지내던 시기가 몇 년 전쯤 될까요?) 한 15년 전.

(문 : 제사 지내는 순서가?) 여기 (정자나무 아래의 탑을 손으로 가리키며) 저 본탑을 위로 보죠. 본탑부터 지내고 위령비. (문 : 본탑에 가서 모시고, 농탑 모시고, 위령비?) 예. 위령에 가서 하는 이유는 동학 혁명 때, 일본놈들이 혁명군들을 잡아 죽였잖아요. 여기서 솔밭

이었어요. 소나무가 여나무 개 있었고. 꺼풀삼 있죠. 삼베로 자른 삼. 그걸 만들었잖아요. 그전에는. 여기서 또랑까지 물도 있고 하니까 여기서 삼굿을 했죠. 삼굿이라고 하면, 막 돌을 때가지고, 발갛게 달구도록 때가지고 거기다가 인제 뭘 피고서, 뒤에서 모래 엎어놓고, 거적. (그 위에다) 삼을 갖다놓고 얹어요. 모래다가 물을 주면 이 눔이, 수증기가 삼을 다 익히는 거죠. 그걸 삼굿이라고 했죠. 삼굿이라고. 지금도 그렇게 하는 가 모르지만 그것이 없어진 것이 한 20여년 됐을 거예요. (문 : 80년대까진 했단 말씀이네요.) 우리 어려서 했는데, 한 70년대까지. (문 : 바로 여기, 위령비 옆 도랑 가에서 했네요?) 네. 물이 좋으니까. 물을 처음에 막 부어야 하니까.

(문 : 도랑 가에다가 위령비를 세운 이유가 있어요?) 예, 이유가 자꾸 인제 사람들이 나타나고 다치고, 그 위령들을 원혼들을, 어디서 오는가도 모르는 사람들을 여기다가 묻었다고 하는 설이 있어요. 솔밭에다가 묻어서 우리 동네 할머니도 하나 일본 놈들한테 조총으로 맞아가지고 항문뼈가, 엉덩이뼈가 다친 그런 일도 있었고, 동학 혁명에 가담했던 할아버지들

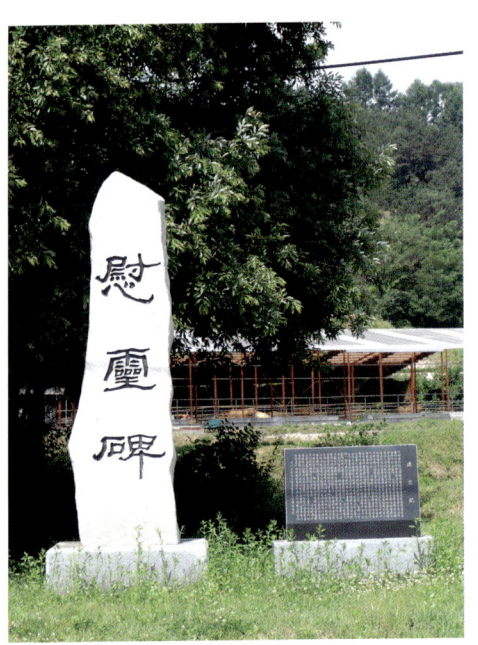

배정이 동학군 위령비와 건립기

도 있었어요. 시체가 널려있었다는 사람들도 있는데, 그런 시체를 모아다가 매장했다고 해서 위령비를 세운 거예요. 그래서 지금 동학혁명이 되어서 그 문화원에서 그것을 들어와서 묻기도 하고, 여기까지 와서 금산 다락원에서 행사를 일 년에 한 번씩 행사를 갖더라고요. 이렇게 역사에 동학혁명에 대한, 동학혁명에 참가한 사람들을 복귀를 시키는 거 같아요. (문 : 동학 때 여기가 전쟁터였나요?) 여기가 자고로 이런 이야기가 있죠. 제원군 제원리가 혁명 발대지고, 저 대둔산 그 고개 너머가 혁명군이 집결을 하고 일본 놈들 하고 싸웠대요. 그런 설이 많

아요. 혁명을, 명예회복을 시키기 위해서, 동학혁명 사상을 고취시키기 위해서 그런 단체가 있는 모양이더라고요. 여기도 거기다가 등재를 해서 해 줄라고, 제사까지 지원받아서 제사하려고…….

(문 : 탑제 때에 축도 읽지요?) 예. 축은 초헌(헌)관 잔 올리고 고 때에 축 읽고, 재배하고. (위령탑을 모신) 이런 데가 한국에서 여기 밖에 없나 봐요. (문 : 축은 제사 지내는 대상에 따라 틀리나요?) 장소마다 축은 다 있었죠. 해요. 똑같이 해요. (문 : 위령제 할 때 축도 있고요?) 위령제에도 축이 있지요. 예. (각각의 의례마다 축이) 다르지요. 축이 다르지요. [박의영(남, 81), 박전영(남, 70), 배정이. 2007. 7. 26]

길쌈과 삼장

제보자는 시집 온 후 길쌈을 통하여 옷감을 직접 짓고 그것으로 가족의 옷을 해 입혔다. 또 누에를 쳐 옷감을 낸 뒤 가족들의 혼인 때에 예복을 지어주었다. 그 외에 벼농사와 삼장을 통하여 경제활동을 하였다.

(문 : 젊은 시절 여성들은 주로 어떤 일을 하였나요?) 시집와서 보니까 뭘 먹고 살아야하는가 했는데, 저 민 골짜기 보니까 베……. (청중 : 부리먼이 녹두하고, 밤에 호롱불하고 아침에 나간다고 하딘네, 그게 민 밀인가 했더니, 베를 그렇게 짜더라고. 여기서 딱, 저기서 딱. 그 불 갖고 나가. 그런 사람들은 인제 장뱅이라고 그려. 장이 돌아오면 짠 베 팔고. 그러니까 밤을 낮 삼아서 그렇지. 문 : 요즘 삼대 벨 철이죠?) 조금 더 있다가……. (삼대를 베어 실을 내서 옷감을 짜는) 그건 삼베고, 밭에다가 저기 명, 목화, 봄에 갈아요. 봄에 갈아서 가을에 수확해요. 그러니까, 그러니까 밤 새고 그렇지 뭐. (문 : 배정이에서는 삼대를 키워서 한 삼베를 짰다는데.) 그렇죠. 이 동네도 했어요. (문 : 벌이 좀 되었나요?) 그죠. 그 전에 돈 나올 데가 어딨어요. 그거죠. (문 : 할머니도 했어요?) 많이 안 했어요. 우리 쓸 거만 했지. 내다 팔진 않고. (문 : 모시를 했어요? 삼베를 했어요?) 이제 명지(명주) 해서, 시동생들 시누이들 이불도 해서 주고, 결혼할 때 두루마기, 바지저고리도 해주고 그선에 다 그렇게 했어요.

(문 : 명지의 재료가 뭐죠?) 누에는 명지. 명지가 고급이지. (문 : 뽕나무도 심고?) 그럼 심

어봤지. 키우기가, 이제 (누에를) 치죠. 봄에 먹여서 치고, 여름에 하고. 그게 막 (누에 치는 규모를) 크게 안하지. (문 : 부지런하셨네요? 큰집이었어요?) 예, 우리가 종가집이었어. 그 래가지고 어마어마하게 고생을 했지. (문 : 종가집 주부라서 일이 많았지요?) 예. 남는 게 뭐 가 있어. 병만 있지. 허리병 걸린 게 다 그때 걸린 겨. 잔치하면 묵 해야지, 두부 해야지, 술 해야지, 고아야지 하면 한달 전부터 미리미리 해야 하잖아. 그러니까 남는 건 내 허리(병). 이제 생각하면 억울해 죽겠어. 내가 낳은 놈이 다 컸잖아. 분가는 일찍 했지. 뒤치닥거리는 내가 해야지.

(문 : 종가로서 재산이 많았어요?) 많기는 뭐가 많아. 이번 일 치르고 빚지면 어디서 어떻 게 하고, 일이 또 돌아오고. 그렇게 살았어요. (문 : 전답이 얼마나 되죠?) 그때는 논 댓마지 기 가지고 살았지. 시방은 채소 팔고 해서 우리 농사짓는 게 한 섬지기 넘어요. (문 : 한 섬 지기데?) 이십 마지기. (문 : 많이 장만하셨네요. 예전에는 모내기할 때 여자도 일이 많았지 요?) 시방 사람들은 편하지. 기계로 다하고, (벼) 말리는 것도 다 기계로 하고. 시방은 편해. (문 : 한 섬지기가 다 벼농사?) 누가 다 농사져. 삼장하지. 인삼심고. 벼농사 그래도 짓는 거, 한 열 마지기는 짓는 거지. (문 : 반은 삼밭이고?) 응. 반절은 삼장하고.

(문 : 수입은 어때요?) 이제 삼농사도 못하겠어. 들어가는 인건비는 많고, 나오는 건 없고. (삼을 수확하는데) 오년. 먼저 땅을 펴고, 땅을 묵혀갖고, 갈아서 뒤집어서 엎었다 하고, 호 밀도 갈다 썩히고, 갈고 하다가 딴 디다가 삼씨를 해서 한 거 옮겨 심고. (문 : 그러니까 인 건비가 좀 들어?) 인건비가 좀 들어. 오로지 그러니까 하는 사람은 자기 땅에다가 해도, 남 의 사람 손으로 하는 사람은 못 혀. 인건비도 안 나와. 잘 된다는 보장도 없고. [김인예(여, 72). 김안자(여, 67). 불이리, 2007. 7. 26.]

세상에서 제일 무서운 것

세상서,

"제일 무서운 게 뭐냐?"

고 하니까,

"호랑이라고."

하더랴. 여자 하나가 저 재를 넘어가야하는데 호랑이 때문에 못 넘어가고 있더랴. 재를 넘어야 여자 집을 가는데. 그래서 연구를 냈댜. 그 여자가 아랫도리를 홀딱 벗고서는 거꾸로 걸어갔댜. 머리를 쑤셔 박고 걸어갔댜. 그러니까 호랑이가 가만히 봉께, 비상하거든? 다리 밑이가 번쩍번쩍하거든. 사타구니가. 또 여자들이 아래가 훤하게 비지. 호랑이가 '제일 무서운 게 저런 거구나' 해서 무서워서 막 내빼버렸대. 그런 이야기를 하고, 그러더라고. 옛날에 콩조지 팥조지 이야기 했는데 잊어버렸어. [박월선(여, 82), 불이리. 2007. 2. 13]

(박 종 익)

충남대학교 충청문화연구소 마을연구단 (2006~2007)

연구책임자   김필동 (충남대학교 사회학과 교수, 사회학)

공동연구원   김상기 (충남대학교 국사학과 교수, 충청문화연구소장, 한국사)

김수태 (충남대학교 국사학과 교수, 한국사)

김 준 (전남발전연구원 해양관광팀 연구위원)

김창민 (전주대학교 교양학부 교수, 인류학)

박걸순 (충북대학교 사학과 교수, 한국사)

박찬승 (한양대학교 사학과 교수, 한국사)

윤종빈 (충남대학교 철학과 강사, 한국철학)

조재곤 (경원대학교 겸임교수, 한국사)

전임연구원   권병욱 (충남대학교 충청문화연구소 연구교수, 사회학)

권선정 (충남대학교 충청문화연구소 연구교수, 지리학)

김현숙 (충남대학교 충청문화연구소 연구교수, 한국사)

박종익 (충남대학교 충청문화연구소 연구교수, 민속학)

유보경 (충남대학교 충청문화연구소 연구교수, 사회학)

이연숙 (충남대학교 충청문화연구소 연구교수, 한국사)

연구보조원   김도균 (충남대학교 대학원 사회학과 박사과정 수료)

문광철 (충남대학교 대학원 국사학과 박사과정 수료)

한국보 (충남대학교 대학원 사회학과 박사과정)

정상화 (충남대학교 대학원 기록보존학과 석사)

김미영 (충남대학교 대학원 기록보존학과 석사과정 수료)

김민석 (충남대학교 대학원 국사학과 석사과정 수료)

송기중 (충남대학교 대학원 국사학과 석사과정 수료)

오보경 (충남대학교 대학원 국사학과 석사과정 수료)

윤애리 (충남대학교 대학원 국사학과 석사과정 수료)

주계운 (충남대학교 대학원 국사학과 석사과정 수료)

문광균 (충남대학교 대학원 국사학과 석사과정)

장수정 (충남대학교 대학원 국사학과 석사과정)

염지인 (충남대학교 사회과학대학 사회학과 졸업)

오현정 (충남대학교 사회과학대학 사회학과 졸업)

이현희 (충남대학교 인문대학 국어국문학과 졸업)

장지선 (충남대학교 인문대학 국어국문학과 졸업)

송영임 (충남대학교 사회과학대학 사회학과)

오안나 (충남대학교 사회과학대학 사회학과)

* 소속은 2008년 9월 현재를 기준으로 하였음.

빛깔있는 책들 501-8

충남 지역 마을지 총서 ⑦ 금산군 부리면 불이리

금산 불이마을

초판 1쇄 인쇄 2008년 11월 24일
초판 1쇄 발행 2008년 12월 1일

글 · 사진 충남대학교 충청문화연구소 마을연구단

발 행 인 장세우
편   집 황병욱
마 케 팅 강승일
관   리 김인태, 정문철, 김영원

발 행 처 주식회사 대원사
　　　　　주소 140-901 서울 용신구 후암동 358-17
　　　　　전화 02. 757. 6717~9
　　　　　팩스 02. 775. 8043
　　　　　등록번호 제3-191호

http://www.daewonsa.co.kr

값 8,500원

이 책은 한국학술진흥재단의 2006년도 연구비 지원과
금산군이 출판보조금 지원에 의해 출간되었습니다

Daewonsa Publishing Co.,Ltd.
Printed in Korea 2008

ISBN   978-89-369-0268-1   04380

빛깔있는 책들

건강 식품(분류번호:202)

즐거운 생활(분류번호:203)

건강 생활(분류번호:204)

한국의 자연(분류번호:301)

미술 일반(분류번호:401)

역사(분류번호:501)